·安徽省高等学校一流本科教材·

詹绪左　朱良志◎著

汉字与中国文化教程

HANZI YU ZHONGGUO WENHUA JIAOCHENG

安徽师范大学出版社
ANHUI NORMAL UNIVERSITY PRESS
·芜湖·

责任编辑：胡志恒　刘　佳
装帧设计：丁奕奕

图书在版编目(CIP)数据

汉字与中国文化教程/詹绪左，朱良志著.—芜湖：安徽师范大学出版社，2018.8(2024.1重印)
ISBN 978-7-5676-3716-0

Ⅰ.①汉… Ⅱ.①詹… ②朱… Ⅲ.①汉字—关系—中华文化—高等学校—教材
Ⅳ.①H12 ②K203

中国版本图书馆CIP数据核字(2018)第174413号

汉字与中国文化教程
HANZI YU ZHONGGUO WENHUA JIAOCHENG　　詹绪左　朱良志　著

出版发行：安徽师范大学出版社
　　　　　芜湖市北京东路1号安徽师范大学赭山校区　　邮政编码：241000
网　　址：http://www.ahnupress.com/
发 行 部：0553-3883578　5910327　5910310(传真)　E-mail：asdcbsfxb@126.com
印　　刷：江苏凤凰数码印务有限公司
版　　次：2018年8月第1版
印　　次：2024年1月第6次印刷
开　　本：700mm×1000mm　1/16
印　　张：15.75
字　　数：238千字
书　　号：ISBN 978-7-5676-3716-0
定　　价：38.00元

目 录

Contents

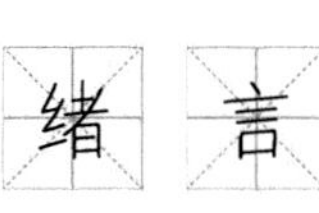

绪言

汉字的文化通观

人类在社会化的实践过程中，创造了大量的符号。按照西方20世纪符号学家的观点，这些符号可分为推理的和象征的两种。自然语言是最重要的推理符号，而绘画、雕塑等则属于象征符号。作为自然语言的符号，汉字和其他文字一样，都是一种推理符号，就是说，它是记录语言、表达概念的符号系统，是语言书面化的体现者和传播文化的载体。然而汉字的独特魅力恰恰在于，它具有双重的符号意义：既是一种作为传播工具的推理符号，又是一种蕴含意味的象征符号。西方语言学家把这种符号称为一种“程式化了的、简化了的图画的系统”①。汉字古称“书”，按照小学家的解释，“书者，如也”②；又称为“文”，“文”即“纹”的本字。“文”的意义相当丰富，人在符号化活动中所创

① ［英］L.R.帕默尔：《语言学概论》，李荣等译，商务印书馆1983年版，第99页。

② （汉）许慎：《说文解字》，中华书局1963年版，第314页。

造的一切符号几乎都可以称为“文”[①]。尽管几千年来，汉字的形体已迭经变更：由笔意趋于笔势，由尚形发展到尚声，但却始终未能脱离象征的本质特征。汉字之所以又被古人称之为“文象”[②]，或径称为“象”[③]，并被鲁迅视为“不象形的象形字”[④]，其深意正在于此。

众所周知，世界上最古老的文字有三种：埃及的图画文字、苏美尔人和巴比伦人的楔形文字以及中国的象形文字。这三种文字均由图画发展而来。如今前两种文字早已成为历史的陈迹而为拼音文字所取代，唯有作为象形文字的汉字却“依然故我”，为她的国家和邻邦使用着，显示出顽强的生命力，相对稳定地保持着自身固有的特色。汉字这种发生、发展的独特品貌，为我们研究中国文化开辟了一方崭新的天地。从文化学的角度看，每一个汉字似乎都是一枚活化石，它活泼泼地袒呈出中国人的文化心理，昭示出历史演进的斑斑印迹，细加玩味，我们似可从静态的形体走入古人动态的文化意识圈中去。汉字作为一种象征符号，其要义可分为两个层次：一是表达一般的概念意义，即通过视觉符号直接表示概念；一是蕴含其中的深层意味，它是特定的社会文化心理的表现。在这深层的文化积淀中，既有来自政治、道德、宗教、艺术等多种外在文化因素的影响，又受到人们的行为方式、价值取向、思维模式、认知方式等深层文化心理的制约。汉字的这一深层表意功能所包含的文化学意义涉及文化结构的多种形态，并在文化传承过程中对汉文化产生多方面的影响。就此层面而言，汉字确实像是一个精灵，就像一位学者所说的，“无时无刻不在制约着、影响着中国的文化结构和审美观念，它是中国文化系统的发展轨迹所以具有特

① （清）顾炎武《日知录》卷七“博学于文”：“‘君子博学于文。’自身而至于家、国、天下，制之为度数，发之为音容，莫非文也。”（清）黄汝成集释，栾保群、吕宗力校点：《日知录集释》，花山文艺出版社1990年版，第311页。

② （南朝梁）刘勰《文心雕龙·练字》：“夫文象列而结绳移，鸟迹明而书契作。”祖保泉：《文心雕龙解说》，安徽教育出版社1993年版，第755页。

③ 《说文解字·叙》：“《书》曰：‘予欲观古人之象。’言必遵修旧文而不穿凿。”（清）段玉裁注：“古人之像，即仓颉古文是也。”见其《说文解字段注》，成都古籍书店1981年版，第808页。

④ 鲁迅：《且介亭杂文·门外文谈》，人民文学出版社1973年版，第74页。

别的独立性和稳定性的一个重要因素"[①]。西方语言学家帕默尔正是根据这一点说："它（汉字）是中国文化的脊梁。"[②]

汉字何以能够涵容文化意蕴而且在其发展中不断增加自己固有的文化容量，这是由汉字自身的特性所决定的。从汉字的创造看，"六书"中的象形字是汉字的母体。许慎《说文解字·叙》上说："依类象形，故谓之文；其后形声相益，即谓之字。"[③]明代赵谦《六书本义》亦云："圣人之造书，肇于象形，故象形为文字之本。"[④]所谓"象形"，就是强调直观描绘外物的形态，主要包括三大类：一是象物，即取象于自然万物之形，如"日""月""山""川""竹""木""鸟""鱼"之类；二是象身，即取象于人类自身之形，如"人""身""子""女""口""耳""目""眉"之类；三是象工，亦即取象于人类利用自然物所制成的器物之形，如"衣""巾""舟""车""门""户"之类。这种静态的符号系统通过对繁杂众多的对象的删汰选择，抓住其本质特征，在追摹中凝结着先民的智慧，也透析出一定的文化内涵。如"尸"，甲、金文像人高坐之形，以区别于古人的"坐"姿（膝头着席、臀部贴在足跟上）。这一构形反映了古代祭祀用"尸"的历史现象。古代祭祀时，代死者受祭、象征死者魂灵的人叫作"尸"，他以高坐的姿态充当代祭对象，以营造出一种"祭神如神在"的氛围[⑤]。《仪礼·士虞礼》上所说的"祝迎尸"，以及《诗经·小雅·楚茨》中的"神具醉止，皇尸载起，鼓钟送尸，神保聿归"[⑥]，均反映了这一古老的习俗。再如"尾"，这是个有着尾饰的人的象形字，它反映了上古曾有尾饰的习俗，青海出土的仰韶时期文化遗址有一陶盆，中有五人一组的原始舞蹈就是有尾饰的，恰可互证。人着尾饰，这是巫术礼仪活动的产物，是一种动物图腾崇拜遗俗的体现。从汉字中我们可以

---

① 如一：《关于汉字的思考》，《读书》1985年第9期。

② ［英］L.R.帕默尔：《语言学概论》，李荣等译，商务印书馆1983年版，第99页。

③ （汉）许慎：《说文解字》，中华书局1963年版，第314页。

④ 转引自胡朴安：《中国文字学史》，中国书店1983年版，第191页。

⑤ 《仪礼·士虞礼》郑玄注："尸，主也。孝子之祭，不见亲之形象，心无所系，立尸而主意焉。"（清）阮元校刻：《十三经注疏·仪礼注疏》，中华书局1982年版，第1168页。

⑥ 江阴香：《诗经译注》，中国书店1982年版，第94页。

获得对这种早期文化事象的参证。

然而象形造字法具有较大的局限性，往往无力于表达抽象的概念。于是，我们的先人又进行了更加艰难也更富智慧的探索。一是从形体上加以开掘，主要表现为指事、会意方法的运用。指事是汉字摆脱具象迈向抽象的关键一步。正如朱宗莱《文字学形义篇》所说，它“上以济写实之穷，下以开会意之先”[①]，在汉字创造中扮演了一个相当活跃的角色。它或是通过抽象符号来表示意义，如“一”“二”“三”“四”等；或是在象形母体中加上一个指示性符号以显示新的意念，如“朱”“本”“末”“刃”等。而会意字，则是“比类合谊，以见指撝”。它是一种动态的象征符号，通过两种或多种象形符号组成的符号集群来表现一个新的意念。因此，符号的选择、形体之间的关系构成就必然会成为现实生活的一种投影，同时也会受制于一定的思想原则、审美标准等。试举一例为证。“辱”，从“辰”从“寸”，“辰”乃“蜃”之本字，像蜃蛤之形，而“寸”即手也，合之表示手持磨锐之蜃以除秽草。与此相似，“农”也是个会意字，甲骨文由“林”（或从“艸”）、“辰”、“手”三个部件组成，表示手持蜃器耕作于山林草野，从而构成一幅古代农田种植的风俗画。这一构形恰如胡厚宣在《卜辞中所见之殷代农业》中所说，表明以蜃去农耕，乃当时农家主事。《淮南子·汜论训》中就记有：“古者剡耜而耕，摩蜃而耨。”[②]我国素有以农立国、俗尚早起的习惯，从这组字中也可窥出些许消息。如时辰的“辰”借“蜃”为之，这不啻说明了古代中国农业文化的特征。农耕以时又贵时，故而泛化为普通的时间观念。“晨”，甲骨文像两手持蜃之形，表示早晨的意思，这也隐隐透出先人贵早起的习惯，如段玉裁在《说文解字段注》“晨”下所云：“圣人以文字教天下之勤。”[③]“晨”的这一意义与“人早为卓”[④]的观念恰有互见之妙。从上可见，汉字创造过程中会意、指事的介入，使汉字作为运载文化工具的作用得到了很大的补充。象

① 转引自班吉庆：《汉字学纲要》，江苏古籍出版社2001年版，第27页。

② 何宁：《淮南子集释》，中华书局1998年版，第914页。

③（清）段玉裁：《说文解字段注》，成都古籍书店1981年版，第331页。

④ 杨树达：《积微居小学述林》，中华书局1983年版，第51页。

形是形象的静态追摹，指事、会意则是复杂意念的显现；象形较实，指事、会意较虚。这三种造字方法，从动静虚实内外表里多种角度，在形体上对汉字做了曲尽其妙的开掘，它不但展现了一幅幅古人生活的动人画面，也流淌着传统文化心理的潜流。正如沈兼士所说："应用'象形''会意'两原则的文字，大都直接的或间接的传示古代道德风俗服饰器物等的印象，到现在人的心目中。简直就说他是最古的史，也不为错。"①或如于省吾所言："中国古文字中的某些象形字和会意字，往往形象地反映了古代社会活动的实际情况，可见文字的本身也是很珍贵的史料。"②

汉字创造的另一途径是在象形母体基础上向声音方面延伸，表现为越来越多的形声字的产生。这种形声字并没有失去汉字的深层表意功能。因为：其一，形声字是"以事为名，取譬相成"，仍具有表意的形符。这些形符"可以指示我们古代社会的进化。因为畜牧事业的发达，所以牛、羊、马、犬、豕等部的文字特别多。因为农业的发达，所以有草、木、禾、米等部。因为由石器时代变成铜器时代，所以有玉、石、金等部。因为思想进步，所以有言、心等部"③。可见，形符之中包含着非常丰富的文化积淀。其二，形声字的声符并不都是纯粹的表音符号，许许多多的声符本身也有意义，不过这种意义较为隐晦，即前人所说的"亦声亦义"的现象。它是声之象与形之象的融合，所以，在这个意义上，形声字实际上构成了一个隐性的表意系统，其中也隐含着诸多文化的信息。如"虹"，今人都知道它是一种光的现象，然而古人却认为它是一种状似虫的神奇之物，故其形符为"虫"（"虫"在古代即指"蛇"，亦即"龙"的原型之一）。另一边的"工"，看似声符，其实声中也有义，亦即"横而长"的意义，正如"杠"（床前横木）、"扛"（横关对举）、"釭"（壁中横带）从"工"声亦表意一样。更值得玩索的是，"虹"又称"蝃蝀"，而"蝃"之从"带"正缘于其形似带的特点。"虹"或称作"蚺"，"蚺"之从"申"，亦

① 沈兼士：《研究文字学"形"和"义"的几个方法》，《沈兼士学术论文集》，中华书局1986年版，第6—7页。

② 于省吾：《甲骨文字释林》，中华书局1979年版，第5页。

③ 唐兰：《古文字学导论》，齐鲁书社1981年版，第122—123页。

如“蝃”之从“带”。这里突现的正是先人具象、类比的思维特征。其三，形声字的出现产生了大量的同源字。这大都是一组声音相同或相近、意义相近或相涵的汉字群体，这一音义系列的创造也颇有文化意蕴可寻。如“和”（相应也）、“龢”（调也）、“盉”（调味也）、“谐”（詥也）、“騝”（马和也）、“龤”（乐和谐也）是一组同源字，它们又均有和谐的意思。这就表明和谐观念很早就在中国人的思想中扎下了根。

汉字作为一种交际工具，当它一经创造并被社会认可，就将在运载、传播文化中发挥重要作用。“文化”的定义，从语源上说，就是“文”而“化”之，“化”从一定意义上说，就是传播。《周易》云：“观乎人文，以化成天下。”①但是汉字不只是充当文化的载体，它在社会大文化系统中不仅是一种信息通道，又是信息源，不断扩散也不断积淀着不同区域、不同时代的文化意识，在历史上，常常出现这一象征符号并未改变，而象征的内涵却发生了变化的现象。

汉字传播着文化，文化又不断地向汉字渗透。这首先是由汉字自身的特点所决定的。汉字的象征之“象”具有一定的模糊性、不确定性和可塑性。比如“雨”，本是落雨霏霏的象形字，但这一构形，既可迁想为下落的雨水，也可迁想为下雨，还可迁想为下雨的样子。这就是传统语言学家所说的“实”“德”“业”三品的由来。古人以联想造字，后人却用联想去译解其中的意蕴，这两种联想很难契合一致，从而为这种符号在传播中增益文化因素提供了可能性。

作为运载文化的工具，汉字在传播中能够吸收文化信息，同时，又为这种文化积淀增加了可能性。其一，我国古代形成了一种独立的学科——文字学（这在世界上是绝无仅有的），又叫“小学”，原是古代童蒙的必修课程，为“六艺”之一。它既促进了汉字的普及运用，又为汉字的文化移入创造了一个绝好的前提。其二，汉字是一种单音缀的孤立语，在很大程度上字就是词。这种迥异于其他语言文字的特性决定了人们在运用它时较少注意词汇语法，而集中在汉字的分析诠释上。这种以字为本位的诠释方式也增加了它的文化学构

① （清）阮元校刻：《十三经注疏·周易正义》，中华书局1982年版，第37页。

成。其三，汉字使用区域广袤，时代久远，尤其是它的寿命似乎还没有哪一种文字可以跟它相比。在这种广延的时空中，其文化积淀自然会更加丰富。其四，汉字具有“意美以感心”“音美以感耳”“形美以感目”[①]的特点，往往可以激活人们的思维，具有独特的魅力。其五，汉字在使用过程中，不仅保持了无与伦比的稳定性，而且也体现出它的神秘和尊严。这种神秘和尊严，一方面是人们臆造出来的，如视汉字为“天”书，视造字者仓颉为神人等；另一方面又反转来对人们的心理起着刺激作用，加深了人们对它的迷信和崇拜。这无疑也会增加其丰厚的文化内涵。

我们可以通过一些突出的例证来检讨汉字传播中的文化渗透。从诠释的角度看，对一个汉字如何解释，有时不免带有自我意识。如“皇”，许慎在《说文·王部》中解释为：“大也。从自，自，始也，始王者，三皇大君也。”[②]这里显然受到了传统道德意识的影响。有趣的是，古人在说解文字时，往往是随心所欲，臆度曲解，但这种非科学的诠释却溶入了大量的文化因子。如“王”，甲、金文像一柄斧钺之形，《说文》所收古文亦未全失斧形。《礼记·明堂位》：“昔者周公朝诸侯于明堂之位，天子负斧扆南乡而立。”[③]斧扆（也作“斧依”），是画有斧形的围屏。由此可知，斧形是用来标示王位的[④]。但在董仲舒看来，却是“一贯三为王”，以人君参通天、地、人。这种解释正是为其建立“天人感应”“天人合一”的哲学体系服务的。又如“武”，本是征伐用武之意，但在《左传》《说文》中却被理解为“止戈为武”，这其实是厌恶战争心理的表征。汉字在使用过程中产生了大量的异体字、古今字、通假字、繁简字、变体字、俗体字等。这些纷然杂然的文字现象的背后，却也不乏丰厚的文化底蕴可供寻绎。如“哲”，本有学识和智慧的意思[⑤]。而“哲”的异体字或作“喆”，或作“嚞”，均从“吉”。“吉”者，善也。“吉”“哲”古双声，韵亦相

① 鲁迅：《汉文学史纲要》，《鲁迅全集》第8卷，人民文学出版社1981年版，第3页。

② （汉）许慎：《说文解字》，中华书局1963年版，第10页。

③ （清）阮元校刻：《十三经注疏·礼记正义》，中华书局1982年版，第1487页。

④ 详见林沄：《说“王”》，《考古》1965年第6期。

⑤ 《诗·大雅·瞻仰》：“哲夫成城，哲妇倾城。”毛传：“哲，智也。”郑笺：“哲，谓多谋虑也。”（清）阮元校刻：《十三经注疏·毛诗正义》，中华书局1982年版，第577页。

近。可见，唯有善而智，方可谓之“哲人”“哲夫”。而“哲人”“哲夫”乃人所宗仰，让人“心折”，于是“哲”又有了一个异体字，那就是“悊”[①]。“哲”之于“悊”，一从“口”，一从“心”，真正是让人“口”服“心”服。仅此一个“哲”字就包含了如此丰富的文化内涵。又如赏赐的“赐”，最初是用“贝”，卜辞铭文中有许多赐贝若干朋的记载。“赐”在甲、金文中多写作“易”，如兮甲盘：“易（赐）兮甲马四匹。”“易”加“贝”作“赐”，乃后起的形声字。金文中又写作“锡”，这是因为殷周之际铸造铜器之风大盛，最高统治者每每赐给臣属以铜铸器，故而从“金”。由赐贝到锡金，正隐隐然涵化着当时历史演进的信息。

另外，在汉字的传播中，还产生了大量的与汉字有关的文化样式，如酒令、对联、字谜、咬文嚼字的幽默等。这些文化样式充分体现了中国人的智慧，袒呈出一定的文化心态，如注重直观的认识方式，讲求婉曲的表达方式，咬文嚼字的心理定势等。当然，汉字在其传播中也出现了一些负面现象，如避讳、测字、字谶、字符、文字狱、恃权造字等。这些奇怪的文化现象虽然对汉字的正常传播构成了一定的干扰，但其中正凝聚了历史的沉疴和痛楚，折射出古代社会中的集权意识、道德观念和迷信心态。

从以上对汉字在创造和传播过程中的文化考察，我们完全可以相信，作为“汉民族第二种语言”[②]的汉字蕴涵着难以穷尽的文化学宝藏，对这一宝藏的开掘、利用将会对传统文化的研究大有裨益，同时也能帮助我们更深刻地认识我们的民族特性，诚如梁启超所断言的那样：“冥想先民生活之程度，进化之次第，考其思想变迁之迹，而覆按诸其表此思想之语言文字，犁然其若有爪印之可寻也……循此法以求之，则世人所目为干燥无味之字学，或可为思想界发一异彩焉。”[③]

① 《说文·心部》：“悊，敬也。”又《口部》：“哲，知也……哲或从心。”（汉）许慎：《说文解字》，中华书局1963年版，第217、32页。

② ［瑞士］费尔迪南·德·索绪尔：《普通语言学教程》，高名凯译，商务印书馆1980年版，第50页。

③ 梁启超：《国文语原解》，《饮冰室合集》第3册，中华书局1989年版，第32页。

20世纪初，瑞典著名汉学家高本汉曾说过："中国不废除自己的特殊文字而采用我们的拼音文字，并非出于任何愚蠢的或顽固的保守性……中国人抛弃汉字之日，就是他们放弃自己的文化基础之时。"[①]他认为，汉字与拼音文字都是人类智慧的创造，是分别屹立于世界东方和西方两座人类文明的高峰。但令人遗憾的是，他的这一"高"论在相当长的一段时间内被人们视为近视之论。今天，当贱视、挞伐汉字的理论也已"大江东去浪淘尽"，而汉字的价值为世人所重之时，我们重温高本汉的这些观点不禁感慨系之。在此情势下，重审汉字与中国文化间的血肉难分的关系也就愈发显得意味深长了。

·思考题·

1. 如何理解汉字的双重符号意义?
2. 汉字与中国文化的教学内容、教学要求是什么?
3. 如何学好汉字与中国文化?

① 转引自［英］L.R.帕默尔:《语言学概论》，李荣等译，商务印书馆1983年版，第99页。

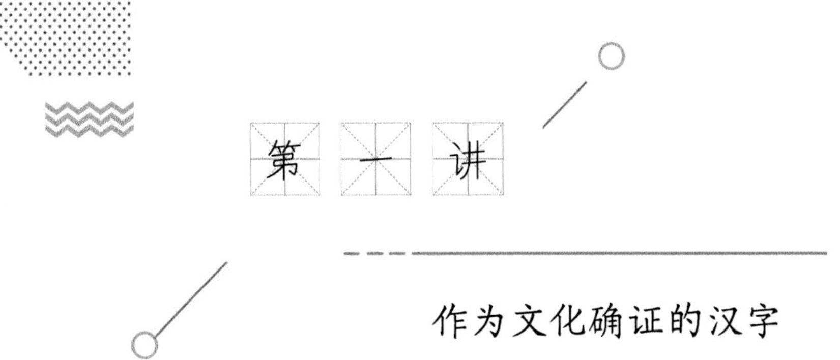

第一讲

作为文化确证的汉字

汉字与中国文化具有密切的关系，它对中华民族的心理结构影响颇深。在漫漫几千年的历史中，汉字除了记录、运载文化之外，还有另外一种作用，即它的文化确证功能。所谓文化确证功能，亦即以文字来证明文化。它能用以证明一个朝代统治的合法，能给人们的思想行为提供某种规范，甚至被认为具有预卜凶吉、除妖祛病的功能，等等。这种情况究竟在多大范围内存在着，其产生的根源如何，它对中国文化产生了哪些影响，本讲试对这些问题做一初步的研究。

第一节　取象与正名

中国古代有一重要观点，即“观象制器”。它有可能并不符合人类文化的进程，但却是确实存在的。它是儒家为了树立圣人规范的努力的一部分。这个观点最早是由《周易》提出的。它包括两个理论层次：一是观自然之象而草创人文。如《周易·系辞上传》说：“天垂象……圣人则之。”①《系辞下传》：“仰则观象于天，俯则观法于地……于是始作八卦。”②二是观人文之象而创造器物、发明制度等。《易传》把人类一切文化创造的范本都归之于易象，如其说：“作结绳而为网罟，以佃以渔，盖取诸‘离’。”“斫木为耜，揉木为耒……盖取诸‘益’。”③《系辞》总结说：“是故易者，象也；象也者，像也。”④就是说，易卦提供了一个范本：“象”，这“象”又是供人们去仿效的（像）。可见，上言之自然之象和人文之象又是互相联系的，观自然之象而创造的“象”（八

① （清）阮元校刻：《十三经注疏·周易正义》，中华书局1982年版，第82页。

② （清）阮元校刻：《十三经注疏·周易正义》，中华书局1982年版，第86页。

③ （清）阮元校刻：《十三经注疏·周易正义》，中华书局1982年版，第86页。

④ （清）阮元校刻：《十三经注疏·周易正义》，中华书局1982年版，第87页。

卦）乃是圣人所为，这种“象”正如胡适所言，“是古代圣人设想并且试图用各种活动、器物和制度来表现的理想的形式”[①]。如果说自然之象是第一范本，那么这种“理想型式”则是供庶民仿效的第二范本。

汉字实际上也正是这种“理想型式”。据说，它也是圣人取效天地创造而成。《说文解字·叙》中说：原始汉字（“文”）是“依类象形”的产物，它也可以作为圣意的符码指导着人类的文化创造。《说文解字·叙》实际上已经树立了这种规范：“《书》曰：‘予欲观古人之象。’言必遵修旧文而不穿凿。”[②]段玉裁解释说：

> 《尚书》：“日、月、星、辰、山、龙、华、虫、作会、宗彝、藻、火、黺絲、黼黻、希绣，以五采彰施于五色，作服。”日月以下像其物者，实皆依古人之像为之。古人之像，即仓颉古文是也……帝舜始取仓颉依类像形之文，用诸衣裳以治天下，故知文字之用大矣。[③]

也就是说，汉字不仅供人们交际之需，还和易象一样，是人类文化创造的第二范本。

当然，文字的规范作用不仅体现在器物制造上，更重要的还表现在给人们提供某种精神的证明。王充《论衡·奇怪》上说：“失道之意，还返其字。苍颉作书，与事相连。”[④]欲以文字之是非廓清被虚妄了的历史。颜之推有一段话更发人深省：

> 客有难主人曰：“今之经典，子皆谓非；《说文》所明，子皆云是。然则许慎胜孔子乎？”主人拊掌大笑，应之曰：“今之经典皆孔子手迹耶？”客曰：“今之《说文》，皆许慎手迹乎？”答曰：“许慎检以六文，贯以部分，使不得

---

① 胡适：《先秦名学史》，《先秦名学史》翻译组译，学林出版社1983年版，第37页。

② （清）段玉裁：《说文解字段注》，成都古籍书店1981年版，第828页。

③ （清）段玉裁：《说文解字段注》，成都古籍书店1981年版，第808页。

④ （汉）王充：《论衡》，上海人民出版社1974年版，第52页。

误，误则觉之。孔子存其义而不论其文也。先儒尚得改文从意，何况书写流传耶？必如《左传》“止戈为武”“反正为乏”“皿虫为蛊”“亥有二首六身”之类，后人自不得辄改也，安敢以《说文》校其是非哉！”①

颜氏的观点很明显，汉字是神圣的，不得随意改正，以文字为一种内在准则，去规范文化是人们首当遵循之事。

与“观象制器”说相关的，是一种叫作“正名”的学说。孔子说：“必也正名乎！”②“正名”也就是通过“名”的重新审定，使混乱的规则、习惯、义务等恢复其原有的秩序。这种原有的秩序准则往往落实在文字的语意空间中。即从文字中寻找匡正谬误的标准，亦即王充所云“失道之意，还返其字”。如孔子说：“政者，正也。”③从声训中，孔子得出为政必须自正，而不能乱民。以“正”释“政”也许不是道地的解释，但却为思想“正名”提供了强有力的依据，因此，“正名”从一角度言之，就是“正字”。这当然不仅在于上古文字称作“名”的缘故④，还在于文字与“正名”之思想运动的深层联系。

“观象制器”说和“正名”说在古代中国有广泛而深刻的影响，汉字的文化确证作用便是在这种背景下充分地展开。细研之，这种文化确证作用具体表现如下。

一、攫取权力的手段

在中国漫长的封建社会里，君王享有至高无上的权力，天下之大，莫非王土，庶民之众，莫非王臣，文字也不例外。子思曾引述孔子的话说：“非天

① （北齐）颜之推：《颜氏家训·书证》，上海书店1986年版，第38—39页。

② 杨伯峻：《论语译注》，中华书局1983年版，第133页。

③ 杨伯峻：《论语译注》，中华书局1983年版，第129页。

④ 《周礼·春官·外史》：“（外史）掌达书名于四方。”郑玄注：“古曰名，今曰字。”（清）阮元校刻：《十三经注疏·周礼注疏》，中华书局1982年版，第820页。

子，不议礼，不制度，不考文。”[1]可见考证文字，权归天子。秦始皇依权改字、武则天恃权造字就是显例。文字是记录语言、传播文化的工具。但长期以来，并非为庶民百姓普遍享有，古代社会的下层民众往往只是靠口耳相传、言语传播再加上简单的辅助手段维持最低限度的生活，识文断字一般是官宦人家的事，文字一直被掌控在少数人手里，文字强化了统治者的特权。统治者们利用汉字去传播教化，同时他们也并没有忘记利用文字来证明其统治的合法性。先看一个对“王”字解释的例子。

王，古代文献中一直作为君王的称呼。汉纬书称孔子说：“一贯三为王。”董仲舒敷演道：

> 古之造文者，三画而连其中谓之王。三画者，天地与人也；而连其中者，通其道也，取天地与人之中以为贯而参通之，非王者孰能当是！[2]

董氏由这个字的“正名”告诉人们，君王是国家最合法的统治者，他上通天地，下尽人伦，代天地立言，为人类造福，正如《管子·兵法》上所说：“通德者王。”[3]董氏为君王贯通天地人的德性找到了文字上的证明。古人又有所谓“无土不王”的说法，王者必拥有土地。为了使其天经地义，人们便又乞灵于汉字。《史记·秦楚之际月表序》：“故愤发其所为天下雄，安在无土不王？”[4]盖因“王”可拆为“一”和“土”，“一”为天，“土”为地，天下之大，莫非我有，故而“王”也。人们还常将王训为“王者，往也”。如《说文》上说：“王，天下所归往也。”[5]通过声训的方法，说明君王统治人民的合法性，将君王的牧民独断说成是天意所归、民所乐归。但反而言之，民“不往”则不能为王，即使居其位，也会成为“孤家寡人”，故古人又云：“往之谓

① （清）阮元校刻：《十三经注疏·礼记正义》，中华书局1982年版，第1634页。

② （汉）董仲舒：《春秋繁露·王道》，上海古籍出版社1986年版，第775页。

③ 黎翔凤：《管子校注》，中华书局2004年版，第316页。

④ （汉）司马迁撰，（宋）裴骃集解：《史记》，中华书局1982年版，第760页。

⑤ （汉）许慎：《说文解字》，中华书局1963年版，第9页。

之王，去之谓之亡。”[①]“王”“亡”音通，通过音义互通现象将这种深刻的道理寓于其中，体现出中国人独有的智慧。

再看“君”字的诠说。君王具有垄断语言文字的权利，这在早期社会就普遍存在于世界各地。阿兹特克语中就有这种现象：

> 在墨西哥城被称为“皇帝”的人享有tlatoani的称号，tlatoani意为“有发言权的人”，它源于动词tlatoa，意为“演说”，属于同一词根而与言语有关的词还有tlatolli（语言），与权力有关的词有tlatocan（指最高委员会，发号施令的地方）。因此，君主被称为tlatoani绝非偶然。归根到底，君主的权力在于拥有说话的艺术，委员会中的空谈，以及阿兹特克人如此赞赏的发表夸张和华而不实的演说技巧和气派。[②]

在中国人看来，汉字“君”也是个不寻常的字眼，据说从“尹”是手握权柄，有挥指天下之象，而字形中的“口”是专用来发号施令（不是演说技巧）的。这种解释非常多，如《说文》：“君，尊也。从尹；发号，故从口。”[③]朱骏声云：“君尊声近。”[④]故“君”有“尊”义。“尹”，《说文》上说：“治也。从又、丿，握事者也。”[⑤]和古人解释“王”字一样，徐锴对“君”之诠说，在颂其至尊地位的同时，也悄悄塞进了自己的主张。他说：

> 口以出令也。晋悼公曰：臣之求君以出令也。舜曰：惟口出好兴戎，朕言不再。狎侮小人，罔以尽其力；狎侮君子，罔以尽其心。故于文，口尹为

---

① 《韩诗外传》卷五，宗福邦、陈世铙、萧海波主编：《故训汇纂》，商务印书馆2003年版，第67页。

② J.Souste：La Vie Quotidienne des Azteques a La Veille de La Conquete Espagnoce.巴黎，1955年版，第144页。

③ （汉）许慎：《说文解字・口部》，中华书局1963年版，第32页。

④ （清）朱骏声：《说文通训定声・屯部第十五》，中华书局1984年版，第793页。

⑤ （汉）许慎：《说文解字・又部》，中华书局1963年版，第64页。

君，慎其口也。[①]

许多人还热衷于从字音的转换中为君主的合法统治寻找证据。《荀子·君道》："君者，何也？曰：能群也。"[②]董仲舒也说："君者，不失其群者也。"[③]这和"王者，往也"的诠释一样，无非是证明君王先天就具有合乎民意的特性。

有关"郡"的解说也颇耐研味。黄义仲《十三州记》云：

郡之为言君也，郡守专权，君臣一体。又制字之义，君在其左，邑在其右。又以邑者所以载民，合之为郡。[④]

这个字具有丰富的文化内容。在这里，"郡"被拆为"君"之"邑"，表达了普天之下皆为王土的意思。而"君"在左，"邑"在右，左为上，右为下，说明君王拥有土地的合法性。又由于"郡"从"君"，一郡之主（郡守）和君一体共通，郡守成了为君而守，郡主是君的臣子，是君主意志的合法执行者。这个字，也为地方官僚脸上贴了金。

在古代，统治者通过文字确证自己地位的努力，还突出体现在夺取皇权的过程中。帝王登基，常被说成是受天之命。大约自西汉末年起，谶纬之说就已流行。臣子进书上表，推人为王，多援纬以为说；而帝王一朝登上金銮殿，为了证明自己的合法，也少不了拿纬来作证。其中利用汉字所作的纬说最多，这些大都见于皇皇正史，史书中所设之"祥瑞志"就是一例。中国历史上第一个特重谶纬的皇帝王莽，就迷上了汉字。他说：

今百姓咸言皇天革汉而立新，废刘而兴王。夫"劉"之为字，"卯、金、

① （南唐）徐锴：《说文系传》卷三三，四部备要本，第306页。

② 章诗同：《荀子简注》，上海人民出版社1974年版，第129页。

③ （清）苏舆著，锺哲点校：《春秋繁露义证》，中华书局1992年版，第133页。

④ （清）周亮工辑：《字触·说部》，商务印书馆1936年版，第94页。

刀”也，正月刚卯，金刀之利，皆不得行。博谋卿士，佥曰天人同应，昭然著明。其去刚卯莫以为佩，除刀钱勿以为利，承顺天心，快百姓意。①

颜师古注曰：“莽以劉字上有卯，下有金，旁又有刀，故禁刚卯及金刀也。”②王莽列举了“劉”的种种坏处：好战、重财等，而且违逆天地阴阳之义，故当亡也。

但在汉代的臣民看来，“劉”又是最高贵的，有十足的王家气派，其时有这样的说法：

劉季握卯金刀，在轸北，字季，天下服。卯在东方，阳所立，仁且明；金在西方，阴所立，义成功；刀居右，字成章。刀击秦，枉矢东流，水神哭祖龙。③

此将“劉”字与阴阳五行串通一气，“劉”合天地阴阳，而且那个“刀”是专用来打击秦国的，说得真神乎其神！

汉世是以这种字纬谋权的发轫期，此风一出，后世者仿效甚众。汉献帝初平元年，袁绍，字本初，遂“自以为年与字合，必能克平祸乱”④。曹丕欲立王时，文人为他编了一则谶语：“《孝经中黄谶》曰：‘日载东，绝火光。不横一，圣聪明。四百之外，易姓而王。’”⑤以为曹丕应为王。《易运期谶》：“言居东，西有午，两日并光日居下。其为主，反为辅。五八四十，黄气受，真人出。”⑥言午，“许”字；两日，“昌”字。意思是说据有许昌者将会昌盛起来，这是当时的拥曹势力为曹丕篡汉称帝而造作的。《梁书·沈约传》载沈约曾对梁武帝萧衍说：

① （汉）班固撰，（唐）颜师古注：《汉书·王莽传》，中华书局1962年版，第4109页。

② （汉）班固撰，（唐）颜师古注：《汉书·王莽传》，中华书局1962年版，第4110页。

③ 《春秋汉含孽》，据《文选》卷一班固《西都赋》李善注引。

④ （晋）陈寿撰，（宋）裴松之注：《三国志·文帝丕》，中华书局1959年版，第192页。

⑤ （晋）陈寿撰，（宋）裴松之注：《三国志·文帝丕》，中华书局1959年版，第64页。

⑥ （晋）陈寿撰，（宋）裴松之注：《三国志·文帝丕》，中华书局1959年版，第64页。

天文之事，表革运之征，永元以来，尤为彰著。谶云“行中水，作天子”，此又历然在记。天心不可违，人情不可失。[①]

唐王朝建立基业后，为了表明自己的合法，“李”被拆成“十八子”[②]。意谓李唐王朝统治上上大吉，江山绵延。这样的例子不胜枚举。

由于把文字看成和朝廷命运息息相关，因此，有关国运的一切字眼的使用均需慎之又慎，如年号的择取即是如此。宋熙宁末年大旱，朝廷讨论改元，始拟“大成”，神宗反对，因“成”字分拆，乃一人负戈；继拟“丰亨”，神宗又反对，因“亨”字为“子”不成，恐不吉利；最后选定为“元丰”[③]。神宗的心理在历代帝王那里是十分普遍的，人们常把国家的兴亡和年号联系起来。这也从侧面昭揭了统治者利用汉字来巩固自己地位的心态。

二、价值判断的依据

人们常说“人言为信”“田力为男”“女在室内为安”“自大一点为臭”“色字头上一把刀”“忍字头上一把刀，忍得住时是英豪”。当说这些话时，显然隐藏着这样一种心态，即不把文字当作语言符号来看，而把它视为蕴含着某种道德观念的符码。更为重要的是，人们在不自觉中把这些符号当作判定是非的标准，汉字已在此充当了价值判断的依据，变成一种“价值符码”。

利用文字的内涵进行道德感化，是中华民族的一大发明。中国是一个伦理至上的国度，教化被看作是文化创造的重要目的。汉字作为文化的书面承担者和传播者自不例外，也被置于服务教化的总体框架之中。唐张怀瓘《书断序》云：“昔庖羲氏画卦以立象，轩辕氏造字以设教。”[④]明确地把文字作为教化的

① （唐）姚思廉：《梁书·沈约传》，中华书局1973年版，第234页。

② （清）俞正燮：《癸巳类稿·纬字论》，商务印书馆1957年版，第269页。

③ （宋）叶梦得：《石林燕语》，中华书局1984年版，第6页。

④ （唐）张怀瓘：《书断》，《历代书法论文选》上，上海书画出版社1979年版，第154页。

工具。从传播文化的文字符号变为服务教化的“价值符码”，主要有以下三种方法。

一是附着。在春秋以来的两千多年历史中，许多汉字被硬性附加上既定的道德观念，它们层层累积，共存于文字的意义空框中。这里通过一个例子来说明。

正，《说文解字·正部》：“是也。从止，一以止。”[①]“正”何以谓“一以止”，《说文义证》做了解释：“从止一，《大学》在止于至善。”[②]这便把《大学》开章的“大学之道，在明明德，在亲民，在止于至善”[③]的思想附着于其中。《说文·正部》又说：“古文正从二，二，古上字。”[④]《说文义证》发挥道：“天道无私，是以恒正。”[⑤]其意是说，二为上，上为天，天道在上，唯德是辅，是至善至美的体现，故曰正。而徐锴则云：“守一以正也。”[⑥]他是据人立论，意为人要守中处一，独守大道，不可更移，是谓正也。从反面言之，人不能正道而行，将会招致危败，故《左传》上说：“故文反正为乏。”[⑦]“乏”是“正”的反文，“正”为通，不正为“乏”，正反转换，泰极否来。“正”还被用作国家政治的准则，如上文所举孔子的话：“政者，正也。”[⑧]刘熙《释名》说得更清楚：“政，正也，下所取正也。”[⑨]从百姓这一面说明为政以正的重要性。《周礼·夏官》注把政教的功能也说出来了：“政所以正不正者也。”[⑩]孟子又将“正”和“征”联系起来。征，战也。但在孟子看来，其中又蕴含着非战的思想。《滕文公上》说：“征之为言正也，各欲正己也，焉用战！”[⑪]通过

① （汉）许慎：《说文解字》，中华书局1963年版，第39页。

② （清）桂馥：《说文解字义证》，上海古籍出版社1987年版，第148页。

③ 《四书五经》，中国书店1985年版，第1页。

④ （汉）许慎：《说文解字》，中华书局1963年版，第39页。

⑤ （清）桂馥：《说文解字义证》，上海古籍出版社1987年版，第148页。

⑥ （南唐）徐锴：《说文系传》卷三三，四部备要本，第33页。

⑦ （清）阮元校刻：《十三经注疏·春秋左传正义》，中华书局1982年版，第1888页。

⑧ 杨伯峻：《论语译注》，中华书局1983年版，第129页。

⑨ （清）王先谦：《释名疏补正·释言语第十二》，上海古籍出版社1984年版，第188页。

⑩ （清）阮元校刻：《十三经注疏·周礼注疏》，中华书局1982年版，第830页。

⑪ （清）阮元校刻：《十三经注疏·孟子注疏》，中华书局1982年版，第2773页。

征、正的联系，纳入儒家的“正心”思想。这些有关“正”的正名，通过形、音方面的特点，将各自的文化观念纳入其中，构成一个奇妙的“阐释空间”。对于中国人来说，这种联系中“正”蕴含着神秘的权威力量。许多人难以意识到也无意去意识这是自己所添加上去的。

二是改字。把文字当作道德观念的符号，但也存在着有些字的意思并不适合道德教化的现象，历史的距离造成的思想差异以及有些字引起人们不和谐的引申等矛盾，都会在文字中反映出来，使人们不得不去修改它。中国历史上有许多人提出要“纯洁”文字，其目的之一就在于维护汉字的道德规范的地位。古之“罪”字上为“自”下从“辛”，秦始皇疑为字像“皇”，遂改为从“网”从“非”，意为对违法之人张开天罗地网。宋王楙《野客丛书》载：

> 《春秋》：“汉东之国随为大。”其后杨坚建国，见周齐不遑宁处，故去“辵”文只作“隋”，今欧阳询《九成宫碑》书作“随”者，推本当时之意尔。古之“疊”字，用三“日”合作“疊”，新莽以三日太盛，改从三“田”，今东汉碑“疊”字仍旧有三“日”者。古之“對”字，“丵”下从“口”，据《说文》谓汉文帝以口多非实，改从“土”。然观《大夫始鼎铭》，则知“對”字从“土”者旧矣……古之“劭”字，从“刀”，南朝宋太子名劭，而恶字文为“召刀”，遂改“刀”为“力”。汉人“洛”字书“雒”，盖汉火行，忌水，故去“水”而用“隹”。至魏以土行；土，水之母，故去“隹”仍用“水”。①

这类例子极多。《三国志·吴书》载：

> 是仪字子羽，北海营陵人也。本姓氏，初为县吏，后仕郡，郡相孔融嘲仪，言“氏”字“民”无上，可改为“是”，乃遂改焉。②

① （宋）王楙：《野客丛书·字文增减》，上海古籍出版社1991年版，第304页。

② （晋）陈寿撰，（宋）裴松之注：《三国志·是仪胡综传》，中华书局1959年版，第1411页。

由“氏”字而想到“民无上”，可见对字的道德作用是多么看重。

三是造字。中国古代出现多次抵制“俗字”的运动，每一次都打着正名、返本的旗号，许慎有感于俗字流行而作《说文》，魏江式为了挽救遭“污染”的汉字而上书皇帝，等等。尽管再三抵制，但俗字并未响沉音绝，反而流传愈来愈广。出现这种情况的一个重要原因，就在于这些字附着一定的文化观念，和人们生活、思想发生直接联系，人们容易解会，乐于接受。此举二例。“无”，先秦时主要出现在道家论著中。可它一旦“出台登场”，一时之间，大有取代“亡”“無”之势。究其原委，就在于它那似“元”又似“天”的奇特的造型。《说文》上说：“通于元者，虚无道也。王育说，天屈西北为无。”[①]这里先就“无”与“元”的关系立论，谓“无”是由“元”之一撇上通而造成。而“元”即开始，由开始往前溯，到未始有始之时，那就是“无”，也就是“道”了。至于“王育”所说，乃是就“无”与“天”的关系而言，“天”字的西北一笔弯曲起来，那就是“无”。天缺西北，地倾东南，是当时流行的看法。“天”是至高无上的，“天屈西北为无”，似含有“无”仅次于“天”的意味。再说“皈”。“皈”之于“歸”，一后起一先出，一世俗一雅正。但“皈”之俗自有俗的妙处，观其字形，左从“白”，乃“头面”之象，右从“反”，亦即“返回”之“返”，合之表示归信佛教，所谓回头是岸是也。由此二例不难推知，许多新造的俗字，成了表达思想观念的符号。

通过以上几种方式，使“思想观念的符号”的比例在汉字中愈来愈大，其内在文化蕴含也愈聚愈丰。它促进了社会文化尤其是儒家道德观念的传播，在不自觉中充当了人们文化活动的终极价值规范。

如儒家文化最重人伦的秩序感，汉字是常用来证明这种秩序的有力材料。从朝廷看，君臣关系的确立至关重要。“臣”，甲骨文多见，象竖目之形。“臣”有监临之义，引申为具有较高位置的官员，人间帝王有臣，天界地府亦有臣。

---

① （清）段玉裁注：“谓虚无之道，上通元气寂寞也……天倾西北者，谓天体不能正圜也。”见其《说文解字段注》，成都古籍书店1981年版，第671页。

而《说文·臣部》上解释说："牵也，事君也，象屈服之形。"[①]这已大舛字之本形，而许慎感兴趣的主要是为臣的地位寻找证据。通过"臣""牵"音近，将臣规定为君所牵，以柔谨服从为本。从字形上看，许氏将"臣"解为屈服之形，从而赋予臣子唯唯诺诺的天职。服即伏，再为臣子不敢仰视龙颜的君臣之礼找证据。而徐锴在许慎的启发下又做了发挥："臣者，牵也，心常牵于君也。"[②]以牵挂释"牵"，融忠君之义于其中。又说："臣，坚也。汉光武曰：臣常辅翊汉室，心如金石也。"据"臣""坚"同源之联系，极言身在江湖，心系魏阙之忠心。在字形上，徐锴也做了发挥：

> 臣象人屈服之形也……故于文，君则正身以出令，君既正矣，臣擎跽曲拳以事之而已，无劳复诤也。[③]

君正身以坐，臣侧伏听命，这是天赋的格局。从君正身的一面，排除了做诤臣的必要。由"臣"和上举之"君"字，我们强烈地感觉到在中国封建等级秩序的建立中，汉字是卓然有功的。汉字已不再是纯粹的语言符号，成了为教化而任意摆弄的对象。

这在一般人伦关系的建立上亦可见出。如"女"，甲骨文像女子侧立俯首敛手屈膝之形，这个字，商时就是女性之总称。篆化后更突出其柔弱的特性，这个字是女性地位的真实写照。考古发现，在甘肃武威皇娘娘台有一男二女合葬墓，男子仰卧正中，两侧各有一女子，均向男子侧身而卧，下肢弯曲，双手屈于胸前[④]。同样的情况也出现在秦代魏家十余座合葬墓中。死者如此，生者何独不然？汉以后，女性的地位更低，她们被缚上一道道绳索。御用文人没有忘记乞灵于汉字。《白虎通·嫁娶》说："女者，如也，从如人也。在家从父

① （汉）许慎：《说文解字》，中华书局1963年版，第66页。

② （南唐）徐锴：《说文系传》卷三四，四部备要本，第310页。

③ （南唐）徐锴：《说文系传》卷三四，四部备要本，第310页。

④ 甘肃省博物馆：《甘肃武威皇娘娘台遗址发掘报告》，《考古学报》1960年第2期。

母，既嫁从夫，夫没从子也。”[①]“女”“如”声音相近，便给此段三从之义的发挥找到了硬证。《大戴礼记·本命篇》亦云：

> 女者如也，子者孳也，女子者，言如男子之教，而长其义理者也。故谓之妇人。妇人，伏于人也。是故无专制之义，有三从之道：在家从父，适人从夫，夫死从子，无所敢自遂也。教令不出闺门，事在馈食之间而已矣。[②]

这段话根据妇人的两个称谓（女子、妇人）来为其正名，其根据则在于字的音、形。这荒谬的推论，送给了女性奴仆的地位。《白虎通·三纲六纪》又说：“妇者，服也，以礼屈服也。”[③]将女性之“屈服”纳入“礼教”中。更奇特的是《说文系传》中的解释：“女者，如也如男之教也。于文，女縶于人，女以深瘗为德，象其衣裳绸缪闭固之象也。”[④]徐锴硬是从字形中看出女性弱不可支、依附于人的样子，而且据说这还像女子穿衣的“闭固”严实，所谓“女不露皮”是也。我们真不能不佩服这位文字学家的想象力。

这种“价值符码”对中国人的行为方式具有广泛的影响。克洛德·拉尔说：

> 汉字是一种抽象的意象，无论哪种形式的人类行为都有与之相称的词语，从而非常形象化地将它栩栩如生地复制出来，并能充分抽象地扩展其范围，使其意义普遍化。[⑤]

由于汉字中隐藏着一些普遍的行为准则，我们在接受这套符号时，在一定的程度上也接受了它所呈示的准则，这种影响往往是潜“移”默“化”的。大

① （清）陈立：《白虎通疏证》，中华书局1994年版，第491页。

② （清）王聘珍：《大戴礼记解诂》，中华书局1983年版，第254页。

③ （清）陈立：《白虎通疏证》，中华书局1994年版，第376页。

④ （南唐）徐锴：《说文系传》卷三十四，四部备要本，第311页。

⑤ ［法］克洛德·拉尔：《中国人思维中的时间经验知觉和历史观》，载《文化与时间》，郑东平、胡建平译，浙江人民出版社1988年版，第57页。

量的解说不得文字正解，但人们却视之为必然。如“二中为患”要人们忠君不二，“自大一点为臭”要人们谦虚谨慎，“两戈争贝为贱”规劝人们不要见利忘义。这种例子极多。中国文化史上流传着大量的以字教人的事例，此引二则：

> 古人殷润家国，惟贵农务，故周人以稼穑艰难为王业根本，秦人以力田受爵赏，汉人以力田应辟举。观古人制字，富从田，言富自田起也。田以一、口，言有田之人又贵食之者寡也。[①]

> 四山纵横，两日绸缪。富是他起脚，累是他起头。[②]

前者说的是富因田起，后者说的是为富所累，此足以为讽世之良言。至如“同田为富，衣田为福”[③]之类，虽与字形不合，却也发人深省。

这里想谈谈被人们视为“反面教材”的王安石的《字说》。王安石晚年退居钟山，穷数年之功，结成《字说》二十四卷，自视甚高，并上表皇帝，“一时学者无敢不传习，主司纯用以取士。”可见影响之大。王氏《字说》一反《说文》之法，尽废“六书”中之五书，独取会意。在训诂材料上，黄庭坚说他出入百家，朱翌说：

> 介甫《字说》，往往出于小说、佛书。且如天一而大，盖出《春秋说题辞》；天之为言填也，居高理下，含为太一，分为殊形，故立字一而大，见《法苑珠林》；如星字，物生乎下，精成于列。精成于列，晋《天文志》张衡论也。[④]

可见王安石是善用后世的文化观念来解释这些远古符号的。从纯粹语言学

---

① （清）周亮工辑：《字触·说部》，商务印书馆1936年版，第93页。

② （清）周亮工辑：《字触·谐部》，商务印书馆1936年版，第84页。

③ （清）俞正燮：《癸巳存稿·书难字后》，中华书局1985年版，第89页。

④ （宋）朱翌：《猗觉寮杂记》卷上，《笔记小说大观》第6册，广陵古籍刻印社1983年版，第45页。

角度看，王安石说字方法可能是伪科学的，但他根本就没把《字说》当作文字学著作看，他在《上〈字说〉表》上说："道衰以隐，官失学废，循而发之，实在圣时。"他要用说"文"解"字"的方法去挽救衰亡之道，他把自己的观念融入文字中，想借此"循而发之"，去教育庶民。如其说：

"人""为"之谓"伪"。

"位"者"人"之所"立"。

"讼"者"言"之于"公"。

"分""贝"为"贫"。[①]

这些说法，意在通过解字给人们呈示一种行为准则。又如他解"伶"字：

伶，非能自乐也，非能与众乐乐也，为人所令而已。[②]

其中蕴含着深刻的人生体验。可见，他的《字说》不具有语言价值，却具有较高的文化价值，是中国历史上将文字视为人文符号的典范。

三、引发思想的媒体

大多数人都知道"止戈为武"这句话，它出自《左传·宣公十二年》：

夫文，止戈为武……夫武，禁暴、戢兵、保大、定功、安民、和众、丰财者也。[③]

① （宋）叶大庆：《考古质疑》卷三，四库全书本。

② （宋）叶大庆：《考古质疑》卷三，四库全书本。

③ （清）阮元校刻：《十三经注疏·春秋左传正义》，中华书局1982年版，第1882页。

从这个表示战争的字中看出反对战争的思想，显然是据字立论的。“武”，从“止”从“戈”。“止”是人足的象形字，此有二义，一是行走，一表停止。战争和反对战争之对立思想就是从字形中看出的。因此，这个字对中国人的战争观念有一定的影响。《汉书·武五子传》：

> 仓颉作书，止、戈为武。圣人以武禁暴整乱，止息干戈，非以为残而兴纵之也。①

这又从此字中引出以战争消灭战争的重要思想。

一个字引出这样丰富的思想，可见汉字在引发、确证思想方面具有不可忽视的作用。

引用文字证明思想在古代蔚成风气，它的产生与中国独特的训诂活动密切相关。中国人有一种训诂的癖好，人们常常通过对文字的咀嚼来发现思想、表达思想。两汉以来，影响日深，一字之解，动辄千言，乃至万余言。在这纷繁的考证中，字的形音义始终是不可忽视的方面。解经是为了阐发某种思想，而有关汉字的阐释又为此种思想提供了证明。

汉字对中国思想史的理论形态具有一定的影响。此举一例为证。日本学者中村元曾谈到中国佛教的理论建构特点，认为佛学家常耽溺于字句。华严经大师法藏在翻译《大方广佛华严经》的名字时，逐字地解释，每字举出十种意义，至为烦琐。中村元说：

> 法藏热衷于以十为数的解释，是由于《华严经》本身有以十为单元举实例的倾向。但他没有给予结论，说明哪一种解释是根本的，哪一种释义是派生的。我们也无法发现他自己对这些事情反省的踪迹。②

---

①（汉）班固撰，（唐）颜师古注：《汉书》，中华书局1962年版，第2771页。

②［日］中村元：《东方民族的思维方法》，林太、马小鹤译，浙江人民出版社1989年版，第149—150页。

中村元所提出的这个问题确实是中国人表述思想时常用的方法。如在注经中，一个字往往罗列出多种意义，但并不给出哪个是主要意义。这种释义方式有两个特点：一是能够兼容并包，显示出意义的丰富性；二是诸种语意项可进行内在转换，构成一回环豫如的系统。如关于《周易》之“易”的解说，汉《易纬·乾凿度》谓“易”一名而含“简易”“变易”“不易”三义。汉时其他纬书又从字形上把“易”分析为“日月”二字，以表示阴阳，于是三义之外又加上“日月为易”。至清毛奇龄又提出“易”有“变易”“交易”“反易”“对易”“移易”五义，加入新的内含。多种义项被囊括在一个“易”字之中，每一义项均体现《周易》哲学的一个重要方面。“易”义的多元性，非但没有造成人们理解的困难，反而能体现大易无所不贯、洁净幽微的特点，这也正是汉字证成思想的魅力所在。

第二节　媒介与本体

在世界上，汉字能够独树一帜，超越语言符号的特性而具有确证文化的功能，是由汉民族独特的历史文化所造成的。张光直说：

> 文字（按：这里指汉字）载体之所以能与它包含的信息融为一体，原因是一旦人发明了书写，文字本身便成了沟通天地之工具的一个组成部分。[①]

就是说，汉字既是传播信息的媒介，它自身又是一个信息源，具有本体意义。它不仅是认识世界的工具，又是世界的一部分。

中西方在对待语言文字的态度上具有重大差异。中国是通过宇宙来掌握语言，走向整体思考；西方则是通过语言来掌握宇宙，走向理性思考。通过宇宙来掌握语言，往往不仅仅把语言当作掌握宇宙的手段和工具，去解释宇宙，而是将语言置于整体宇宙之中，视语言为宇宙生命的有机环节，而不是像拼音文

① 张光直：《美术、神话与祭祀》，郭净译，辽宁教育出版社2002年版，第61页。

字侧重于用语言概念去规范宇宙的作用。汉字作为宇宙生命运转的有机组成部分，是人对自然体验的凝结，其中包含着宇宙生命的重要信息，正如朱熹所说："吾道之所寄，不越乎言语文字之间。"[①]汉字既是器，又是道，道器合一构成了汉字的一大特点。

汉字通天尽人的权威力量的获得，主要通过以下三条途径。

一、神圣化

在世界早期传说中，一般都将文字归之于神所创造。腓尼基人奉CODMUS神为字母的创造者，诺尔斯人奉ODIN为RUNE的创造者，希伯来人奉亚当为语词的创造者。汉民族也一样，汉字据说是一个叫仓颉的神所创造的，此人龙颜侈侈，四目灵光，凭借四只眼睛洞穿宇宙，创造了文字，使得天雨粟，鬼夜哭，龙乃潜藏，整个宇宙充满着这符号迸射的光芒。

在西方许多民族，造字神话随着历史的演进其神秘色彩日趋消褪，而在中国，情况却正好相反。先秦时，仓颉造字的传说只有极简单的记载，且无多少神秘色彩。自汉以后，情况发生了根本的变化，仓颉被一步步推向神坛，造字传说的神秘色彩也愈来愈浓。据史书载，汉以后几乎历代都有崇拜仓颉的活动，并设有祭奠的庙宇，东汉武梁祠中有他的画像，时人谓之"仓精"。汉熹平六年所立之《仓颉庙碑》说："仓颉，天生德于大圣，四目灵光，为百王作宪。"[②]大约自汉武帝以五经取士以来，吴娄村（今河南乐县吴村）被认为是仓颉的故里，历代在此修建仓陵、仓庙，周围数里，建房置寺。明时仓陵前又增立石人石马，庙宇越修越大，并谓之"圣庙"，而且全国都有类似的庙，每年阴历正月二十四为庙会。人们真正祭奠起这字神来了。

人们崇拜仓颉，是为了突出汉字的崇高地位，造神的历史不仅造出一个仓颉，而且造出了无数个神秘的符码——汉字。中国人有一种根深蒂固的文字崇拜心理，这在世界上是至为少见的。我国古代有"惜字"之习俗，人所聚居的

① （宋）朱熹：《四书章句集注》，中华书局1983年版，第15页。

② （宋）赵明诚撰，金文明校证：《金石录校证》，上海书画出版社1985年版，第301页。

地方，常放一个“惜字篓”，写过字而不用的纸不能乱丢，孔庙前就有“敬惜字纸”的牌匾。许多地方还设有“惜字冢”，用以掩埋那些写过字的废纸；文人们有朝拜“惜字冢”的习俗。在惜字者看来，污践字纸则“悖同侮圣”，可知“圣”与“字”等视并观，尊“圣”还是为了惜“字”。

这种对汉字神而明之的态度，使人们在意念中常从语言符号中游离开去，着意于其内在的神意妙理。许多人总以为汉字中包含着阴阳灾变、祸福吉凶的信息，这才使人们去仰仗这神灵的威风。国家政治中借字谶来谋取权力，民间普遍盛行的测字现象，就是这种文化心理的生动体现。其发展至极，不但把文字当作预卜吉凶的符号，而且还利用这种符号去除凶就吉，如道教中的符，就是利用汉字的这种神秘力量。它是通过变异字形，俗称“鬼画符”，使人们从实用的语言符号超越开去，在似字非字中感受神意，借此祛邪消灾。如人们要治病，还可将此种符吞而服之，名曰“服符水”。

我们知道，文字是用以传播信息的媒介，任何神秘特性都是人们为了某种目的所赋予的。问题是这种长期的造神过程，最终使人们很难区分文字和图腾符号之间的差异。西方传教士格罗特（De Groot,J.J.M.）指出：

> 中国人有一种把名字与其拥有者等同起来的倾向，即由许多事实确凿证明了的他们没有把图象和标记与他们所想到的那些实体区分开来的能力。①

这种观点显然带有一定的偏见，但也确实指出了中国人思维的一些特点。中国人不是没有能力区分而是他们不愿意区分。大量事实证明，围绕汉字所进行的造神活动，确乎使汉字成了具有本体意义的神意符号。

二、经典化

如果说汉字的神圣化特点为文化确证提供了神灵的依据，那么汉字的经典

① ［法］列维-布留尔：《原始思维》，丁由译，商务印书馆1981年版，第44页。

化倾向则为这种活动引来了圣人的权威。

中国古代语文学存在着一个矛盾，文字学及其下含的音韵学、训诂学总称为“小学”。它本与“大学”相对，指为贵族子弟设置的初级学校。《说文》段注卷一五上说，古人有“八岁入小学，十五入大学”的说法。由于“小学”中所授课目主要为文字，故以“小学”代替文字之学。而另一方面，以文字为中心的语文学在古代备受重视，几乎享有与经比侔的崇高地位，训诂学法典《尔雅》跻身至高无上的“十三经”行列，至清甚至有人建议将《说文》增入而成“十四经”，而且所有语言文字类著作均属经部。一方面是“小学问”，另一方面又类乎经典。造成这一矛盾的主因则在于汉字、经典之间的复杂联系。

自汉武帝置六经、立五经博士始，中国进入了经典的时代，治经成了文人们最根本的任务。汉古文经学派为矫正今文经学玄虚空疏之弊，从语言文字入手去钻研原典，自此文字和经典结下了不解之缘，汉字在治经中的地位被抬到了无以复加的位置。戴震说：

> 经之至者，道也；所以明道者，其词也；所以成词者，未有能外小学文字者也。[①]

文人们坚信，士不通经不足以致用，文字不明不足以通经，因而着眼于文字训诂，排比经文，参证群籍，原古今之字，通八方之音。

可见，“小学”一词虽代代沿袭，其内涵却发生了变化。周时的“小学”是名副其实的小学校、小学问，而隋书唐志乃至清季流行的“小学”则隐含治经之基础、媒介、工具的意义，所谓五经之“梯航”是也。“小学”虽非经典，但它是治经之津梁，因而在讲求体用一如、道器合一的传统文化心态中获得了类似经典的地位，所谓“万般诸文字，即与藏经同”[②]。进而又出现了错把“小学”当经学的倾向，甚至还出现了“字祖经师，同日致祭”[③]的礼俗。

① （清）戴震：《与是仲明论学书》，《戴震集》，上海古籍出版社1980年版，第183页。

② （宋）俞文豹：《吹剑录外集》，知不足斋丛书第二十四集。

③ （清）俞樾：《春在堂随笔》，江苏古籍出版社2000年版，第46页。

经学和“小学”的联姻，削弱了汉字作为语言学研究的独立学科的价值，落入一种“附庸”“婢女”的难堪境地。这一现状虽无益于汉字的语言学价值，但却大大增加了它的文化价值。在这种联姻中，经学迷乱了传统小学的研究方向，而“小学”的强行参与，又影响了经学自身的纯洁性。在中国经学史上，“小学”的参与，使经学几次偏离了它原有的方向，“以文字治经”常会演化成“经为文字所治”的格局。汉时就出现了在训诂章句中流连忘返而失经学本旨的现象。《汉书·艺文志》上说：

> 古之学者耕且养，三年而通一艺，存其大体，玩经文而已。是故用日少而畜德多，三十而五经立也。后世经传既已乖离，博学者又不思多闻阙疑之义，而务碎义逃难，便辞巧说，破坏形体，以五字之文，至于二三万言。[①]

这种风气至清更炽，往往一字之意要淹贯群经，然后为定，因而以有涯之生赴无涯之学，皓首穷经，深陷于文字训诂之中而难以自拔。俟“小学”精通，早已是目视昏花，心力衰竭，也无暇悉心研阅经学要旨。

在这种历史偏差中恰恰提高了“小学”的地位。以文字证经，又以经书律字，这便使得汉字的意义空间发生了极大的变化，大量的汉字被视为含有经义的内涵，成为一种凝固了的经典符号。如“日”“月”这两个象形符号，也变成君臣地位的象征。卫恒《四体书势》上说：“日处君而盈其度，月执臣而亏其穷。”[②]庾肩吾《书品》中亦云：“日以君道则字势圆，月以臣辅则文体阙。”[③]如上文所举之“王”“君”“女”“正”等字，无不在儒家经典的沾溉下，增加了经的蕴含。文字中的经典意义并不被视为经典强加的，而是被视为文字中本然固有的。文字的意义和经典的意义相互印证，使人感到惊奇，感到某种神秘的力量。当人们以“止于一者谓之忠，二忠谓之患”[④]的观点去

---

① （汉）班固撰，（唐）颜师古注：《汉书》，中华书局1962年版，第1723页。

② 《历代书法论文选》上，上海书画出版社1979年版，第13页。

③ 《历代书法论文选》上，上海书画出版社1979年版，第85页。

④ （清）苏舆著，锺哲点校：《春秋繁露义证》，中华书局1992年版，第346页。

教育人时，比那种一般的教育更令人歆然心会。

在文字被抬到经典的位置时，人们并未忘记那种惯用的方法：假托孔子所言。《说文》中声称为孔子所解的字很多，如“一贯三为王”，“推十合一为士”，“粟之为言续也”，“牛羊之字以形举也”等。此后，又不断出现假托孔子释字的例子。如《后汉书·李云传》：“孔子曰：帝者谛也。”①正如班固在《汉书·艺文志》中所说，人们假托孔子所言，乃“宗师仲尼，以重其言也，于道最为高。”②借孔子的圣威来树立文字的声威，来说明字义之不可改变。圣人推阐自己的思想都要证之以文字，一般人更是断断乎不可忽视的。

当大量的汉字成为一种广纳深含的经义的符码时，只要经典的地位未能撼动，那么汉字的终极范本作用就是不可改变的。

三、易学化

古人普遍认为八卦与汉字关系密切，这两种符号都来源于茫茫远古，都是神所创造的，又都被视为一种“象”。八卦、六十四卦是通过“观物以取象”凝固而成的，汉字是在象形基础上形成的，“象”也是其根本。汉字创造的“六书”之说，始见于《周礼·地官·保氏》，但并未明言其细目。班固《汉书·艺文志》：

> 古者八岁入小学，故周官保氏掌养国子，教之六书，谓象形、象事、象意、象声、转注、假借，造字之本也。③

这种说法取自古文经学家刘歆《七略》，而刘歆的再传弟子郑众在《周礼·保氏》注中却定六书为“象形”“会意”“转注”“处事”“假借”“谐声”。班固何以改造刘歆之说，在四种“造字之本”上加一“象”字，这显然是比并汉字之

---

① （南朝宋）范晔撰，（唐）李贤等注：《后汉书》，中华书局1965年版，第1852页。

② （汉）班固撰，（唐）颜师古注：《汉书》，中华书局1962年版，第1728页。

③ （汉）班固撰，（唐）颜师古注：《汉书》，中华书局1962年版，第1720页。

象和易之四象的结果。《易·系辞上》："易有四象，所以示也。"[①]汉字发展由"文"生"字"，"文者，物象之本；字者，言孳乳而寖多也。"这在古人看来，正与八卦、六十四卦相契合，张政烺概括说：

> 文者独体，有类于八卦；字为合体，有类于重卦。书者如也，易者象也，其理则一。[②]

许慎所撰之《说文》，更是或明或暗地将汉字和易象相比并。《说文·叙》开章由易卦谈起，再论及汉字的创造，一是强调在创造过程上二者有递相演进的关系，二是表明它们在创造方式上极为相近，大到仰观俯察、近取远收，小到鸟兽之迹、草木之形，莫不款款相合。《说文》在体例上也深受《周易》的影响。许冲《上〈说文〉表》说：

> 其建首也，立一为耑。方以类聚，物以群分。同条牵属，共理相贯。杂而不越，据形系联。引而申之，以究万原。毕终于亥，知化穷冥。[③]

这里暗用《易·系辞》"方以类聚，物以群分""杂而不越""引而申之"等语，足见许慎创造部首是在易象的启发下形成的。《易》以八卦编织的网去弥纶天下之事，许慎也意在通过五百四十个部首去"引而申之，以究万原"。五百四十之数，盖取六与九之成数，六为老阴之数，九为老阳之数，《周易》占用九、六，二者均为可变之数，从而借以表现部首可变之特点。

汉字与《周易》的关系还表现在二者的传承关系上，这里有两种说法：一认为八卦乃文字之始祖，张怀瓘《书断》以为"卦象者，文字之祖，万物之根"，从而断定"爻画则文字之兆朕"[④]。另一种说法反之，认为八卦是由八

① （清）阮元校刻：《十三经注疏·周易正义》，中华书局1982年版，第82页。

② 张政烺：《六书古义》，载《历史语言研究所集刊》第10本，商务印书馆1948年版。

③ 严可均校辑：《全上古秦汉三国六朝文》第1册，中华书局1958年版，第741页。

④ 《历代书法论文选》上，上海书画出版社1979年版，第167页。

个汉字变化而来。此说率先由《易纬·乾凿度》提出，后多有人附庸其说。无论哪种说法，都意在强调汉字和易象之间的深层联系。

在中国文化史上，将汉字与《易》相提并论，是一源远流长而又至为普遍的现象。因此，我们认为，汉字发展中存在着一个“易学化”的倾向，它对汉字的特性产生深刻的影响：

1.《周易》是以简单的符号去涵摄宇宙的一切奥秘，易字比并论者显然也想将这种特性赋予汉字之中。汉字也应像“神无方而易无体”的易象一样，具有一种神秘的特性；易象能通神明之德，类万物之情，汉字有限符号也可以表现无限之生命，所谓知化穷冥，以究万原。

2.《周易》是中国文化的不朽典则，汉字也应成为社会文化的终极规则。

质而言之，以上所言三部分，实际上也是一种创造，它是在基本上不改变汉字原符号的基础上的一种“新符号”，其外在形态和记录语言的功用未变，内在世界却发生了变化，具有一种新质。这便使得汉字明显具有二重性特点：一方面，它是语言符号；另一方面，又是蕴含着神秘意义、经典训条、价值规范的文化符号。前者用以交际，约定俗成；后者用以体验，因时因人而异。

更重要的是这漫长的创造过程，使汉字真正获得了权威的力量。神圣化带来了神秘的声音，“易学化”赋予了天地的永恒准则，而经典化则使汉字变成“恒久之至道，不刊之鸿教”[①]。汉字由此成了通天人、涵鬼神的特殊代码，为其作为社会文化的终极规则奠定了基础。

---

①（南朝梁）刘勰：《文心雕龙·宗经》，祖保泉：《文心雕龙解说》，安徽教育出版社1993年版，第40页。

第三节　确证和曲证

在世界上，只有汉民族才热衷于从本民族的文字中寻找文化确证的力量，除了他们对待汉字的独特态度之外，还因为他们有自己独特的文字。

这是一种如化石般古老的文字。世界早期的文字有埃及象形字、苏美尔人和巴比伦人的楔形文字以及中国的象形文字。如今前几种文字都消逝在历史的长河中，惟汉字而独存，为她的国家和邻邦所使用。这种延续对中国文化产生了不可估量的影响。柳诒徵说：

> 象形文字为初民同具之思想。然吾国文字，独演象形之法，绵延至数千年，而埃及象形之字不传于后，此实研究人类思想之一问题也。[①]

其生命力之顽强不是一般的语言问题，而是一个关乎文化的大问题。

---

① 柳诒徵：《中国文化史》，中国大百科全书出版社1988年版，第30页。

如果把大汶口雕刻符号也作为文字的话，那么汉字迄今至少有六千年的历史。对于述而不作、敏而好古的中国人来说，这本身就构成魅力，就具有权威，就值得人们遵从。这种无可怀疑的权威力量使人们很乐于借此来显示自己的声威。因此，中国人尽可能赋予这套符号以权威，除了神圣化、经典化、"易学化"之外，在文字内部也极力挖掘这种力量。如赋予书法这一传统艺术以崇高地位。书法可以在飞舞的线条中体现出道的精神，并因此而有了"书道""墨道"的称谓，这也无形中提高了汉字的地位。同时，中国人还尽力强调作为典范作品的古书籍的影响。张隆溪对此谈得很好。在解释古代中国人喜以作者之名为书名以及古代作家喜欢引证较早著作的风气时，他说：

汉语书写文字的力量使作品成了权威的本文，而在引用古籍时，是引用老子其人还是《老子》其书，也就了无区别。因此，在中国的传统中，一当书写文字遭到贬低时，书写文字的力量本身就足以使自己平反昭雪。①

尽管今天有不少汉字已经无法直接辨析出它到底像什么，但汉字发端于象形是并无疑问的。即使在今天，大量的汉字仍具有象形的印迹。汉字的象形特点是构成其权威力量的内在根源之一。

汉字是在近取诸身、远取诸物的俯仰观照中创造出来的。许多汉字来自对自然的模仿。人们常常像面对自然一样，在汉字中感到一种生命的亲近感，并极易将自己对自然人生的体验带入到汉字的"第二自然"中去，产生一种混合体验。如"日"，《说文》上说："日，实也。太阳之精，不亏。从口一，象形。"②桂馥在《说文义证》中解释道：

日者，照明之大表，光景之大纪，群阳之精，众贵之象也。故曰日出而天下光明，日入而天下冥晦，此其效也。故日者，天之象，君夫父兄之类，

① 张隆溪：《"道"与"逻各斯"》，《文化：中国与世界》第2辑，生活·读书·新知三联书店1987年版，第164—165页。

② （汉）许慎：《说文解字》，中华书局1963年版，第137页。

中国之应也。[①]

篆书“日”乃圆中着一小横，故又有上引《书品》所谓“日以君道则字势圆”的诠说。隶书则外呈方形。清代说文四大家之一的王筠还在“日”内一小横中看出神话的内容：“日中有黑影，初无定在，即所谓三足乌者也。”[②]人们由象形符号联系到它所取效的自然之象，又把对自然的体验附着于其中。天地自然始终是中国文化取效的范本，而汉字就是这一范本的替代品，成了人类文化活动的判断依据。上举“日”就是如此的替代品，拼音文字难以起到这种作用。

以文字来确证文化，是把文字当作思想观念的符号，在一定程度上，汉字确实具有“思想的符号”的特点。汉字创造凝聚了华夏民族极其丰富的思想内容。有些字不啻是观念的直接呈示，如“人言为信”“二人为仁”之类。这种“思想的符号”又极易刺激人们的联想，使其具有明显的文化累积特征。

以上是遵循汉字的原有特点去确证文化，但在很多情况下，则表现为一种“曲证”。汉字本来并无此种意义，而是通过肢解形体、串通声音硬性附会上的。“曲证”的方法主要有以下两种。

一、会意的泛化

桓谭《新论·辨惑》中说：

> 道人作金银云：“鈆字，金与公，鈆则金之公；而银者，金之昆弟也。”[③]

钱锺书按曰：

① （清）桂馥：《说文解字义证》，上海古籍出版社1987年版，第571页。

② （清）王筠：《文字蒙求》，中华书局1962年版，第8页。

③ （汉）桓谭撰，朱谦之校辑：《新辑本桓谭新论》，中华书局2009年版，第57页。

此道人乃据字体之偏旁立论，望文而臆生义，又取义而臆变文，尽废六书之形声、指事、象形乃专用会意。[1]

这就是我们所说的会意泛化现象。这种现象在中国文化史上至为普遍，“自来研究文字者，每患此病”[2]。它产生于先秦，两汉和宋代此风最甚。许多人沉迷于其中而难以自拔，甚至说：“六书之学，莫妙于会意，会意之妙，在合众体以成文。”[3]无论是有意还是无意，其所“会”之意大多是一己之意，而非字之本意。因此，它和“六书”中的“会意”迥然不同。汉字创造中的会意是通过两个或两个以上的符号形成的关系来表达概念，而望文生义的会意是为了表达一己之意的任意附会，正如方文所说：

随意所触，引而伸之，不必其字本义也。如“劉”字之为“卯金刀”，“吴”字之为“天承口”，“出”字之为“山上山”，皆非其字本义。古人岂不识字哉？仁智异见，拟议无方，此会意之所以妙也。[4]

我们知道，文字是约定俗成的，是全民族普遍认同的，而此种泛化的会意法强调“仁智异见，拟议无方”，它和一般语言学的观点是相差甚远的。这种具有极大自由度的会意法，为证成一己之说大开方便之门。

剖文析字的会意法之所以盛行，和汉字的构形特点密切相关。像英文的26个字母就无法将其大卸八块。汉字形体至少可以分为三个级次：一是笔画，它是构成汉字的最基本的元件。二是字素，古人或称为“体”。三是字的整体形式。一字由一个或一个以上的“体”组成，每个“体”又由不同的笔画线条组合而成。不同的笔画可以构成不同的“体”，不同的“体”又可构成不同的字。这其中具有很大的弹性。正是利用这种多级分别，人们才可以在造字

① 钱锺书：《管锥编》第3册，中华书局1979年版，第977页。

② 胡朴安：《中国文字学史》，中国书店1983年版，第148页。

③（清）周亮工辑：《字触·序》，商务印书馆1936年版，第1页。

④（清）周亮工辑：《字触·序》，商务印书馆1936年版，第1页。

者的组合方式之外找出另外的组合方式。同时，组成字的“体”往往携带多种意义，虽然形体的分割方式相同，却可能出现不同的解释。如“士”，《说文》引孔子说：“推十合一为士。”[①]表现了儒家个体合于群体的观念。而《太平经》丙部卷三十九《解师策书诀》中则说：“十一者，士也。”[②]天数始于一，终于十，又体现了道家思想。

二、声训的辐射

声训又叫音训，是古代训诂的重要方法之一。春秋时期兴起，至汉而大盛，此后这种风气一直绵延不绝，至清而渐入科学轨道。声训主要是利用音同或音近现象来解释字义，和乾嘉学派“音近义通”说尚有一定距离。这其中的确反映了人们对音义关系的初步认识。但人们在使用此种方法时常会犯任意扩大的毛病，认为音同音近其意义则无所不通。其实这是一种误解。正如沈兼士所说：

> 声训之法，任取一字之音，傅会说明一音近字之义，则事有出于偶合，而理难期于必然，此其法之有未尽善者。[③]

这种毫无限制的音义联系法，必然给语义阐释带来极大的随意性。

而这又恰恰给“向汉字深层索取”、渴望得到文字确证的许多人提供了极大的便利。这种阐释法是真正的“观念先行”，即先有某种观念，把这种观念附会于文字中，从其音同音近字中找出一个与此观念相同的字即可。如“礼”，它意味着一套礼仪系统，也是一套操作程序。于是许慎《说文》释曰：“礼者，履也。”[④]所谓“履”，乃是“足所依也”。通过这个音近字十分恰当地表现了礼

① （汉）许慎：《说文解字》，中华书局1963年版，第14页。

② 俞理明：《〈太平经〉正读》，巴蜀书社2001年版，第68页。

③ 《沈兼士学术论文集》，中华书局1986年版，第278页。

④ （汉）许慎：《说文解字》，中华书局1963年版，第7页。

的实践操作特征。

实际上，仅声训一项，人们几乎没有什么观念在文字中找不到证明。如春，阳气滋萌，万物复苏，生机盎然。请看一组声训是如何表现这种时令特征的：

> 《礼记·乡饮酒义》："东方者春，春之为言蠢也。"①
> 《尚书大传》："春，出也，万物之出也。"②
> 《说文·草部》："春，推也。"③

在这里，"蠢"说明万物复苏，一切生物蠢蠢欲动；"出"形容万物向上之形态；"推"则强调阴阳推荡的特征。又如董仲舒《春秋繁露·深察名号》这样解释"王"字：

> 王者皇也，王者方也，王者匡也，王者黄也，王者往也。是故王意不普大而皇，则道不能正直而方；道不能正直而方，则德不能匡运周遍；德不能匡运周遍，则美不能黄；美不能黄，则四方不能往；四方不能往，则不全于王。④

如此泛应曲当的声训，全然是为了歌功颂德，为君主之"名号"正名。凡此等等，正如郭沫若所说：

> 子丑之同音字如有一百，即可有一百种异说成立。⑤

---

① （清）阮元校刻：《十三经注疏·礼记正义》，中华书局1982年版，第1684页。

② （汉）伏生撰，（清）皮锡瑞辑：《尚书大传》卷一，光绪丙申师伏堂刊，第2页。

③ （汉）许慎：《说文解字》，中华书局1963年版，第27页。

④ （清）苏舆著，锺哲点校：《春秋繁露义证》，中华书局1992年版，第289页。

⑤ 郭沫若：《甲骨文字研究》，《郭沫若全集·考古编·第一卷》，科学出版社1982年版，第222—223页。

在这种任意附会中，声训学理上的意义反而被淹没了。汉代虽是声训之风大炽的时期，但仍然处于一种不自觉状态。《尔雅》中虽不乏声训材料，但主要是从义之相同相近来归类的，还停留在自发状态。《方言》中虽有“语转”“语之转”，但作者着眼点并不在彼此相受的关系。当时人们滥用声训，主要在于确证文化，从干支到四时、四方，从五声、五行到名号、典章制度等无不可证。它正如王力所说的：

> 没有脱离孔子的“政者正也”的用意，仍然是以声训为手段，宣传儒家的政治思想。[①]

这样一来，作为学理上的声训就难以上升到科学释义的高度，使声训长期处于不自觉状态。《释名》虽然在由自发到自觉的道路上跨出了重要的一步，但作者又提出“凡所不载，亦欲智者以类求之”[②]，这无疑又开启了“智者”去“以类求之”的风气，证成己说，故声训之确证文化仍在延续。

① 王力：《中国语言学史》，山西人民出版社1981年版，第48页。

② （汉）刘熙：《释名序》，（清）王先谦：《释名疏证补》，上海古籍出版社1984年版，第3页。

第四节　汉字确证文化的负面影响

汉字作为一种价值符号、思想符号，通过语言文字的巨大传播力度，向不同区域、不同时代推延开去。这促使了文化的交流，增强了人们心理的凝聚力。同时，对封建大一统社会的超常稳定也起到了一定的整合作用。但这种超语言的特性又具有明显的负面作用。

首先，它对人们智慧的发挥具有一定的钳制作用。文字被视为神明所创，它所携带的意义（或原有或添加）是天经地义的，是至善至美的体现，人们除了遵从，还是遵从，没有其他道路可走，所以说是一种“终极范本”，一如“止于至善”的“大学之道”。任何被说成绝对静止的规范实际上都会构成对历史发展的阻碍。汉字文化确证作用的流布，出现了一种普遍认同心理，即以文字的是非为是非，而文字的是非准则又往往是强大的伦理文化所给定的，这样便形成了以儒家道德规范的是非为是非的必然结果。这种现象培养了人们整齐划一的心理，对个体精神的发挥具有一定的抑制作用。孔子等倡导的“正名”观念，就是从命名入手来整顿思想，反对“以实而乱名”的现象，即通过命名

——在一定情况下是通过文字——来确定固定的思维模式，生机活泼的生命运动让位于这僵化的“名”。

其次，汉字被视为具有神意的经典符号。当一种东西被奉若神明的时候，很难想象去改变它、击破它。汉字的长期延续，不仅源于其符号，还有蕴含于其中的强大的传统力量。可以这么说，在一定程度上，汉字就是中国文化的象征，它的深邃的保守主义，它在变化中所保持的长期和谐统一，以及它举世无双的连续性，都反映了中国文化的一些重要特征。

再次，强调汉字的文化确证作用，在一定程度上也影响了语言文字的正常发展。其实，当我们以文字去确证某一观念时，我们已不把文字当语言符号来对待。文化和文字的过分缠绕，影响人们深入了解文字的真实面貌。神圣的光圈、经典的氛围，加之浓厚的文化气息，像一团厚厚的迷瘴笼罩着人们，使人们醉心于斯，流连于斯，许多人宁愿相信那些无端的假说，也不肯用清醒的态度对待它，人文的屏障在一定程度上挡住了科学精神的微光，以至当金文不断被破译，甲骨文大量出土之后，尚有人甚至采取拒斥的态度，当被告知“王”不是“人君贯通天地人”的意念代符，而是斧钺或是火的象形字时，他们甚至感到这是在亵渎。这是留给当代文化研究的一个课题。

·思考题·

1. 汉字文化确证作用的具体表现有哪些？
2. 汉字通天尽人的权威力量的获得途径是什么？
3. 汉字曲证中国文化的方法有哪些？
4. 试析汉字确证文化的负面影响。

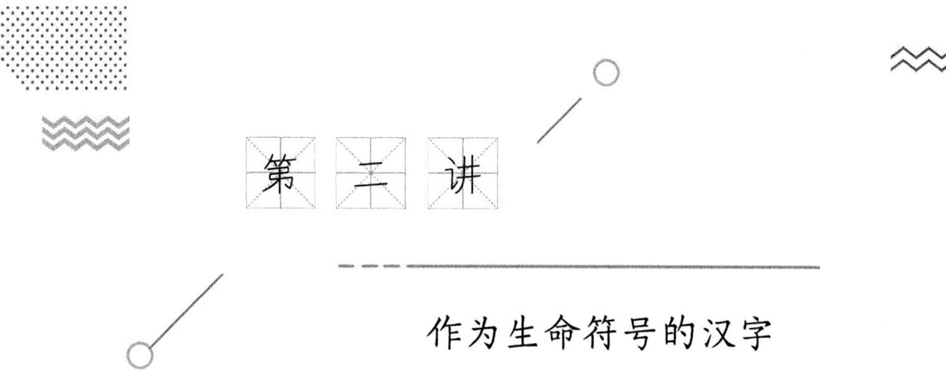

第二讲

作为生命符号的汉字

诗人刘湛秋在一篇题为“我爱你，中国的汉字”的散文中写道：

> 真的，它们可不是僵硬的符号，而是有着独特性格的精灵。你看吧，每个字都有不同的风韵。“太阳”这个词，使你感受了热和力，而“月亮”却又闪着清丽的光辉。“轻”字使人有飘浮感，“重”字一望而沉坠。“笑”字令人欢快，“哭”字一看就像流泪。“冷霜”好像散发出一种寒气，“幽深”两个字一出现，你似乎进入森林或宁静的院落。当你落笔写下“人”这个字，不禁肃然起敬，并为“天”和“地”的创造赞叹不已。这些有影无形的图画，这些横竖勾勒的奇妙组合，同人的气质多么相近。它们在瞬间走进想

象，然后又从想象流出，只在记忆中流下无穷的回味。这是一些多么可爱的小精灵呵！①

这些看似有些呆板的方块字竟然成了一个个小精灵，深深地打动着诗人的心扉。诗人为我们打开了汉字背后所隐藏的生命世界，那只能诉诸我们的感觉体验、和我们每一根神经都发生着关联的世界。

它实在是一些原始的符号，原始得犹如化石一般，没有那种所谓纯粹标音符号的“先进特性”，甚至也正是由于它才使我们民族蒙上了“野蛮”的耻辱，备遭讥讽。然而谁也无法否认，正是这原始才构成我们迷恋于它的最为重要的根源之一。打开甲骨卜辞或观览钟鼎彝器，立即感到扑面而来的刺激力，越过我们的感官，直透内在灵府。顷刻间这一个个符码似乎在我们面前跳动着。外表看来是那样的稚拙、苍莽、古朴、粗粝，但稚拙却让人觉得可爱，苍莽中孕育着神秘，古朴得透析出天籁之趣，像一个个天真活泼的孩童，而粗粝则穿透现代文明的繁文缛节，似乎使我们回到了自己的生命之所。它自从文明降临于这方土地，就一直伴随着我们走过几千年的漫漫征尘，它犹如一泓清泉，从文明初度的时代流出，流过了我们的祖先，今天又流入我们的心田，无数代人共同使用这一符号，在它们之中感受到生命的承续，感受到惬理厌心的交融，也感受到强韧的传统力量。

---

① 刘湛秋：《我爱你，中国的汉字》，《人民日报》1988年12月18日。

这些常使我们激动不已的符码，并不是艺术品，但却具有类通于艺术的特性，它的创造构思方式、形体构成特点以及启发人们生命精神的个性，都或多或少带有艺术的韵味。同时，中国艺术也深得汉字精神甘霖的浇灌，它直接促进了书法、篆刻等的产生，影响了中国文学的发展进程，并给中国绘画染上了卓异的色彩。正是据于此，我们可以把汉字叫作“前艺术符号”。维柯认为像汉字等象形文字是一种诗性文字[①]，它是初民们用“诗性智慧”创造的。所谓“诗性文字”，就是说这种文字具有艺术的特质，和我们所说的“前艺术符号”的含义庶几相当。

① 维柯认为，拼音文字之前的文字可以称为“诗性文字”，汉字是至今唯一还在使用的“诗性文字”。见［意］维柯：《新科学》，朱光潜译，人民文学出版社1986年版，第193页。

第一节　汉字符号的生命内涵

我们说汉字是一种生命符号，最重要的原因就在于它是一种具象符号。具象符号不指谓世界，而显示世界。显示世界就是将客观的世界直接移入符号世界中，不去割裂自然的内在生命，而是力求保护自然生命的完满性和原初形态，让生命自身去自然地呈露。这些小精灵是一群生机活泼的生命实体，日月星辰、山川草木乃至大自然中的一切存在几乎都可在此找到它的形象。面对汉字就像来到大自然中一样，直感到一种生命的亲切感；面对汉字也就像看到许多跳动的心灵，产生一种生命的击撞和交融。

作为“诗性文字”的汉字，体现出生命本身的有机性。汉字的创造是人对自然的多角度的体认，它反映了主客之间的深刻联系，有机性是汉字生命结构的一个重要组成部分。

维柯曾经说过：“值得注意的是在一切语种里大部分涉及无生命的事物的表达方式都是用人体及其各部分以及用人的感觉和情欲的隐喻来形成的。例如用‘首’（头）来表达顶或开始，用‘额’或‘肩’来表达一座山的部位……

人把自己变成整个世界了。”[①]语言是人创造的，人总是喜欢以自己的尺度去衡量整个世界，因此语言中贯串着人的生命是极其自然的。汉语中这类现象极为普遍，如山头、山口、山腰、山脚、屋脊、窗口、针眼、背面、壶嘴、桌面，等等。章太炎也曾谈过这个问题：“抑言语者本不能与外物泯合，则表象固不得已。若言雨降（按：降，下也，本谓人自陵阜而下），风吹（按：吹，嘘也，本谓人口出气息），皆略以人事表象。”[②]这种现象可直接追溯到汉字。汉字中本来就存在一个人和物生命互通的生命模式。大量的表示人体、人的动作等的汉字，也常常可借来指称物。如“首”本是人头的象形字，后可作为整个动植物的头。如“大”，本是正立人形的象形符号，后扩大到万物之大的性状。“位”，本是人站立形，“立”乃“位”的本字，进而作为人的位置、官位。《孟子·万章下》：“天子一位，公一位，侯一位，伯一位，子、男同一位，凡五等也。”[③]后用来概指一切空间位置。许多表示人动作的字，也可推而广之，如“俯”本指人低头俯首，后也可指动植物，如《礼记·月令》：“蛰虫咸俯在内。”[④]姜亮夫将这种现象视为汉字人文性的重要特点之一：

> 整个汉字的精神，是从人(更确切一点说，是人的身体全部)出发的，一切物质的存在，是从人的眼所见、耳所闻、手所触、鼻所嗅、舌所尝出发的（而尤以“见”为重要）……譬如一切动物的耳目口鼻足趾爪牙，都用人的耳目口鼻足趾爪牙为字，并不为虎牙立专字，不为象鼻、豕目、鸡口、驴耳、鹗目、鸭趾立专字，用表示人的祖妣之且匕作兽类两性的差别等等……汉字不用其物的特征表某一事，只是用“人本”的所有表一切，这还不是人本而何？[⑤]

他的这一说法是相当精辟的。

---

① ［意］维柯：《新科学》，朱光潜译，人民文学出版社1986年版，第465页。

② （清）章炳麟著，徐复注：《訄书详注》，上海古籍出版社2000年版，第394—395页。

③ 刘俊田、林松、禹克坤译注：《四书全译》，贵州人民出版社1988年版，第546—547页。

④ （清）孙希旦：《礼记集解》，中华书局1995年版，第483页。

⑤ 姜亮夫：《古文字学》，浙江人民出版社1984年版，第69—70页。

维柯认为，语言中变无生命为有生命这种现象的产生，主要源于当时人们的无知，只能以自身和经验去类推，像孩子一样，在天真中将万物变成一个活的生命形式。但当人的意识觉醒、主体力量加大之后，仍然沿着这样的思维定势前行，就不是无知所能解释得了的，而应视为一种文化观念的体现。钱穆说："中国人视天地大自然为一大生命，一流动欢畅之大全体。"[①]推己及物是中国人根深蒂固的思想观念。在中国思想史上，始终存在着一个以自我类比天地的风习，刘勰说：人"肖貌天地，秉性五材，拟耳目于日月，方声气乎风雷"[②]。人们认为，"人"这个字也包含着天地阴阳之气，所谓"人字左画在上，阳也；右画在下，阴也。水火木金，皆具此二画者，盖阴阳之义也"[③]。人的体格通于万物，人的心灵通于万物，人的生命中的一切都处于和万物共通的生命流荡中。语言文字中反映的人与万物共通的现象，就是这种民族思维性格的体现。

这里必须指出，汉字中所体现的这种民族思维性格包括两个方面：一方面人是万物的尺度，另一方面万物也是人的尺度，两个方面都是汉字生命有机性的组成部分。用《庄子·齐物论》中的话说，即是"非彼无我，非我无所取"[④]。在人为万物主宰的西方，更强调人对自然的统领，如希腊艺术就是以人体来设定所有事物的性质，在他们看来对象往往只是"僵死的无生命的东西"（柯勒律治语），对象的生命是人所赋予的。而在中国人的心目中，对象本来就具有生命的，人们常常以自然来比况人，当人们在自然中发现自我时，实际上是人与自然的互相发现。古文字于此颇多体现。如"生"，《说文》上说："生，进也，象草木生出土上。"[⑤]此说甚确。"生"指自然草木之生命，并进而表示整个自然生机勃郁的内在精神。《易传》的"生生之谓易"即谓此。而"姓"，卜辞多见，从"女"从"生"，"生"亦声。《白虎通》："姓，生也，人

① 钱穆：《现代中国学术论衡》，岳麓书社1986年版，第242页。

② （南朝梁）刘勰：《文心雕龙·序志》，祖保泉：《文心雕龙解说》，安徽教育出版社1993年版，第994页。

③ （清）周亮工辑：《字触·说部》，商务印书馆1936年版，第89页。

④ 曹础基：《庄子浅注》，中华书局1982年版，第19页。

⑤ （汉）许慎：《说文解字》，中华书局1963年版，第127页。

所禀天气所以生者也。”[①]人之生引植物之生为生，即借自然之生命为人之生命。“生”又与“性”通，谓生生乃天地人类之本性。《吕氏春秋·本生》：“立官者以全生也。”注：“生，性也。”[②]又借为人的本性，《尚书·君陈》：“惟民生厚，因物有迁。”传：“言人自然之性敦厚。”[③]这种意义迭合绝非巧合，表明人和自然都具有生生不息的生命结构，它们在本质上是共通的。又如“帝”，卜辞中多见，主要有三种用法：一是上帝或帝，是名词；二为禘祭之禘，是动词；三为庙号的区别字，如帝甲、文武帝。卜辞中记载帝的权力很大，天上有云是帝之所兴，太空有雷乃帝之所示，风风雨雨，有上帝拨弄，丰年灾岁，惟上帝意愿之所至。而“帝”乃“蒂”之初文，是草木花萼的象形字。这里也昭示出天人之间的共通。

汉字中反映的这种物我共通的生命有机性现象极为普遍，我们从著名的“右文说”中也能看出这一点。“右文说”以“凡同声必同义”这一原理来解释大量的语言现象，其弊端是显而易见的，不但犯了“隆声而杀韵”[④]的错误，而且过于夸大了以谐声偏旁求义的作用。它的价值，从语言学的角度看，在于发现了汉字创造中确实存在着一个重要原理，即“以音系联”——以声音相通的方式建立世界的联系图式。从文化的角度看，语音联系形成了意义上的联系，意义上的联系则反映了人们对世间生命的认识，声音的网络结构往往将人和动植物、有生命和无生命的东西联成一个系统，由此体现出生命的有机性。如晋杨泉在《物理论》中说：“在金曰坚，在草木曰紧，在人曰贤。千人一贤，谓之比肩。”[⑤]《说文》：“臤，坚也。”“紧，缠丝急也。”“坚，土刚也。”[⑥]宋张世南曾举“青”字云：“青字有精明之义，故日之无障蔽者为晴，水之无

① （清）陈立：《白虎通疏证》，中华书局1994年版，第401页。

② 许维遹：《吕氏春秋集释》，中书书局2010年版，第13页。

③ （唐）孔颖达：《尚书正义》，上海古籍出版社2007年版，第717页。

④ 黄侃：《文字声韵训诂笔记》，上海古籍出版社1986年版，第212页。

⑤ 原书已佚，丛书集成初编本收，转引自裘锡圭：《文字学概要》，商务印书馆1988年版，第177页。

⑥ （汉）许慎：《说文解字》，中华书局1963年版，第65页。

溷浊者为清，目之能明见者为睛，米之去粗皮者为精。”[①]此二例皆将人和物统而观之，强调世界一切现象的内在联系性。以“臤”言之，无垠土地中最坚实、最珍贵者乃是金，芸芸草木中只有极少数能织成坚韧的丝，而人也像这大千世界一样，芸芸众生，贤达之人万千难以一遇。以物为基点，可以说是“比德”[②]；以人为基点，又可说是拟人。

高亨曾对“冓”有一段精湛的分析，更能说明这一点：

> 《说文》：“冓，交积材也，象对交之形。”是冓有交冓之意。《说文》：“構，盖也，从木，冓声。”朱骏声以構为冓之或体，近之。冓木为室，亦有交冓之意。《说文》：“遘，遇也，从辵，冓声。”……《诗·伐柯》：“我覯之子。”覯者二人视相交冓也，与遘微别。《说文》：“媾，重婚也，从女，冓声。”《易·屯卦》：“匪寇婚媾。”媾者，两性男女相交冓也。《说文》：“講，和解也，从言，冓声。”《易·兑·象传》：“君子以朋友講习。”[③]

高氏进而列举了“溝”“購”“篝”等字，以“溝”为“水流相交冓者也”，以“購”为“财物相交冓也”，以“篝”为“编竹交冓为之者也”。高氏所举“冓”声之字，皆有相交之意。揭开这一语言表相，其文化心态昭然显示：世界万物都具有联系，均有两两相对之关系，关系性的动态组合构成了生机跃如的世界。两性相交、两人相遇、两人相议、两人做买卖；推之于所创造的工具：藤条相交为篝，構木为室；再推之于自然，溝渠纵横、草木缠绕，等等。天地自然人类，其形有别，其理则通，人如此，物亦如此，反之亦然。深藏于这一语义现象背后的正是这种有机生命观。

作为生命符号的汉字还有一种内在的节奏性。

文字都是一种“静态”的形式，而汉字却能通过人心灵的作用将其化为“动态”的生命形式。这也就是我们所说的汉字形式的内在节奏性。汉字生命

① （宋）张世南：《游宦纪闻》，中华书局1981年版，第77页。

② “比德说”是中国哲学史上的一个重要命题。《管子·小问》：“物可以比君子之德。”

③ 高亨：《文字形义学概论》，齐鲁书社1981年版，第305页。

节奏性的形成来源于它特殊的符号结构方式，这种结构和人的心灵具有极密切的联系，它像一面张开的网，随时捕捉着人们的心灵反应。

汉字结构基元是单体象形符号，如“人”“耳”“口”“目”等。每一个符号即为一个意象。大多数汉字均由两个或两个以上的意象所组成，成为一种叠象形式。意象组合显示意念，但并不等于它们之间的简单相加，而是通过意象之间所构成的一个整体来表达意念。

很显然，新的意念的出现则在于意象之间复杂的内在关系，汉字的生命节奏性也正体现于此。“六书”中的会意字大多属于此类形式。

通过意象并列的整体来显示意念，这就为人的生命活动提供了创造空间，造字者凭情构字，用字者迁情入字，从而使静态的形式具有动态的张力。意象并列是让生命自身在汉字结构中自由地涌现，凝固它们的主要不是逻辑关系，而是内在的生命关系。每个意象有多种意念，创造者一般只选用其中一个侧面。如“朙”，《说文》上说：“照也，从月从囧。”[①]以月亮和窗户两个意象表示明亮。创造者侧重于表达这样的关系：月光从窗户射入，给室内带来光明。但这种意象图式还很容易启人以温馨、欢愉、轻柔乃至睿智等联想。又如“安”，女在室中为安，这或许是创造者的观念。而在今天女在居室中足不出户则可能不是安好而是懒惰。再如“惢”，《说文》：“心疑也，从三心。”[②]有如三只“手”意谓“扒手”一般，三个“心”谓心多、心细；人的心思过于细密就会凡事皆心生疑忌，今天还有“多心”之俗语。然而人们为什么不可以从三个“心”中看出“齐心合力”的意思呢？更有意思的是“好”字，它究竟是“女”生“子”为“好”呢？还是“女”和“子”结为秦晋之“好”为“好”呢？抑或是“女子”貌美为“好”呢？这几种阐释都有其意趣，也各有其训诂上的根据，所以诠释起来难免让人有不知如何是“好”的感觉。可见，汉字的意象结构具有很大的张力，引发人们心理节奏的运动。

意象组合的内在张力促使了许多畸形的语言现象的产生。人们常从一己之观念出发去阐释汉字的意象空间，于是乎出现了望文生义，牵强附会，尽废

---

① （汉）许慎：《说文解字》，中华书局1963年版，第141页。

② （汉）许慎：《说文解字》，中华书局1963年版，第224页。

“六书”之五书而独取“会意”之法。清周亮工说：“六书之学，莫妙于会意，会意之妙，在合众体以成文。”会意何以为妙，妙则在于“意会”，亦即“仁智异见，拟议无方，此会意之所以妙也”[①]。文字本来是约定俗成的，但在许多人看来，却变成仁者见仁，智者见智的对象了。即以“仁”字为例，本就是个“见仁见智”的阐释空间。字从“人”“二”，或以为“二人为仁”，或以为“从人二声”，或以为“从二人声”。在“二人为仁”中，或以为“言行无二曰仁”，或以为“犹言尔我亲密之词”，或以为“仁者兼爱，故从二”，或以为“二人为仁，言不专于己，人亦施与也”[②]。——这哪里是在看字，简直就像是在猜谜、看画、读诗、研摩图腾符号一样。

美国哲学家苏珊·朗格曾对生命形式作了深入的研究。她认为，艺术是一种最典型的生命形式，它能够反映生命自身的特点，激发起人们的生命运动。汉字是一种语言符号，并非艺术品，但由于它贴近生命，反映了生命的有机性、节奏性，它来源于对生命的体验，又能激发人们的生命运动。这些小精灵充满了活力。因此它具有类同于艺术符号的许多特性。也正因如此，在大量的汉字符号（并非所有）内部还隐藏着一个生命结构。

① （清）周亮工辑：《字触·序》，商务印书馆1936年版，第1页。

② 马叙伦：《说文解字六书疏证》卷一五，上海书店1985年版。

第二节　汉字中的人文关怀意识

大量的汉字之所以是生命结构，还因为它们是由生命浇灌而成的。我们特将这个问题拣出加以分析。

汉字的创造不仅是构形、命名、表达概念的过程，在创造者和后人的阐释中还融入了大量的心理体验，反映了人们的特有心理。若细加研味，爱恨悲欢的斑斑心迹莹然可观。

对生命的崇拜是所有早期民族的共同心态，汉字在这方面留下了弥足珍贵的资料。如上文所举的“生”，像草木向上之形。人之“姓”从生，意谓子孙繁衍。表示动物的“牲”也从“生”，亦是繁衍昌盛之谓。“生”与“性”通，表明人的本性和自然的本性就在于生生不已。这也正是《周易》“生生之谓易”“天地之大德曰生”在语言中的体现。从“生”之字皆含褒义，如“甡”，《说文》：“众生并立之皃。从二生。”[①]“隆”，《说文》：“丰大也。从生，降

① （汉）许慎：《说文解字》，中华书局1963年版，第127页。

声。”[①]“甤”，《说文》：“艸木实甤甤也。从生，豨省声。”[②]再如“丰”，《说文》：“艸盛丰丰也。从生，上下达也。”[③]他如“更”加“生”表示“死而复生”；“不”加“生”表示人之死亡；“始”加“生”表示嫩弱；“舜”加“生”表示花朵开得茂盛，等等。对生命的景仰崇拜也影响着许慎对文字的解释，如“出”，甲骨文本像人从室内走出来，而许释则云：“出，进也。象艸木益滋，上出达也。”[④]“之”，甲骨文本似人之足迹向前迈进，可《说文》上却说：“出也。象艸過中，枝茎益大有所之。一者，地也。”[⑤]

朝，甲骨文像月儿还没有隐去，太阳已经从葱郁的树林中升起。它通过空间的景观来把握早晨这一抽象的时间概念。在这里似乎隐约透露出人们对自然的特有感受，对生命运动——一种正在升腾、“朝”气蓬勃的生命精神的礼赞。文字的创造不但有个心理认同的过程，也有个符号形式不断嬗替变革的过程。每一次符号的改变，往往又是新的意念渗入其中的过程。金文“朝”另是一番图景：晨曦微露，太阳从小河那边升起。勃发的朝日，和一往向前奔腾的河水，表现出人们对生命的深刻体验，唤起人原发的生命感。又如“旦”，其原型已见于大汶口晚期文化遗址，共有四种，其中最复杂的一种是由上中下三部分组成：下面是山峰并立，山之上是云气，云气之上是太阳，意思是一轮红日在云气缭绕中冉冉上升，高出山巅。后简化为“旦”，表示太阳从大地上升起。这一极为简单的构形，也常常能使我们激动不已，浮想联翩，想起那旭日东升的情景，想起那日出平明之时，想起明亮，想起明天，想起农历的每月初一。

中国文化以农业为主，农业文明源远流长。这一点至为重要，人们的日用起居、耕作、民俗、宗教乃至思维特点等都要受到它的制约。因此，人们对农业自身的体验最为深刻，丰收的喜悦、灾荒的痛楚牵动着每一个华夏子民的心

① （汉）许慎：《说文解字》，中华书局1963年版，第127页。
② （汉）许慎：《说文解字》，中华书局1963年版，第127页。
③ （汉）许慎：《说文解字》，中华书局1963年版，第127页。
④ （汉）许慎：《说文解字》，中华书局1963年版，第127页。
⑤ （汉）许慎：《说文解字》，中华书局1963年版，第127页。

灵。我们来看一组字。旱，卜辞作菓。卜辞中有很多关于旱灾的记载：

上帝降菓。（存1.168）

帝其降菓。（前3.24.4）

帝菓我。（铁159.3，存1.480）

帝我菓。（佚764）

菓我。（甲3084）

我其菓。（京津517）

陈梦家认为，汉字中的“艱”“嘆”“馑”“難”“瘽”等字都是从“菓”引申出来的[①]。此说甚确。《说文》将“堇”（其实是“菓”字的变体）解作“粘土也。从土，从黄省”[②]。意即黄土为粘，由此推知“艱”乃“土难治也”[③]，显系附会。“菓”，上为蝗虫的象形，下为土。从“菓”一组字大多反映人们的痛苦体验。灾荒年，人们没吃的，饥馑（馑、瘽）贫病交加，人们度日维艰（艱、難），面对此种情景只能空留叹（嘆）惋。若无深刻的体验，这个字族的存在几乎是不可能的。

洪水也是人们面临的严重自然灾害之一。洪荒的“荒”从“巟”声。《说文》：“巟，水广也，从川，亡声。”[④]“亡”有逃亡意，故当指逃水荒。水灾给人心灵投下巨大的阴影，汉语中表示忧愁、恐惧之词常与水患有关。如“水”与“怵”（怵，恐也），“洪”与“供”（洪，洚水也。供，战栗也），“濒”与“顰”（濒，水厓，人所宾附，濒蹙不前而止。顰，涉水顰蹙），“浦”与“悑”（浦，濒也。悑，惶也，或作怖），“汻”和“吁”（汻，水厓也，俗作滸。吁，惊也），“漬”与“愤”（漬，水厓也。愤，懑也）[⑤]。凡此等等，浩浩汤汤之水

① 陈梦家：《殷墟卜辞综述》，科学出版社1956年版，第564页。

② （汉）许慎：《说文解字》，中华书局1963年版，第290页。

③ （汉）许慎：《说文解字》，中华书局1963年版，第290页。

④ （汉）许慎：《说文解字》，中华书局1963年版，第239页。

⑤ 刘赜：《小学札记》，《武汉大学学报》1956年第1期。

与惨惨戚戚之情感而互通，并为一语，以此可见“古昔洪水惨恸，人心铭刻綦深”[①]的体验。

汉字中有大量的赞颂光明的语义现象。如“火”，乃火的象形字。火象征着光明，它作为五行之一，和温暖的南方、炎热的夏日联系起来。八卦中的离，像火，在八卦方位属中，也主南方，反映了同样的观念。火是人们生活所必需。神话中最早的帝王叫炎帝，给人间带来了火种，因而备受景仰。火给了人类光明，在那草莽之时，浓浓的黑夜中有火朗照，我们是不难想象那种激动心情的。火意味着生命，象征着自然、人类的旺盛生命力。《汉书·五行志》：“火，南方扬光辉，为明者也。”[②]与“火”有关的字，大多具有光明美好的意义。如“光”，甲骨文字形像人举着火，就如同一尊光明的神像。《尔雅·释诂》：“缉、熙、烈、显、昭、颎，光也。”[③]主，《说文》：“灯中火主也。从王，象形；从丶，丶亦声。”[④]亦即古“炷”字。古书中又多借此为君主、首领、主人、家长等。这一假借现象包含着人们对光明的无限赞叹之情，他们期望人“主”也能像这“灯中火主”一样永远给人以温暖，示人以光明。火又和日光联系在一起，“火”部字和“日”部字常可互通，如“暖”，又作“煖”，“曦”，又作“爔”。再如“皇”，“象日光盛明之状，故有盛名之意。”[⑤]按此说，“皇”即“煌”的初文。而“皇”在金文中又常作帝王之用，如毛公鼎等。日光和火光给人们的生命注进了活力，人们像歌颂人间帝王一样歌颂这光明。

火光、日光能给人光明、温暖、充实和希望，而寒冷却给人以凄怆悲凉的感觉。汉字中所含有的这种体验也颇为深刻。寒冷既是一种自然状态，又是一种心理状态，外在感官的感觉和内在心灵的体验存在着通感现象。在语言阐释中，“寒”谓之“沧”，亦谓之“凄”，都是自然界的寒冷；但“沧”之于

① 袁珂编著：《中国神话传说词典》，上海辞书出版社1985年版，第150页。

② （汉）班固撰，（唐）颜师古注：《汉书》，中华书局1962年版，第1320页。

③ （清）阮元校刻：《十三经注疏·尔雅注疏》，中华书局1982年版，第2573页。

④ （汉）许慎：《说文解字》，中华书局1963年版，第105页。

⑤ 王献唐：《古文字中所见之火烛》，齐鲁书社1979年版，第112页。

"怆"，"凄"之于"悽"皆声义同源，故形容悲哀则有悲怆（沧）、悲悽（凄）、悲凉等。气候的冷暖寒热与人心的苦乐悲欢已然被互涵共构了。《礼记·祭义》："霜露既降，君子履之，必有悽怆之心，非其寒之谓也。"这里所瞩目的又不仅仅是人心与自然的同态对应，同时也反映了人们真切的人文关怀，恰如郑注《祭义》"非其寒之谓也"时所云："皆为感时念亲也。"[①]这就无怪乎中国人要用"问寒问暖"来表示关爱了。再从词义引申看，"寒"既指冷之极，又指感到冷；既指寒冷的季节，又指内心的恐惧；既可指物色凋零，又可指声音凄凉；既可指生理上的寒疾，又可指生活中的寒微："寒"之一字，蕴藏着如此多的人生体验。又如秋，在古代总是和愁联系在一起，正所谓悲哉秋之为气也、自古逢秋悲寂寥、愁者心之秋也。《礼记·乡饮酒义》："秋之为言愁也。"[②]这也是由生理感受转为心理感受的很好例证。

寒冷引起忧郁，阳光使人欢乐，古代中国人常将季节变化和人的心绪变化联系在一起。宋人郭思《林泉高致·山水训》中云："春山烟云绵联人欣欣，夏山嘉木繁阴人坦坦，秋山明净摇落人肃肃；冬山昏霾翳塞人寂寂。"[③]现代心理学研究也证明了这一点。心理学家的研究结果表明，寒冷能引起忧患，阳光不足直接影响了人们的情绪变化，这主要体现在秋冬两季几个"灰色的月份"。秋季的萧瑟凄凉，树叶枯黄凋落，使人消沉，而冬季常常会使人出现季节性情绪紊乱。春夏二季则使人充满乐观向上的精神。可见，汉字中所囊括的对光明的礼赞和对寒冷的悲凉感，乃奠基于这类深刻的生理体验中。

人们日常起居的生活经验，也经常带入汉字符号中，从而影响到汉字的发展。如仇人的"仇"（雠）本作"雔"，《说文》："雔，双鸟也。从二隹，读若醻。"[④]由双鸟相并为匹配，引申到一切生物界，一对夫妇也叫雔（雠）。《尔雅·释诂上》："仇、雠，匹也。"[⑤]两人结为夫妇，亲密之谓也。但情感不和，

① （清）阮元校刻：《十三经注疏·礼记正义》，中华书局1982年版，第1592页。

② （清）阮元校刻：《十三经注疏·礼记正义》，中华书局1982年版，第1684页。

③ （宋）郭思：《林泉高致》，中华书局2010年版，第41—42页。

④ （汉）许慎：《说文解字》，中华书局1963年版，第79页。

⑤ （清）郝懿行：《尔雅义疏》，上海古籍出版社1983年版，第57页。

又会变成仇人，所谓反目为仇（雔、讎）。再如“丽”，本指结伴而行，引申为成对的或匹配义，后写作“俪”。“丽”又有附着义。《易·离·彖传》：“离，丽也。日月丽乎天，百谷草木丽乎土。”王弼注：“丽犹著也。”[①]“丽”还与“离”相通，从而又有背离义。这种阐释上的“循环”，正是人们独特的心理体验所使然。

① 宗福邦、陈世饶、萧海波主编：《故训汇纂》，商务印书馆2003年版，第2617页。

第三节 汉字生命符号对人的启迪

语言学家袁晓园曾经讲过这样一则停电的故事：她在美国住在纽约一个42层的公寓里，有一天突然停电了，而且一停就是24小时。她一人待在公寓里，首先意识到的是："哎呀，没有灯了，我该做什么，我缺点什么呢?"她思来想去感到最缺乏的就是水，饿倒没关系，但没有水喝，也没有水洗东西。她突然想到"活"字，生命的"活"，生活的"活"。她说："假如出一个题目用一个字来表示生命不可离开水的话，我想没有一个人想到用'水'作义标来表示，美国人也不知道这样做，就在漆黑的屋子里，我感到了我们祖先的智慧。"

也许古人造字，这"活"根本就不是活命的意思，但这并不能说明以上这种感受是不真实的。它表明，汉字是在经以物象、纬以人情的特殊体验中创造出来的，由于它是一种生命符号，故能"以心合心"，刺激使用者的内在生命结构，从而产生一种新的体验。人的生命体验永远是属于自我的，任何人都难以真实具体地描绘造字者在创造某个汉字时的心理状态，我们只能从其时代的特定文化气氛中来确认其大致的情绪指向。后代人在汉字中所不断产生的生命体验，没必要也不可能和创造者全然一致。但有一点是肯定的，创造者富于生命的创造启迪了后人的生命体验。

许多汉字来源于对自然的模仿，人们常常在不自觉中把自己对自然的特有感受带入到汉字的“第二自然”中，从而产生一种生命体验。它是一种混合体验，人们对自然的感受和对汉字的体验交织在一起，很难区分。如“山”“水”二字，本是极平常的，但在人们的体验中，却有替代真实山水的价值。正如绘画一样，尺幅可尽天地自然之势。汉字“山”的形体使人们看出沉稳，“水”的构形使人看出潺潺流动。这显然与人们经验中的山水有关，同时也受到“山静而水动”的比德观念的影响。但文字形态毕竟提供了一个情绪导向，楷书犹可见其仿佛，而小篆则宛见真容，字形尤其强调了一沉稳、一流动的特性，从而影响人们的理解。

应该承认，现代汉字已经在很大程度上失去了它原先的象形特征，但是否因此而失去了它启迪人们的生命能力呢？宗白华在《中国书法艺术的性质》中说：“中国字是象形的，有象形的基础，这一点就有艺术性。中国的文字渐渐地越来越抽象……但是，骨子里头，还保留着这种精神。”[①]我们可以通过几种转换形式来看。

1.具象呈示

现代汉字虽趋于抽象，但并未从根本上改变汉字的原有特性，仍具有依类象形的痕迹，还很容易使人们在汉字和经验中的自然对象二者中看到某种联系，如上举的“山”“水”并没有像英文的mountain、water那样只是纯粹的标音符号。至于“川”“州”“伞”“凹”“凸”“囧”“个”等的具象性更是显而易见的。值得注意的是，许多汉字倘“孤观”似无多少具象性可言，但若“圆览”其活用，则立见其具象宛然。如“八”，当古人说“郑玄家牛，触墙八字”，或“衙门八字开，有理无钱莫进来”的时候；当我们说“八字眉”“八字胡”“八字脚”的时候，其摹形状物岂不油然灿然?!

① 宗白华：《中国书法艺术的性质》，《宗白华全集》第3册，安徽教育出版社1994年版，第611页。

2. 抽象提示

许多在向记号方向发展的汉字，其抽象的结构形式具有“抽象提示性”。形体构成处于似与不似之间，不是很像，又不是完全不像。这种特点最易引起人们的心理反应。完全像，令人思索的东西就少；完全不像，就不会引起多少情绪反应。现代西方格式塔心理学研究表明，不完全的形呈现在视觉时，会激起一种将它“补充”或恢复到应有“完型”状态的冲动力，心理学家称之为“完型压强”。现代汉字介于抽象与具象之间的特殊构置，就极具刺激人们的完型机制的作用。

3. 类化转移

如“日”，甲金文酷似太阳，隶化后已失其原貌，只是个“不象形的象形字”。但它以形传义的功能并未消失，而是通过“日”部字表现出来，如“旦”“暮”“杲”“杳”“昭”“昧”等，“日”在此起到了意义规定的作用，使人们一遇此类字就会和太阳、光明、温暖等联系起来。同时，偏旁互通（如“口”部字与“欠”部字、“日”部字与“火”部字互通）也突出体现了类化转移的特点。

汉字这种脱离象形又不离象形的特点为其启迪后代人的生命体验提供了可能。我们可以从汉字对现代生活影响的实例来予以审视。

电影“蒙太奇”的发明，据说是受了汉字的影响。大导演爱森斯坦致力于创造一种特殊的电影表达结构，他在无意中发现汉字创造中有一种特殊的方式，即将两个或两个以上意象并置，通过其整体关系显示某一具体的意念。由此，他萌生了创造“蒙太奇”的念头。

与此相映成趣，台湾学者田倩君曾这样赞叹道：“古文字凡是用眼睛看者，即将‘臣’字特大书之，如同今日影剧中之特写镜头，凡表示此片之重点所在，即将其所表现之部分特别放大，竟有整个银幕上只映出两只眼睛，即知此片中之故事与目有关，如果只映出一鼻或一耳者，则知此片中之故事与鼻或耳有关。以此类推，此等心理与表现之技术，早倡导于数千年前，今日制影剧者，竟与造字之仓皇情发一衷，五千年遥遥相应，妙哉！”①

著名钢琴家傅聪感叹于汉字给他的音乐生活提供了灵感。他赞叹汉字“一”，是多么简单、质朴、无华、粗莽的形象，然而在这其中却含有天地大道、宇宙精神、万物的生命本原，从最简单到最弘深，从虚白空无到勃郁喧腾的大千，这其中含有多么奇妙的生命节奏。他把这种体验溶入了自己的创作之中。

郑敏则说过这样的感受：“1991年秋访北欧时曾在一位瑞典教授的书斋中看到一幅溥杰先生的墨迹，‘聽雨’两个大字，字大如盆，神韵潇洒飞扬，立时捕捉住我的精神，使我仿佛脱离了北欧，飘飘然地进入一种典型的中国境遇。脑子里浮过的景象和物体是：潇潇夜雨、寒气、纸窗、竹子，或是绵绵的春雨、荷叶、池塘……这些都是被那惊人的两个汉字所激起的民族无意识深处所埋藏的文化积淀。”②

汉字意象并置可以体现特有的生命节奏，往往能打动诗人的灵府，创造出优美的诗章来，将汉字的语言符号上升到诗化的境界中。美国意象派诗人弗莱契在汉字“莫”（暮）的启发下写了一首诗：

现在最低的松枝，已横画在
太阳的圆面上。③

另一位意象派诗人庞德特嗜汉字是人尽皆知的。他倒不是以研究汉字著名，而大半是以误解（或可谓悟解）汉字著称于世的。他把汉字视为玲珑透莹、妙味无穷的小生命，他以为汉字中具有那种可激活诗人创作灵感的特性。他压根儿就没把汉字当作一种语文交际符号。他的这种感觉（或许是错觉）是

① 田倩君：《监字考》，见台湾大学文学院中国文学系编印的《中国文字》第9册。

② 郑敏：《结构—解构视角：语言·文化·评论》，清华大学出版社1998年版，第137页。

③ 转引自赵毅衡：《意象派与中国古典诗歌》，《外国文学研究》1979年第4期。

由汉字的生命结构衍生出的。这种精神给了他很大的勇气去如醉如痴地崇拜汉字、“肆无忌惮”地曲解汉字。他曾这样回忆当时译解《论语》时的情形：当我对拙劣的注译本大不以为然或对词义感到困惑的时候，我的办法就是盯着那个汉字看上三遍，从偏旁部首中推敲出意义来。有些字的意义不能靠字典找到，其内涵是该字各个部分的意义的总和。有些部分扭曲如恶蛇，有些部分如生长受到压抑的矮树，有些则光彩四溢。看来他完全把汉字当作生命形式来看待。因此，“習”被他拆成“白”和“羽”二字，“白色的翅膀”成了飘飞于其脑际的诗魂。“学而时习之，不亦说乎”被其译成：

学习，而时间白色的翅膀飞走了，
这并不是令人高兴的事。[①]

埃兹拉·庞德的“肆无忌惮”，缘于他对汉字的无知，一任诗心的牵导去臆度曲解，而在中国这种“肆无忌惮”也代不乏人。且不说见诸史籍的纬书、别解、拆字一类的东西，就是在俗文化层次中也极为普遍。这倒并不因为这些人对汉字全然无知，而在于他们都被一种奇怪的心态所缠绕，即把汉字当作一种生命化形式，力图在其中挖出生命内涵，其实挖出的不是别的而是属于自我的体验。在这种情况下，他们所感兴趣的只是“字典之外的意思”。那位《春秋元命苞》的作者从“日”隶化以后的方块形体中看出四季运动，那位著名的文字学家王筠居然从“日”中一小点看出“三足乌”的神话故事，可以说比庞德更“庞德”了。但应该承认，他们的这种发现是认真虔诚的，似乎看不出什么“游戏感”。他们所捧出的是对生命的特有理解，与字日远，与生命愈近。明乎此，我们又何劳去责备庞德们呢？

汉字的生命形式还可以转化成一种生命的语言。拼音文字一般有几十个字母，字母多由圆圈、曲线、直线和斜线构成，缺少形体的变化，只有组合方式的变化。因此拼音文字的形体发展受到了限制，但同时却给他们的计算机输入

① 转引自赵毅衡：《意象派与中国古典诗歌》，《外国文学研究》1979年第4期。

和印刷等带来了便利。汉字的情况则恰恰相反，有多少个汉字就有多少种形态，汉字一向以形态的丰富性和复杂性著称于世，这多少为其科学的利用带来了一些不便。但在另一方面似乎得到了补偿，那就是：它的复杂的形体构成，经过中国人智慧的发掘，终于转化成一种特有的生命语言——艺术符号。

书法是一种形式的艺术，正如汉斯立克所说音乐是一种形式艺术一样，书法没有表达的具体的观念，从观念的角度总结不出书法的规律。书法之美即在于书法的线条所组成的特有意象结构中。这一结构虽不表达观念内涵，却具有表达人们深层意绪的能力。书法意象创造奠定在汉字的基础上，书法只是将汉字本来优美的形式加以优美的表现形式，掘发出汉字的生命表现力。从形态上看，汉字是以象形字为母型的文字系统，有形可像是其根本特点，面对汉字往往就像面对真实自然一样，直感到一种生命的愉悦感，这是一个壶纳天地、生机盎然的世界。书法就极力开拓这一生命空间，使之更贴近于自然，强调一种意象主义的特点。因此，“书，如也”“书者法象也”[①]便成了书家们的最高蕲向。或观其形迹囊括万殊，从而裁成一相，“如”自然之实有；或远探近取，优柔回度，从而超越于外在之形追求“无迹”之妙，形式具有坐行飞动往来愁喜等意态，“如”自然之虚有；或在自然中徘徊徜徉，让自己的个体生命彻底向客体的彼岸靠近，融汇于万化之中，“如”自然之妙有，即在自然中把握“道”博大精深的宇宙意识和幽深远阔的生命意识的统一。这一切实际上完成了一个从汉字空间超越后所达到的一种艺术的飞越，把汉字形体所蕴含的生命力予以展拓。

从线条上看，汉字从甲骨文开始就是一种线的组织形式，不似埃及文字等多以块面的形式出现，甚至还要赋彩。汉字只是线的概括形式。从造型心理学上看，大自然并不存在线条，线条是人对世界的一种抽象，是一种心理的形式。它具有潜在的艺术表现力，这种线的奇妙组合形式决定其可以成为审美对象。书法是将汉字线的世界进行彻底开掘的艺术，汉字线条变化是组合中的变化，字形有多种不同的组合形式，但组成这一形式的线条却是比较确定的，书

① 《历代书法论文选》上，上海书画出版社1979年版，第212页。

法则通过墨的干、湿、浓、淡、涩、畅等配合变汉字线条的外部变化为内部变化。如横在汉字中只有一种写法，但在书艺中却具有无限多样的变化形式，和每个书家的气质心绪、创造能力深相韵和。我们知道线条具有很强的表现力，曲线能使人感到优美，横线能使人感到稳实，竖线能使人感到刚健，圆则具有流转之趣。汉字由于线条内部变化简单，还不能曲尽其妙。而书法则使线富于无限多样的变化，可以表现丰富细微的生命特征。元陈绎曾说："喜怒哀乐，各有分数。喜即气和而字舒，怒则气粗而字险，哀即气郁而字敛，乐则气平而字丽。情有重轻，则字之敛舒险丽亦有浅深，变化无穷。"①

汉字的特点直接影响古代中国绘画艺术，山水画尤其是水墨山水的兴盛发达，绘画中表现的特有的东方式特点都与汉字有关。中国绘画以表现昂然饱满的生命为标的，故能昂然不朽于美之乐园中。汉字静穆的小符码以其特有的生命搅动着画家的锦心绣肠，它扩大绘画的内在张力，强化绘画中线的地位，促进了画艺对"道"的追求。古代艺术家常以汉字为绘画之滥觞，为绘画之精神内核。明代宋濂说："况六书首之以象形，象形乃绘事之权舆。"②在今天，随着西方现代艺术的涌入，绘画界尝试从我们民族的特有媒介中创造富有现代气息的艺术作品。在被称作先锋艺术的绘画中，许多艺术家竞相从汉字这一古老的符号中汲取灵感的源泉。于是，汉字成了他们致意远古、沟融当今、抒发自我的重要媒介。他们充分利用汉字的表意性和形式美感，来展示自己的艺术生命。如徐冰、谷文达等尽力发现汉字的生命世界，通过对汉字进行拆解、组合、变异，产生超越于汉字原有逻辑意义的生命联想。吴山专则将汉字改变成"形体永恒，语义亏空"的符号，使其成为可以进入无限生命的"静海"。在艺术家的创造空间中，汉字变成了名副其实的生命形式。如许多艺术展的广告画喜以古文字"艺"来表示，它本身就是一件艺术品，它能引起人们的无限联想：精心地培植，如同培植一棵幼苗；虔诚地奉献，如同奉献自己整个生命……这一古老的形体唤起人们强烈的共鸣，在它面前，人们不能不惊叹我们民族这一光辉灿烂的创造。

---

① 《历代书法论文选》上，上海书画出版社1979年版，第490页。

② （明）宋濂：《画原》，周积寅编著：《中国画论辑要》，江苏美术出版社1985年版，第567页。

·思考题·

1. 汉字符号的生命内涵有哪些?

2. 如何理解汉字的人文关怀意识?

3. 汉字生命符号对人的启迪有哪些?

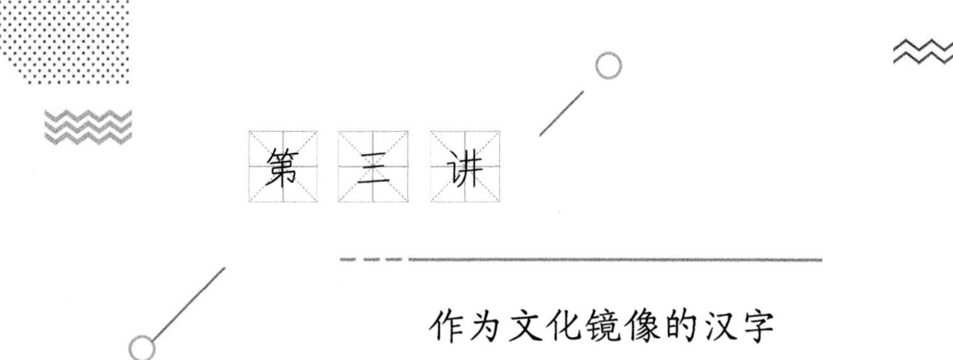

第三讲

作为文化镜像的汉字

从文化语言学的角度看，语言文字本身就是一种文化；文化是语言文字的底座，而语言文字则是文化的体现。

世界上各民族的文字本来都凝结着一定的文化信息，但汉字中蕴涵的文化信息则远非其他文字可以侔比。它不仅在时间维度上表现出超稳定的延续，可以从当今溯及荒荒远古，几千年来人们共同使用这一密码本，使其文化内涵愈加丰富；而且它还是世界上迄今唯一还在使用的象形文字系统，虽然绝大多数的字已失去其象形的外貌，但在本质上仍保留着早期文字的许多特征，而且愈古其特征愈明显。汉字这种重视“象”的感性形式显然更易于摄入文化信息，也更易于我们去“解码破译”，挖掘出其中的文化内涵。

正唯如此，我国古代便一直存在着以字证史、推迹名物的传统，小学家们每每喜用文字去厘测社会之演进、人文之构置。如汉代的《说文解字》中就不乏以说“文”解“字”来探讨社会文化内容的例证。至近代，则有阮元、吴大澂、孙诒让等学人，以字证史，借文字来考镜文化。随着甲骨文的出土，此风更是勃然大炽，罗振玉、王国维、郭沫若等都是这方面的大家，并取得了举世瞩目的成就。在20世纪早期，借文字研究文化还引发了学界两次大的讨论。一次是20年代关于“说文证史”问题的讨论，参加者有柳诒徵、顾颉刚、钱玄同、魏建功、容庚等人，其论文俱载于顾氏所编《古史辨》第一册。另一次是30年代由陈独秀《实庵字说》引起的陈氏与郭沫若关于中国古代有无奴隶社会的争论。而在海外汉学界，也盛行着从文字入手来推阐古史乃至中国人的文化心理特征的风气，如在法国，就形成了汉学研究的语源学派。

美国著名人类学家克卢伯认为，文化体系不仅是一种形态（物质形态和意识形态），而且也是一套价值系统和行为模式；文化不仅具有外显的构架，而且具有无形的或隐形的构架，从根本上制约和指导着人们的思考、行为以至情感形成和表现的方式。但无论是外显构架，还是隐形结构，其实都不外是由文化质点、文化结丛和文化模式这三种形式连锁而成，并构成由此及彼、由微而巨的等级系统。根据克卢伯等西方人类学家的观点来反观汉字，我们不难看出，汉字与中国文化之间既有细节上的密合性，又有整体上的对应性，汉字对了解一个文化质点到了解由这些质点构成的文化结丛，乃至一个文化的整体模式都可以起到重要的作用。在一定程度上，汉字可以说是中国文化发展的一个缩影。

第一节　汉字与文化质点

文化质点是指一种文化的最小单位。它既可以是具体的，也可以是抽象的；既可以是物质的，也可以是精神的。由于汉字具有突出的表意功能和单音孤立的品格，因而许多单体化的字实际上正可视为一个个鲜活的文化质点。我们拟通过一些例证来说明这个问题。

炮的出现，是人类文明史上的重大事件。但其形制如何？发生发展的情况如何？仍是值得研究的问题。据《辞海》“火铳”条释文，炮由火铳演变而来。但验之于古，则又见其不然。其实，我们仅从“礮”“砲”“炮”三字中便可译解出其形制变化的三个阶段。“礮”在“六书”中属会意，“石”代表抛石机，“马”代表战车，“交”则取联结之义；合而观之，就是将抛石安装于战车并使之连结成一个整体。《中文大辞典》：“历汉至宋所谓礮者，咸驾车以机发石。”[①]《汉书·甘延寿传》：“投石拔距，绝于等伦。”颜师古注引三国魏张晏曰：“《范蠡兵法》：‘飞石重十二斤，为机发，行二百步。’”可与“礮”的构

① 《中文大辞典》，台北中国文化学院出版部1968年版，第10224页。

形互观。《说文》卷七上："旝，建大木，置石其上，发机以追敌也。"[①]这条训释也可与"礮"字互参。

由于礮作战多有不便，故而其后便省去了马匹、车辆等装备，而将它移于平地之上。形制既变，"砲"就应运而生。"砲"在"六书"中属形声，"石"是形符，表抛石，"包"属声符，取"炮"之近似发音。宋许洞《虎钤经》卷六火利第五十三上记载："飞火者，谓火炮、火箭之类也。"可知古代所谓"火炮"，实即"抛火"。它所"抛"之"火"，起初是硝石、硫黄之类，嗣后才是火力强、射程远的铁石弹丸或炮弹。"炮"的这一义项亦始见此书。可见，"砲"之变为"炮"，偏旁由"石"变为"火"，正标志着它已由"冷兵器"演变为"热兵器"。杨树达说：考证文字变化，"大可见社会文物进化之情状"[②]；陈寅恪也说："凡解释一字即是作一部文化史"[③]，观乎此例，信然。

"箸"即筷子，也是中国人一项了不起的发明。《说文解字》上说："箸，饭攲也。"[④]所谓"饭攲"，依段玉裁、朱骏声的解释，"攲"是倾侧之义，吃饭持箸，须倾侧使用，所以叫"饭攲"。因为它是竹制的，故而从"竹"。其用木者，就叫作"梜"。"梜"者，"夹"也，取的是夹取食物的意思。《礼记·曲礼上》说："羹之有菜者用梜，其无菜者不用梜。"[⑤]可见筷子出现伊始只是作为辅助性餐具偶或用之。大约到了汉代以后，筷子便成了每筵必备的餐具。如此一来，"箸"又有了一个书写形式——"筯"。而"筯"者，"助"也，亦即"助"你夹取食物之便也。"筯"在手中，既可夹、可戳、可挑、可扒，又可掰、可剥、可搅、可拌，"双龙入海去，釜底探珠还"，真正是得心应手，"助"人多多矣！

那么，"箸"（"筯"）为何又改称为筷子呢？这主要和古人的禁忌心理有关。陆容《菽园杂记》载："民间俗讳，各处有之，而吴中为甚。如舟行讳

---

① （汉）许慎：《说文解字》，中华书局1963年版，第140页。

② 杨树达：《积微居小学述林》，中华书局1983年版，第51页。

③ 陈寅恪：《致沈兼士书》，见《沈兼士学术论文集》，中华书局1986年版，第202页。

④ （汉）许慎：《说文解字》，中华书局1963年版，第96页。

⑤ （清）阮元校刻：《十三经注疏·礼记正义》，中华书局1982年版，第1243页。

"住"、讳"翻"，以"箸"为"快儿"，"幡布"为"抹布"。"[①]可见"箸""住"谐音，不吉利，属"恶字"，遂反其道而用之，叫"快儿""快子"。也正因"快儿""快子"是"美字"，很吉利，所以人们在贺人新婚之喜时，就常要送上一副筷子，以寓快快生子之美意。至于"快"演变为"筷"，那不过是增竹形以足义，明其质料而已，而且那已是很久以后的事了（《康熙字典》中尚无"筷"字）。总之，环拱于"箸"字的衍变，既能推迹名物，亦可征史明俗。考文若此，岂不"快"哉?!

"智"在古代是一个与"圣"相辅为用的概念，其中蕴含着先人对它的独特体认和理解。因此，这一抽象的文化质点自有其重要的文化价值。"智"的原形从"矢"从"口"从"于"，亦即"知"字。其"矢"旁既表声亦表意，因为"矢"之中的与否与目力关系极大，故以"矢"表示目明。目明乃"智"之初义，而心智之明是其引申。这一引申同"盲""瞽""瞢"等一些表示目盲的字大多可表愚昧的情形其理正同。而人们常说的"心眼""心目""眼明心亮"等，也无不表明"心"与"眼"、"智"与"目"之间的密切关系。那么，"智"何以会引申为心智之明并进而作为一个理论概念呢?《墨经》上对此有一段颇为精致的解说：

> 知，材也。
>
> 知也者，所以知也，不必知；若目。
>
> 知，接也。
>
> 知也者，以其知过物而能貌之；若见。
>
> 知，明也。
>
> 知也者，以其知论物，而其知之也著；若明。[②]

① （明）陆容：《菽园杂记》，中华书局1985年版，第8页。

② （清）孙诒让：《墨子间诂》，中华书局2001年版，第309—310页。

可见：人们由客观现象中光照明亮的特征和感受，联想到主观内心知事达理、解寐开窍的感受特征，将光亮之明与心智之明联系起来。“若见”“若明”便是这种心理联想的表征。汉语中的“明”谓之“晓”，亦谓之“哲”；“智”谓之“哲”，亦谓之“晓”；解寤谓之“党朗”，火光朗明亦谓之“爣朗”。这正是先人类比隐喻的思维所使然。在《墨经》上述三项定义中，第一项谈的是认识能力的知，第二项谈的是认识活动的知，第三项更值得玩味，用庞朴的话说，这里的知“也不止于见物‘能貌之’上，而且能‘论’，因而‘其知之也著’。就是说……它是一种更高超的能力，更生动的过程，或者说，它是一种品德，一种境界。这就是由目明升华出来的智的后起含义，它在儒学体系中占有重要地位”①。经他的剔发梳理，“智”的概念义便不难明了。

“真”是古代哲学、艺术中的一个重要范畴。日本学者笠原仲二曾对它作出如下的勾勒：

> “真”的最原初的意义，是如《说文》所说的那样，象征着人死后变形升天的样子，同时，它作为假、虚的反对概念，又意味着事物内部充实的姿态。这样，“真”所具有的“充实性”的含义，不久就被道家加以发挥，使“真”具有了形而上的意义，它成了创造一切事物的无始无终、永劫不灭的生命体，它在事物各自固有的本质之外，用道家的术语说，即在事物所具有的自然、天、分、性、情、命或真、神、道、理、德等之外，又给与事物以“法”“则”等，所以它是究极的创造者，是宇宙本原的生命。②

他由“真”的原初意义谈及它的“充实性”含义，又由“充实性”的含义而推阐出它的“形而上”的意义，这确实是令人耳目一新的思路。但是，“真”何以具有“充实性”的含义，笠原仲二的解说似有牵强失“真”之处。据唐兰、朱芳圃、王世伟诸学者的考证，“真”与“珍”当为一字。“真”之从

① 庞朴：《儒家辩证法研究》，中华书局1984年版，第68页。

② ［日］笠原仲二：《古代中国人的美意识》，魏常海译，北京大学出版社1987年版，第114页。

"贝"从"匕"，与"珍"之从"玉""㐱"音义俱同。准此，"真"的本义应与"珍"一样是宝物之义，其中含有货真价实的意义，因此从"真"之字，如"稹""瞋""镇""謓""缜""填""寘""阗""滇""鬒""瑱""慎"等，都具有充实的意义，而"颠""槇"二字，训为"顶"，亦有充实上升之义[①]。明乎此，我们就不难理出"真"的演化轨迹。一方面，"真"由货真价实衍为充实再衍为笠原仲二所说的"形而上"的意义。另一方面，"真"由货真价实的"真"再进而衍为艺术反映对象的"真"和艺术家的真情实感。如刘勰所言之"酌奇而不失其真"[②]即指艺术反映对象的"真"，而其所说的"为情者要约而写真"[③]则指艺术家主体世界的真情实感。

---

①（清）段玉裁：《说文解字段注》，成都古籍书店1981年版，第407页。

②（南朝梁）刘勰：《文心雕龙·辨骚》，祖保泉：《文心雕龙解说》，安徽教育出版社1993年版，第86页。

③（南朝梁）刘勰：《文心雕龙·情采》，祖保泉：《文心雕龙解说》，安徽教育出版社1993年版，第611页。

第二节　汉字与文化结丛

文化结丛是指许多社会文化质点按一定方式的聚合连锁。它通常以某一文化质点为中心，在功能上与其他文化质点发生一系列的连带关系，或者构成一连串的活动方式；它是人类活动的一种体系，也是文化行为的一种表现形式。如土地耕种、五谷栽培、房屋、村落等构成了农艺文化结丛。又如婚姻作为文化结丛之一，至少由婚姻动机、择偶范围、嫁娶方式、婚姻仪式等组成。汉字虽形体各异，但又绝非漫然无归，而具有内在复杂的联系。形体的系联、音义的相通、词义的递嬗，形成了一个交相往复的意义系统，因此汉字既可孤观，又可圆览；孤观一字可得一字之世界，圆览众字则可展拓更加广大的世界。钱锺书说："积小以明大，而又举大以贯小，推末以至本，而又探本以穷末，交互往复，庶几乎义解圆足而免于偏枯。"[①]如果说，对一个字的细研可以帮助我们了解一个文化质点，那么对文化结丛的透视就只有诉诸一组字的考察。这里通过两组例证来加以说明。

---

① 钱锺书：《管锥编》第1册，中华书局1979年版，第172页。

先说“贝”。贝在古代曾一度用作货币，是一个极为重要的文化质点，以它为中心，便铺展开了先人生活的一种体系，这在汉字上有着生动的体现。

1.“贝”与商品经济

货币本是商品经济发展的产物，因此，汉字中的“贝”与商品经济的关系最为密切。例如，在商品交换中，“买”（買）与“卖”（賣）固然与“贝”密不可分，而商品价格的“贵”与“贱”、生意往来中的“赔”与“赚”，也都与“贝”密相关涉。再如，世人称居货待售、以求谋利的生意人为“贾”，称其经商之举为“居”（亦作“赆”）；“贾”所重者在商品所售的价格，故而“贾”与“价”（價）便成了古今字。此外，《说文解字》中尚有：“购，以财有所求也”，“贸，易财也”，“贩，买贱卖贵者。”[①]这些字均从“贝”，又概莫能外地与商品经济息息相关。最堪玩味的是作为商品的“货”字，《说文》上说：“货，财也。”[②]段玉裁注云：“《广韵》引蔡氏化清经曰货者，化也，变化反易之物。”[③]“货者，化也”的诠释若换成当今的经济学的理论，则分明是指商品是用来交换的劳动商品，须通过市场交换以实现其内在的价值，商品（“货”）只有转“化”为货币（“贝”），交换才能得以实现。

2.“贝”与国家财政

“国无税不富”，商品经济的发展，显然与国家财政的分配状况相关。自财政收入的角度看，“贡赋”是我国古代税收的主要形式，故而《说文》中便有了这样一些解释：“贡，献功也”[④]，“赋，敛也”[⑤]，“賨，南蛮赋也”[⑥]等。由于“赋”在早期专指各国向臣属征收的军役和军需用品，因此便有了“赋以足兵，税以足国”的说法，而这也恰是“赋”从“贝”从“武”的根据所在。汉

① （汉）许慎：《说文解字》，中华书局1963年版，第130—131页。

② （汉）许慎：《说文解字》，中华书局1963年版，第130页。

③ （清）段玉裁：《说文解字段注》，成都古籍书店1981年版，第296页。

④ （汉）许慎：《说文解字》，中华书局1963年版，第130页。

⑤ （汉）许慎：《说文解字》，中华书局1963年版，第131页。

⑥ （汉）许慎：《说文解字》，中华书局1963年版，第131页。

字中另有一“赀”字，其意为“小罚以财自赎也”[①]。可知“赀”是为了弥补自己的罪过而花钱赎罪，这是国家财政罚没收入的来源之一。“赀”在汉代还专用以指称对未成年人征收的赋税。再从财政支出的角度上说，上给下的钱财称为“赐”，或称为“赉”，或称之“赣”，或称之为“赏”。在封建集权社会里，国和家常可不分，上与下则区分划然，因而帝王的“赏”与“赐”，都成了不可小觑的国家财政支出。如若国家拿出钱财、粮食等，以解民众之匮乏，就称之为“赈”，以济民生之急需则可谓之“赒”。由此也可见，“贝”之于国家财政的作用可谓大矣。

3.“贝”与民间信用

一定时期的民间信用活动状况，亦可视为一定时期商品经济发展、社会文化活动的真实投影。我们若对古代的民间信用活动逐一细审，就不难看出，这些信用活动均与“贝”息息相关。诸如“贷放”“质押”“租赁”“赊欠”“赎买”“负债”“债权债务”“账务处理”等，真可谓无处不现“贝”踪。而从造字的本义上说，这些字之所以从“贝”，也确实关系着各种不同的商业信用活动。这在《说文》中班班可考，请看以下的诠释：“贷，施也”，“赊，贳买也”，“责，求也”，“质，以物相赘”，“赘，以物质钱”[②]等。另外，在商业信用往来中，预付购货款叫作“贉”，延期支付款项称为“赊”，而对于放债生息取利的商人，则称之为“财主”。这些字也莫不以“贝”为形符。当然，如若流年不利，资财因经营不善而致亏损，则称之为“贬”。至于流通中的货币，一旦退出流通领域，便发挥了贮藏功能，所以我们又不妨把“贮”字理解为“贝”处于静止状态，体现其贮藏功能。

4.“贝”与社会文化

在我国古代一系列社会文化活动中，“贝”的踪影几乎是触处可见。大致说来，有这样几个方面：其一，人际交往要用“贝”。我国素称“礼仪之邦”，

① （汉）许慎：《说文解字》，中华书局1963年版，第131页。

② （汉）许慎：《说文解字》，中华书局1963年版，第130页。

注重礼尚往来。大凡这类场合，“贝”是断断不可少的。如“贺”是“以礼物相奉庆也”、“赠”是“以玩好相送也”[①]，其他如“贽”“赞”“赂”“贿”等，也无不是送礼用“贝”的显证。看来古人是颇讲实惠的。口惠而实不至，如儒家所说的“君子惠而不费”，是不合古俗的。其二，占卜问卦要用“贝”。在古代，“贝”不仅可以通人，而且可以通神。《说文》上说：“贬，赍财卜问为贬。”[②]这无异于说人对于鬼神世界，也须用钱财卜问，借以打通关节，真应了“有钱可使鬼推磨”这一俗谚了。其三，赌博娱乐要用“贝”。用钱财物品下注，以决胜负，这一行为叫“赌”。既然是“赌”，则双方或多方不论是“赔本”“贴本”，还是“赚钱”“赢钱”，都一无例外少不了“贝”。其四，区分人的行为、品性、地位也要用“贝”。在古代，施人以财物的义举叫“赆”，施财物于僧人、道士的叫“赒”，称酬神谢天的宗教活动为“赛”，称窃取不义之财的曰“赃”。更有甚者，一个人倘腰缠万贯，财大气粗，便被尊奉为“贵人”“贵賓”（《说文》：“賓，所敬也。”），或被视为“贤人”（《说文》：“贤，多财也。”）；而一旦失势受“贬”，其“贝”也随之而“乏”，最终沦为“贫贱之人”。也许正因为“贝”关乎人的切身利益、身份地位，人们才会如此仰仗它（《说文》：“负，恃也，从人守贝有所恃也。”）、爱重它（《说文》：“财，人所宝也。”），甚至不择手段去攫取它（《说文》：“贪，欲物也”；“贙”，《说文释例》云：“谓人之争贝如虤之猛。”[③]）了。

值得我们进而深思的是，“贝”何以会首先被选为原始的币材，其原因大约有三点：首先，作为币材，“贝”具有体积小、易携带、坚固耐用、便于计数等特点，故而颇能符合作为一般等价物的基本要求。其次，“贝”的形状和色泽具有鲜明的装饰美。在《说文解字》中，有这样几则诠释：“贲，饰也。从贝，卉声”[④]，“賏，颈饰也，从二贝”[⑤]，“婴，颈饰也，从女賏，賏，其连

① （汉）许慎：《说文解字》，中华书局1963年版，第130页。

② （汉）许慎：《说文解字》，中华书局1963年版，第131页。

③ 《汉语大字典》，湖北辞书出版社、四川辞书出版社1993年版，第3903页。

④ （汉）许慎：《说文解字》，中华书局1963年版，第130页。

⑤ （汉）许慎：《说文解字》，中华书局1963年版，第131页。

也”[1]。这几条注释很重要，它表明古人（尤其是女性）曾把“贝”作为装饰品（“颈饰”）。装饰品本身亦具有价值，进而才演进为财富的象征。其三，女性为何要用“贝”作为“颈饰”呢？这不仅在于它具有明显的装饰之美，更缘于它具有隐秘的生殖崇拜意识，“贝”因与女阴的外形酷似，遂被先民顶礼膜拜，视之为生殖象征。从这层意义上说，“贝”所蕴含的生殖之力的隐意恰与它后来被充作一般等价物的再生之力存有一种天然契合的关系。统此三面以观，“贝”作为原始的币材实在是理所当然、情所宜然的事了。

次言“女”。汉字中从“女”的字甚多，仅《说文·女部》中，就有238字之多。若把它们比而观之，就可观照出中国传统文化中的一些断面。

1.“女”与婚姻习俗

《说文》：“婚，妇家也。礼，娶妇以昏时，妇人，阴也，故曰婚。”[2]许慎指出“婚”得声义于“昏”，但未能道出“以昏时”的真正原因。刘师培《古政原始论》中说：“其行礼必以昏者，则以上古时代用火之术尚未发明，劫妇必以昏时，所以乘妇家之不备，且使之不复辨其为谁何耳。”[3]这话颇切上古实际，昭示出上古抢婚之俗。与“婚”蒂萼相生的是“娶”字。《说文》：“娶，取妇也。从女从取，取亦声。”[4]“取”与“娶”实为古今字，“取”本捕取之义，故字从“又”（手）从“耳”，以“取”为“娶”，抢婚之俗更是灼然可见。嗣后，人文渐开，才有经“媒”“妁”[5]而成婚者，所以《诗经》有“伐柯如之何，匪斧不克；取妻如之何，匪媒不得”[6]之句。

① （汉）许慎：《说文解字》，中华书局1963年版，第262页。

② （汉）许慎：《说文解字》，中华书局1963年版，第259页。

③ 刘师培：《刘申叔遗书》，江苏古籍出版社1997年版，第681页。

④ （汉）许慎：《说文解字》，中华书局1963年版，第259页。

⑤ “媒，谋也，谋合二姓。”“妁，酌也，斟酌二姓也。”（汉）许慎：《说文解字》，中华书局1963年版，第259页。

⑥ （清）阮元校刻：《十三经注疏·毛诗正义》，中华书局1982年版，第399页。

2.“女”与生育崇拜

《说文》:“好，美也。从女、子。”[①]从“女”从“子”何以有美善之训，这显然是先民生育崇拜意识的体现，即是说“女”(成年女性)能生“子”(男女婴儿)便是善便是美。这就正如“娼”字由“妇人妊身也”[②]又可表示“好也”的诠释一样，体示的乃是先民对于生育行为的赞美之情。再推而言之，汉语中称说女子“待字”一语，也隐隐然涵容着这种文化心态。

3.“女”与母系社会

《说文》:“姓，人所生也。古之神圣人，母感天而生子，故称天子。因生以为姓，从生女，生亦声。”[③]上古时代男女杂游，不媒不聘，民人但知其母，不知其父，故只能“因生以为姓”，即是说哪个女子生的，便跟哪个女子的姓。这在《诗经》的《玄鸟》《生民》及《史记·三代世表》中均有例证。古代有许多著名的姓如“姚”“姬”“姜”“妘”“姒”“姞”“嫣”等，皆以“女”作义标，这都是有一定历史渊源的。至于“感天而生子”，那不过是覆盖于群婚实情之上的一层宗教外衣，是戴在“神圣人”头上的神秘的光环，正如摩尔根在研究希腊人和拉丁人由母系转向父系时所指出的:“他们保留了氏族始祖的母亲的名字，并认为始祖是由他的母亲同某位神祇交合诞生的。”[④]

4.“女”与伦理意识

母系社会结束，便进入以父权为中心的时代。此时，女性已失去往日的崇高地位，而沦为父权的附庸。“女”，小篆呈跪跽形，屈而自处，活画出其柔弱

① (汉)许慎:《说文解字》，中华书局1963年版，第261页。

② (汉)许慎:《说文解字》，中华书局1963年版，第259页。

③ (汉)许慎:《说文解字》，中华书局1963年版，第258页。

④ [美]路易斯·亨利·摩尔根:《古代社会》，杨东莼、马雍、马巨译，商务印书馆2009年版，第397页。

而服从的地位。从语音上说，“女”古音“奴”，表明“女”即是古奴隶的“奴”。《白虎通》《释名》《广雅》等均释：“女，如也。”[①]如训从，从有从事、服从之义，亦即从事家务劳动和服从家长役使之谓。在这种附庸的地位下，女性便不能不受到伦理意识的重重钳制。一方面，她们必须恪守唯谨唯顺的信条。《说文》：“婡，谨也。从女，束声。”“如，从随也。从女，从口。”（徐锴解释说：“女子从父之教，从夫之命，故从口会意。”）“孎，谨也。从女，属声。”“娓，顺也。从女，尾声。”“娽，随从也。从女，录声。”“婚，俯伏也。从女，沓声。”“委，委随也。从女，从禾。”（徐锴等曰：“委，曲也，取其禾谷垂穗委曲之貌，故从禾。”）另一方面，她们又必须遵从闲雅都静的风范。《说文》：“婳，静好也。”“婠，体德好也。”“媣，闲体行媣媣也。”“姘，静也。”“娴，雅也。”与此相协，女性还须忌淫（《说文》：“奸，犯淫也。”）、忌贪（《说文》：“婪，贪也。”“嵾，婪也。”）、忌懒（《说文》：“嬾，懈也，怠也，一曰卧也。”）、忌讼（《说文）：“妏，讼也。”）、忌妒（《说文》：“妎，妒也。”“妒，妇妒夫也。”）、忌很（《说文》：“婞，很也。”“婼，不顺也。”）[②]正是这重重伦理意识的钳制，使得中国传统女性始终未能获得独立的人格，一直难以摆脱夫权的羁绊，故而《说文》上所说“妻，妇与夫齐者也”还只能是一种空想，相反“妇，服也”倒真真确确地道出了她们的真正的历史地位。如果真正要说是“齐”，那也只能是“举眉齐案”的“齐”，而绝非地位平等的“齐”。

5.“女”与审美心态

笠原仲二指出：“中国人初期阶段的美意识，如果就‘美’字的《说文》本义来考虑，它首先起源于对所谓‘食’的某种特殊味道的感受性，其次与所谓‘色’，即男女两性的‘性’方面的视觉、触觉感受也有密切的关系。”[③]这

① 宗福邦、陈世铙、萧海波主编：《故训汇纂》，商务印书馆2003年版，第503页。

② （汉）许慎：《说文解字》，中华书局1963年版，第261—262页。

③［日］笠原仲二：《古代中国人的美意识》，魏常海译，北京大学出版社1987年版，第10页。

种关系，我们无须广讨细究，仅就从“女”之字即可见出。在《广雅·释诂》中，“娶”“娥”“媛”等有关女色的词语与“甛”“腆”“甘”“旨”等关乎食味的词语同列于“美也”条下。这表明，我们先人曾有一种以人的享乐本能为标准的审美心态，它意味着对官能性享受的积极肯定，对现实人生的充分追求和独特的领悟，蕴涵着中国人所特有的实用理性的精神。同时，这种审美心态又与女性所特有的多方面的性的魅力而引起的视觉、触觉的感受有着深刻的联系。如从“女”的“娓”“嫷”“孅”“娃”等均可训为“美”，而“婘”“姗”“嫽”等也可训为“好”或“美”，并且，“娧”“媌”“嬻”“妧”“媚”“姝”“姣”“婉”等表示人容颜情貌、动作姿态的字，以及“婀娜”“娉婷”“姗姗”“娓娓”等联绵字或叠音字也无一不从“女”，无一不含有“美”“好”的意味。这就清楚表明，先人对女性的审美与观照乃建基于《上林赋》中所说的“色受魂与，心愉于侧”这样的体验。而这样的体验又反转来作用于人们的审美观念，于是“美”不仅具有“形貌美”“好色”的意思[①]，而且还分化出了“媄”和“孅”[②]。

① 《左传·桓公元年》：“美而艳。”杜注：“色美为艳。”（清）阮元校刻：《十三经注疏·春秋左传正义》，中华书局1982年版，第1740页。《淮南子·精神训》高注：“好色曰美。”宗福邦、陈世铙、萧海波主编：《故训汇纂》，商务印书馆2003年版，第1803页。

② 宗福邦、陈世铙、萧海波主编：《故训汇纂》，商务印书馆2003年版，第1803页。

第三节　汉字与文化模式

所谓文化模式，是指许多不同文化结丛有机联结而成的某个民族的生活环境、生活方式和生活习俗的总和。无论哪一个民族，其文化模式都是内容丰富、形式多样的。我国社会学家孙本文曾把文化模式概括为11个方面的内容：（1）语言；（2）物质生活(衣食住行)及其设备；（3）财产、实业；（4）家庭；（5）艺术；（6）娱乐；（7）宗教；（8）文化、科学；（9）政府；（10）道德；（11）战争。这些内容对文化模式做了一个颇有秩序的包容，它们有机结合在一起便构成了一个民族综合性的文化背景。

下面，我们试以宗教、道德为例，来探讨汉字之于文化模式的阐释功能。

先谈宗教。

我国是一个宗教观念相当淡薄的国家，然而，我们也曾有过狂热的宗教时代。殷周是我国原始宗教的极盛期，不仅每事必祭，而且品目繁多，程式复杂。当我们查考有关的古文字时，就立即可以感受到一股扑面而来的宗教气息。

1.祭祀范围

示，古文字作丅，这是一个供人祈祷的灵牌。古文字中以它为偏旁的字组成了一个庞大的系统，其中包括各种各样的祭祀名称。如春祭、夏祭、秋祭、冬祭、天祭、地祭、山祭、谷祭、除灾之祭、求福之祭、内祭、外祭等。其品目之多，范围之广，可想而知。仅从《说文·示部》中，我们就不难见出先人祭祀范围之广、之大。如："祠，春祭曰祠，品物少多文词也。""礿，夏祭也。""祓，除恶祭也。""祈，求福也。""祊，门内祭先祖，所以彷徨。""祡，烧柴焚燎以祭天神。""禅，祭天也。""禡，师行所止恐有慢其神下而祀之曰禡。""禂，祷牲马祭也。""禓，道上祭。""禫，除服祭也。""禳，磔禳祀除疠殃也。"[①]观乎此，我们就不难明了祭祀在先人心目中占有何等重要的地位。所谓"国之大事，在祀与戎"[②]即是明证。

2.祭祀方式

殷周人祭祀多以牺牲、玉帛、醴酒等作为祭品，它们均属上等享受品。以此奉献于神灵，在他们看来，正可表明其心意之虔诚，因而也一定会取悦于神灵。"祭"，像人持肉而祭。"靈"（灵），《说文》上说："灵巫以玉事神。从玉，霝声。"[③]"霝"其实也表意，据徐中舒的考证，乃"霖"之本字。"靈"字从"霝"、从"玉"，正是"巫""以玉事神"以求雨的意思。又"奠""尊"二字本相同，是以手奉酒而祭，并引申为抽象的敬天畏神的概念。不特此也，殷周人还用艺术化的方式来享祀神灵，通过音乐、舞蹈所创造的浑穆氛围以达到神人间的契合。如"礼"，甲金文本像大鼓。时人祭祀必用乐，鼍鼓彭彭，笙籥沸天，从而形成具有固定程序的祭祀，并进而引申为治理国家的礼。"巫"，是掌管祭祀的官，它又和"無"（冥冥当中的存在，即"神灵"）、"舞"

① （汉）许慎：《说文解字》，中华书局1963年版，第8—9页。

② （清）阮元校刻：《十三经注疏·春秋左传正义》，中华书局1982年版，第1911页。

③ （汉）许慎：《说文解字》，中华书局1963年版，第13页。

同源，即“以舞降神者也”[①]。可见这种巫术活动大都伴有乐舞，即所谓巫术礼仪活动。

3. 宗教心理

原始宗教祭祀的对象是一个由众神组成的庞大的神灵系统，诸如天地鬼神、祖宗五谷等，然而总体来说，不外两端，一是自然神，一是人格神。我们可以通过三个古文字（帝、神、天）来勘察一下先民的动态的宗教心理。殷中期前的甲骨卜辞中已有“神”“帝”二字，殷后期卜辞中又出现了“天”。其中，“神”的初形是“申”，本是闪电的象形字，“帝”的本义是草木花萼之“蒂”，二者均由自然形态上升到神灵。这种自然即神的现象表明：一方面是人们感到和自然的不协调以及自我灵魂的失重，要在现实的不谐和的境地中追求谐和的佳境；另一方面又是人们对自然的特有的依赖情愫的反映，其核心则是表达了人与自然和谐共存的理想。“天”，古文字像一端然而立的人形，并对人的头部做了强调。这一强调似是对人的智慧的歌颂，而他们认为最有智慧的人——君主可以与天相侔。天这种超自然神并以人的形体予以表现，正昭示出天人之间简单的认同感和协调感，透析出天人合一这一宇宙意识的端倪。此外，它还表明绝对王权与绝对神权已获得了同等重要的地位，显示了人类已由重视人与自然和谐关系转而对人与人之间关系的倚重，这之后出现的大量的祖宗神、人格神，在顶礼膜拜的过程中隐隐透露出实用理性的传统文化精神[②]。

4. 伦理倾向

由于中国的宗教走的是一条实用理性之路，故而早先那种真幻莫辨、膜拜神权的宗教便渐渐式微。“巫”孳乳为“诬”就表明了这一历史的演变过程。我们知道，最早的巫是以舞以玉降神，能事无形者，具有融通神人、无所不能的品格，而当时的统治者更是“利用神权把巫吹捧成神圣”[③]，视之为神灵

---

① （汉）许慎：《说文解字》，中华书局1963年版，第100页。

② 朱良志：《原始宗教与“天人合一”文化意识的产生》，《中州学刊》1988年第3期。

③ 陆宗达、王宁：《说文解字通论》，北京出版社1981年版，第152页。

（“灵”字又可写作“靈”，字从“巫”者，足见其既“神”且“灵”）。但在实用理性的道路上，巫却渐渐失去了它的神圣和灵光，被人视为虚妄和狂诬。《说文》：“诬，加也。”[①]即无中生有、横加捏造之谓。参以《韩非子·显学》《盐铁论·散不足》中的有关例证，诚如杨树达《积微居小学述林·释诬》中所言：“盖巫之为术，假托鬼神，妄言祸福，故诬字从巫从言，训为加言，引申其义则为欺，为诬罔不信也。”[②]因为“诬罔不信”，所以原本训神训善训美的“灵”也终究不那么“灵”了，而竟变成了恶谥。据《左传》记载，楚成王被逼自缢，谥之曰灵。这一孳乳引申现象表明，中国人很早就汰去了宗教的虚幻性，而赋予它以愈来愈多的人间气息。于是在特重人伦的国度中，宗教终于披上了人伦的袈裟。正如乐回归于礼一样，祭祀也终究被纳入了人伦的规范。《礼记·祭统》：“祭者，所以追养继孝也。”[③]这一人伦倾向可以从“祀”字中体味而出。张舜徽《说文解字约注》上说：“子祭其父谓之祀，亦犹子肖其父谓之似，子继其父谓之嗣也……然则似、嗣、巳三字音义俱近，固又与祀字受义同原也。后世所谓祠堂，当以祀为本字。”可见，“祀”本指对祖先的祭祀能世代延续不绝，即《说文》所云“祀，祭无已也”[④]。因此，使祭祀能继续者叫“续祀”，祭祀断绝则称“绝祀”或“灭祀”。

我们再谈道德问题。

同西方求真的科学型文化相比，中国文化属于以求善为目的的伦理型文化。这种伦理型文化在先秦时就已确立，尔后日趋显著，统治中国达几千年之久。汉字从一个侧面展示了这一独特的文化形态。我们先来看“仁”字。

古今文字中的“仁”，均从“人”从“二”，“二”是一种重复性的符号，合之表示“二人”为“仁”。“仁”的异体别构从“尸”（人之象形）从“二”，其含义亦同。许慎《说文》上说：“仁，亲也。”[⑤]段玉裁注云：“犹言尔我亲密

① （汉）许慎：《说文解字》，中华书局1963年版，第54页。

② 杨树达：《积微居小学述林》，中华书局1983年版，第31页。

③ （清）阮元校刻：《十三经注疏·礼记正义》，中华书局1982年版，第1602页。

④ （汉）许慎：《说文解字》，中华书局1963年版，第8页。

⑤ （汉）许慎：《说文解字》，中华书局1963年版，第161页。

之词。"[①]马叙伦进而指出："仁训亲也，此语原同也。仁即亲昵之亲本字。"[②]显然，以"二人"相"亲"来界定"仁"，体现的是一种旨在建立温情脉脉、相处睦如的群际关系的道德理想。《礼记》《孟子》《春秋繁露》上均说道："仁者，人也"，而《释名》《广雅》上亦云："人，仁也。"这种"人""仁"互释的现象表明，从人的本性入手，认为群际之间的亲密关系应是人之本性所当有、所固有，乃是先人共通的文化心理，用朱熹在其《孟子集注》中的话说，即是"仁者，人之所以为人之理也"[③]。正是在这个意义上，他们才热情讴歌人是天地间最尊贵、最有灵性的动物，是"天地之性最贵者也"；正是在这个意义上，"人"与"仁"才会既同音又同源；也正是在这个意义上，呈谦逊侧立的人之形才会成为"人"的代符，并出现顺从为"从"、反从为"比"的字符。这就从人的内在本性到外在行为规范之间的必然关系中建构起"仁"的道德框架。

进而言之，仁者，亲也；亲者，爱也。其外在表现是"尔我亲密"，其内在表现则是萦念于心。于是汉语中又有了这样一个有趣的词义现象：

"龘""或""员""方""云"，为有无之"有"；"仁""虞""抚"，为相亲之"有"，而其义又相通。

所谓"相亲有"，也就是"爱"，凡有所爱，必念念于心，换句流行的话说，岂不是"心中有个他（她）"？而这种"相亲有"的"仁爱"之心正是古人所着意倡导的。再证之以"仁"的另一个古字形——"从千心"，其突显的恰是一个"心"，表达的也正是一份"爱"，一份人皆有之的"爱心"。这份"爱心"备受古人的重视。于是有"仁而爱人"[④]、"仁者，爱也"[⑤]、"积爱为仁"[⑥]、"仁，爱也，故亲"[⑦]的阐释；"爱"，还要"兼爱"，"亲而不可不广

① （清）段玉裁：《说文解字段注》，成都古籍书店1981年版，第387页。

② 马叙伦：《说文解字六书疏证》卷十五，上海书店1985年版。

③ 李申：《四书集注全译》，巴蜀书社2002年版，第1240页。

④ 章诗同：《荀子简注》，上海人民出版社1974年版，第158页。

⑤ （汉）班固撰，（唐）颜师古注：《汉书》，中华书局1962年版，第2616页。

⑥ （汉）刘向：《说苑》，商务印书馆1968年版，第187页。

⑦ 章诗同：《荀子简注》，上海人民出版社1974年版，第297页。

者，仁也”[①]。宋代徐铉在校注《说文》时，对此又特意做了强调：“仁者兼爱，故从二。”[②]而所谓“兼爱”，就是要“推及万物”“民胞物与”，因而“爱人利物之谓仁”[③]。“仁，爱人以及物。”[④]因为要“及物”，于是又有了“桃仁”“杏仁”“胡桃仁”“眼仁”之类，它们均指“核”而言，也都含有“仁者心也”的隐义，而歇后语“嗑瓜子嗑出个臭虫——啥仁（人）都有”，甚至也隐含着“仁者人也”的本义。凡此等等，为我们展示了注重道德关怀的文明古国的独特丰采。无怪乎刘师培在《伦理学史序》中说：“中国之道，以仁术为总归。仁从‘二人’，故仁道之大，必合两人而后见。人与人接，伦理以生。”

既然中国人注重的是道德关怀，讲究的是“二人”构成的群际关系，因而“群”字本身就不能不成为我们观察的另一个对象。“群”本是个形声字，从“羊”“君”声，以表羊群。《诗·小雅·无羊》：“谁谓尔无羊，三百为群。”孔颖达疏：“羊三百头为群。”[⑤]羊是好群居的动物，所以《说文解字》上说：“犬为独，羊为群。”[⑥]这里“君”又兼表意义，即作为人伦之英的君子也应像羊那样相处睦如。群之同源字“宭”（群居也），也恰好表达了这样的意念。孔子说：君子“群而不党”[⑦]，又说：“吾闻君子不党，君子亦党乎？”[⑧]可见“群”具有道德伦理的含义，它是一种合乎礼仪规范的群体而不是蝇营狗苟的帮派，亦如杨伯峻所说：“‘群而不党’可能包含着‘周而不比’以及‘和而不同’两个意思。”[⑨]由羊群到人群，由人群再引申为合乎礼仪的群体，其间融通着丰富的文化学意义。它正体现了传统的伦理道德所要求的群体特征，既是传统文化柔性精神的显现，又是重群体轻个体的影响所致。

① 曹础基：《庄子浅注》，中华书局1982年版，第158页。

② （汉）许慎：《说文解字》，中华书局1963年版，第161页.

③ 曹础基：《庄子浅注》，中华书局1982年版，第162页。

④ （清）阮元校刻：《十三经注疏·周礼注疏》，中华书局1982年版，第707页。

⑤ （清）阮元校刻：《十三经注疏·毛诗正义》，中华书局1982年版，第438页。

⑥ （汉）许慎：《说文解字》，中华书局1963年版，第205页。

⑦ 杨伯峻：《论语译注》，中华书局1980年版，第166页。

⑧ 杨伯峻：《论语译注》，中华书局1980年版，第74页。

⑨ 杨伯峻：《论语译注》，中华书局1980年版，第166页。

因为重群体轻个体，故而汉语中与孤立的“个体”相联系的词语大多带有贬义。诸如“我行我素”“孤陋寡闻”“一意孤行”“形单影只”等。于是又可附带说到“独”。《说文解字》：“独，犬相得而斗也。从犬，蜀声。羊为群，犬为独也。”[①]段玉裁注云：“犬好斗；好斗，则独而不群。”[②]犬之所以在中国古文化中大受贬抑，一个很重要的原因就是它“独而不群”，天性好“独立”，从而与传统文化好群从众的道德观念大相悖离。

·思考题·

1. 什么是文化质点？举例说明汉字所具有的文化质点特点。
2. 什么是文化结丛？举例说明汉字所具有的文化结丛特点。
3. 举例说明汉字对于文化模式的阐释功能。

① （汉）许慎：《说文解字》，中华书局1963年版，第205页。
② （清）段玉裁：《说文解字段注》，成都古籍书店1981年版，第504页。

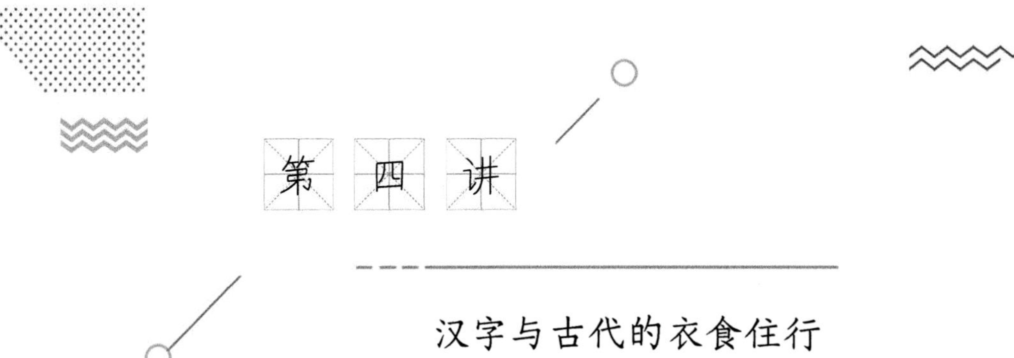

第四讲

汉字与古代的衣食住行

郭沫若在其《甲骨文字研究·序》中说："文字乃社会文化之一要征，于社会之生产状况与组织关系略有所得，欲进而追求其文化之大凡，尤舍此而莫由。"[①]他的这段话确实信而有征。下面我们以古人的衣、食、住、行为例，来进而审度汉字文化所独具的考镜功能。

---

① 郭沫若：《甲骨文字研究》，中华书局1976年版，第1页。

第一节　汉字与服饰

服饰文化是指人们有关穿戴服佩的文化。它包括的范围很广，大体可归为头衣、体衣、足衣、装饰四个部分。下面我们就从汉字入手，分别予以考察。

头衣，又称元服。因“元”的本义就是头。甲金文“元”就突出强调了人的头部。“元”和“天”又是叠韵字，可见其本义都指头。头衣、元服是统称，细分则有“冠、弁、冕、帻”等。“冠”，小篆从“冖”从“元”从“寸”。“冖”，覆也，用布帛蒙覆；“元”，头也；“寸”，手也。合起来表示拿布帛之类的制品加在人的头上，这种制品就是“冠”，亦即古贵族男子所戴的帽子。古礼，贵族男子到了二十岁，要行加冠礼，“冠”的构形就体现了这种礼。行礼时把头发束于头顶，盘成发髻，用缅（一块整幅六尺长的黑帛）将发髻包住，然后加冠。行了加冠礼，就表示取得了成人的资格，家庭和社会都要按成人的标准来要求他。和冠相比，冕是一种更为尊贵的头衣。《说文》：“冕，大夫以上冠也。”[①]可知它为帝王、诸侯及卿大夫所戴。其上是一幅长方形的版，叫

① （汉）许慎：《说文解字》，中华书局1963年版，第156页。

"延"，也写作"綖"。延的前沿挂着一串串的圆玉，叫"鎏"。系于冠圈上悬在耳孔外的玉石，叫纩，通常叫"瑱"，也写作"瑱"或"䪽"（从"玉"者表所悬之物，从"耳"者表所悬之处）。垂在延的两侧用以悬纩的彩绦，叫"紞"。它们都是冕的部件。"冕"从"冃"者，取其为头衣之属；从"免"者，声中有义。《三礼图》云："（冕）广八寸，长尺六寸，前圆后方，前下后高，有俯伏之形，故谓之冕。欲人之位弥高而志弥下，故以名焉。"[①]可见，"冕"之受名，因于前低。"冕"，又作"絻"，段玉裁云："从糸作者，谓冕延用三十升布也。"[②]"弁"，篆文为象形字，其上像弁形，其下或像两手有所持，或像人形而突出其面容。它也是贵族所戴的一种头衣，有皮弁、爵弁两种。皮弁是武冠，用白鹿皮制成，尖顶，类似后来的瓜皮帽。鹿皮各缝合之处，缀以许多五采玉石，叫"綦"（字亦写作"綨"），看上去宛似星子，所谓"会弁如星"[③]是也。爵弁系文冠，也作雀弁，比冕次一级，没有旒，色如雀头，赤而微黑。

冠、弁、冕都是平时所服，若是打仗，则要在冠、弁上加胄。胄是古代将士用以保护头部的服具，多用铜铁等金属制成，也有用藤或皮革制成的。春秋战国时的甲胄，均用革而不用铜，故"胄"字亦作"鞾"或"軸"。胄的名称很多，且因时而变。段玉裁说："古谓之胄，汉谓之兜鍪，今谓之盔。"[④]言"兜鍪"者，又可分而观之。《说文》："兜，兜鍪，首铠（即胄的另一称谓）也。"[⑤]古人戴胄可以"掩面"，与今天的头盔判然有别。"兜"的意构（像头面上有物蔽之也）正有以明之。兜鍪的"鍪"是一种炊具，圆底敛口反唇，与现在带翻边的锅相似，可见胄言兜鍪者亦缘于胄的形状像鍪。古人打仗，颇重礼节，若遇尊者、长者，则要"免胄"致敬。

古贵族与平民的头衣区分甚严。《释名·释首饰》："二十成人，士冠，庶

① （清）王先谦：《释名疏证补》卷四，上海古籍出版社1984年版，第231页。

② （清）段玉裁：《说文解字段注》，成都古籍书店1981年版，第375页。

③ 《诗·卫风·淇奥》，江阴香：《诗经译注》，中国书店1983年版，第51页。

④ （清）段玉裁：《说文解字段注》，成都古籍书店1981年版，第375页。

⑤ （汉）许慎：《说文解字》，中华书局1963年版，第177页。

人巾。”[①]可见，庶人只能戴巾。在《集韵》中，“冠”之异体从“巾”“官”声（帼），这显然是基于平民百姓以巾为冠的习俗。《说文》：“巾，佩巾也，从冂，丨象系也。”[②]《玉篇》：“巾，佩巾也，本以拭物，后人著之于头。”[③]可知“巾”乃象形字，它一物两用，既可拭物、擦汗，又可戴于头上。今有些农村中仍保留着罩头、洗拭共用一巾的风习。庶民百姓的头衣有多种。“帻”是一种包头发的巾，《释名》：“帻，蹟也，下齐眉蹟然也。”[④]可见其作用是盖住发髻，下齐额头。其颜色或黑或青，故秦称人民为“黔（黑色）首”，汉称仆隶为“苍（青色）头”。但因其具有压发定冠的作用，故后来贵族也戴帻，帻上再加冠。和帻相关的，还有陌头、幞头、角巾等。《方言》：“络头，帞头也……自关而西，秦晋之郊曰络头，南楚江湘之间曰帞头，自河以北，赵魏之间曰幧头。”[⑤]《释名》：“绡头，绡，钞也。钞发使上从也。或谓之陌头，言其从后横陌（按：此指贯穿，经过）而前也。齐人谓之幓（掩），言幓敛发使上从也。”[⑥]可见，“络”与“陌”通，“帞”与“陌”同，“绡”与“幧”同。“陌”是言其缠法自后而前，交于额上（今陕北农民用羊肚毛巾包头的方法与之相类），“绡”是言其制料由生丝织成，“幓”是言其作用乃幓敛发使上从也。

至于帽，据说是没有冠冕以前的头衣，但上古文献中没有帽字，直到秦汉时期，头衣也还没有定名为帽，因此，专家学者大多付诸阙如。其实，若从汉字角度研之，正可弥补这一缺憾。《说文》：“冃，重覆也，从冂一。”“冃，小儿蛮夷头衣也，从冂，二其饰也。”[⑦]“冒，冢而前也，从冃，从目。”[⑧]“冂”“冃”“冒”实际上都是帽字。徐灏《说文解字注笺》：“冃与冃形声义皆相近，疑本一字。”承培元《广说文答问疏证》：“冃即冒，俗作帽。”林义光《文源》：

① （清）王先谦：《释名疏证补》卷四，上海古籍出版社1984年版，第236页。

② （汉）许慎：《说文解字》，中华书局1963年版，第158页。

③ （清）段玉裁：《说文解字段注》，成都古籍书店1981年版，第378页。

④ （清）王先谦：《释名疏证补》卷四，上海古籍出版社1984年版，第235页。

⑤ （清）段玉裁：《说文解字段注》，成都古籍书店1981年版，第453页。

⑥ （清）王先谦：《释名疏证补》卷四，上海古籍出版社1984年版，第238页。

⑦ （汉）许慎：《说文解字》，中华书局1963年版，第156页。

⑧ （汉）许慎：《说文解字》，中华书局1963年版，第157页。

“冃冃同字，今字作帽。”朱骏声《说文通训定声》：“冃……从古文冃，小其饰也，今字作帽。”[①]又卜辞中有冕（蒙）字，其上作“冃”形，正宛似帽形，下口向内，乃所以束之，则帽形尤为逼真[②]。据此可知，帽当是先于冠冕的一种头衣，但魏晋以前，汉人所戴的帽还只是一种便帽，后来才逐渐成为正式的头衣。

体衣，即平常所说的上衣和下衣，也是服饰文化最主要的部分。古上曰“衣”，下曰“裳”，“衣”是上衣的最狭义的称谓。“衣”卜辞像领、两袖、襟之形，乃上衣之象形。上衣又有短、长之分。短上衣叫“襦”。《说文》：“襦，短衣也。从衣，需声。一曰羼衣。”[③]羼衣即暖衣，故《释名》上说：“襦，耎也，言温煗也。”[④]段玉裁也说：“襦之言濡也，犹襗之言泽也。”[⑤]襦也有短长之别，一般短而及腰者为短襦，亦称腰襦，长而及膝者为长襦，类似后来的短褂与长褂。“裋”“襡”即长襦之属，《说文》：“裋，竖使布长襦。”[⑥]乃童仆所服的粗布衣服。《广雅·释器》：“襡，长襦也。”字亦作“褔”。《释名》：“褔，属也，衣裳上下相联属也。”[⑦]“裋”“褔”“襦”实为同源字。与短襦相对的是深衣，亦称长衣、中衣。郑玄《礼记·深衣》注云：“名曰深衣者，谓连衣裳而纯之以采也。”《深衣》亦云：“短毋见肤，长毋被土。”[⑧]可见它是将上衣下裳连成一体，长及踝部。这就是后来的袍子。古人以袍为里衣，所以《礼记·丧大记》上说：“袍必有表（指罩衣），不禅（单衣）。”郑注：“袍，亵衣，必有以表之乃成称（套）也。”[⑨]任大椿《深衣释例》亦云：“盖袍为深衣之制，特燕居便服耳，故云亵衣。若无衣以表之则不成称。”据此可见，这种袍与后

---

① （清）朱骏声：《说文通训定声》，中华书局1984年影印本，第282页。

② 见胡厚宣：《甲骨文屘字说》，载《甲骨探史录》，生活·读书·新知三联书店1982年版，第36—68页。

③ （汉）许慎：《说文解字》，中华书局1963年版，第172页。

④ （清）王先谦：《释名疏证补》卷五，上海古籍出版社1984年版，第251页。

⑤ （清）段玉裁：《说文解字段注》，成都古籍书店1981年版，第418页。

⑥ （汉）许慎：《说文解字》，中华书局1963年版，第173页。

⑦ （清）王先谦：《释名疏证补》卷五，上海古籍出版社1984年版，第252页。

⑧ （清）阮元校刻：《十三经注疏·礼记正义》，中华书局1982年版，第1664页。

⑨ （清）阮元校刻：《十三经注疏·礼记正义》，中华书局1982年版，第1579页。

代的长袍大褂相类似，是单层贴身穿的“亵衣”。后来袍的意义发生了变化，如段玉裁所说：“古者袍必有表，后代为外衣之称。”[①]《释名·释衣服》：“袍，丈夫著，下至跗（按：脚背）者也。袍，苞也，苞内衣也。妇人以绛作，衣裳上下连，四起施缘，亦曰袍，义亦然也。”[②]以“苞内衣”来诠释“袍”，则袍非“亵衣”断无疑义。袍由“亵衣”演化为后来的朝服，则又袒示出服饰文化的一大变化。

袍尚有一义值得细审。《说文》：“袍，襺也。”“襺，袍衣也。……以絮曰襺，以缊曰袍。”[③]《礼记·玉藻》：“纩为茧，缊为袍。”郑注：“衣有著之异名也。纩，谓今之新绵也，缊，谓今纩及旧絮也。”[④]孙希旦集解：“新而美者为纩，恶而旧者曰缊，衣以纩著之者谓之茧，衣以缊著之者谓之袍。”[⑤]《说文》：“纩，絮也。”“缊，绋也。”“绋，乱枲（麻）也。”[⑥]综此可知，“袍”与“襺”浑言不分，析言有别。差别在于絮在衣服里子和面子之间的东西不同，絮新丝绵的叫“襺”，絮乱麻和旧丝绵的叫“袍”。这种袍相当于后来的长袄。一般说来，穿不起裘的穷人才穿袍。《论语·子罕》：“衣敝缊袍，与衣狐貉者立而不耻者，其由也与？”[⑦]可见穿袍、穿裘正有着贫富的差别。于是说“裘”。

“裘”即皮衣，但穿着上古今颇有差殊。这在“裘”的构形上亦莹然可观。“裘”甲骨文像毛朝外的皮衣之形，亦即“求”的本字。它形象地表明：古者衣裘，以毛为表。这一习俗在汉朝虽有改变，但裘毛之美者，仍以为表。《汉书·匡衡传》：“是有狐白之裘而反衣之也。”颜师古注：“反衣之者，以其毛在内也。”[⑧]可见，穿狐白（狐腋的白毛）之裘，汉时仍以毛为表。以毛为表，显然是沿袭了上古衣毛冒皮的习俗。后又“因”中有“革”，遂成新俗。达官贵

① （清）段玉裁：《说文解字段注》，成都古籍书店1981年版，第414页。

② （清）王先谦：《释名疏证补》卷五，上海古籍出版社1984年版，第258页。

③ （汉）许慎：《说文解字》，中华书局1963年版，第170页。

④ （清）王先谦：《释名疏证补》卷四，上海古籍出版社1984年版，第230页。

⑤ （清）孙希旦：《礼记集解》，中华书局1995年版，第802页。

⑥ （汉）许慎：《说文解字》，中华书局1963年版，第276—277页。

⑦ 杨伯峻：《论语译注》，中华书局1982年版，第95页。

⑧ （汉）班固撰，（唐）颜师古注：《汉书》，中华书局1962年版，第3332—3333页。

人在行礼或接见宾客时，要于裘的外面加一袖口较裘略短的罩衣，叫裼衣，否则便被视为不敬。裼衣和裘，颜色亦需相配。《论语·乡党》：“缁衣，羔裘；素衣，麑裘；黄衣，狐裘。”[①]平常家居，裘外不加裼衣。庶民百姓则多穿犬、羊裘，不加裼衣。

“褐”亦是体衣之一，为贫贱者所服。一般以为，“褐”是一种用兽毛或粗麻织成的粗劣的衣服。但若诉诸字源的考察，则又不尽然。《集韵·入声·曷》：“褐襛：粗衣，或从葛。”[②]《谷梁传·昭公八年》“以葛覆质”范宁集解：“葛或为褐。”《经典释文》正作“褐”。据此可见，“褐”本是“葛”，以其能成布制衣而加衣旁作“襛”，又省作“褐”。“褐”实际上是从“衣”从“葛”、“葛”省声的会意兼形声字。褐的最早原料应是葛，嗣后才指用兽毛或粗麻织成的粗布衣。因褐是卑者所服，故而“褐”或“褐夫”又用作卑贱者的代称。《左传·哀公十三年》：“旨酒一盛兮，余与褐之父睨之。”杜注：“褐，寒贱之人。”[③]《孟子·公孙丑上》：“视刺万乘之君，若刺褐夫。”[④]与“褐”相关的有“絺”。“絺”的初文是“希”，杨树达说：“絺为细葛，故希字从巾……从爻者，象葛缕交织稀疏之形。有希复有絺，乃后人别加义旁糸耳。”[⑤]有“希”复有“絺”，与有“葛”复有“襛”在构造上几乎是同一机杼。从意义上说，“絺”本指细葛布，引申则指细葛布衣服。《礼记·月令》：“是月也（指孟夏之月），天子始絺。”注：“初服暑服。”[⑥]天子尚且服絺，其佳于褐可知。无怪乎《诗经·周南·葛覃》中会出现“为絺为绤，服之无斁（厌）”的诗句。

古贫富之差、贵贱之别，不仅表现在衣服制作的精粗、制料的优劣上，同时也体现在“染衣题识”上。《说文》：“卒，隶人给事者衣，为卒。卒衣有题识者。”[⑦]段玉裁注：“衣有题识，如《左传》云：‘叔孙氏之甲有物。’杜云：

① 杨伯峻：《论语译注》，中华书局1982年版，第100页。

② （宋）陈彭年等：《集韵》，中华书局1988年版，第196页。

③ 杨伯峻：《春秋左传注》，中华书局1981年版，第1679页。

④ （清）阮元校刻：《十三经注疏·孟子注疏》，中华书局1982年版，第2685页。

⑤ 杨树达：《积微居小学述林》，中华书局1983年版，第45页。

⑥ （清）孙希旦：《礼记集解》，中华书局1995年版，第483页。

⑦ （汉）许慎：《说文解字》，中华书局1963年版，第173页。

‘物，识也。’‘衜’字下云：‘若今救火衣。’《周礼·司常》注云：‘今亭长著绛衣。’此亭卒以染衣题识之证也。从一者，象题识也。”[①]朱骏声《说文通训定声》亦云：“今兵役民壮以绛缘衣有题识‘勇’‘壮’字样，此其遗制也。”[②]程树德《说文稽古篇》：“今日本商贾及工人，衣俱有题识，盖犹沿中土旧俗。”[③]可知题识之俗传承甚久，亦流布很广。在《说文》中，与“卒”相次的是“褚”。“褚”，卒也，从“衣”，“者”声。《方言》第三：“楚、东海之间……卒谓之弩父，或谓之褚。”郭璞注：“言衣赤也。褚音赭。”可见，古兵卒之称正缘于穿赭色之衣。又“褚”的同源字是“帾”。《广韵》：“帾，标记物之处也。”钱绎笺疏：“标记物处谓之帾，卒衣有题识谓之褚，义亦同也。”[④]汉字形义相发、音义相涵，适与民俗文化互参，于此又得一绝好的例证。

下衣，古代有“裳”“绔”“裈”等之分。“裳”，亦写作“常”。《说文》：“常，下裙也。”[⑤]可见“裳”就是裙。字从“衣”，取其为衣之属；从“巾”者，取其方幅也（依段玉裁说）。《释名》：“裳，障也，所以自障蔽也。”[⑥]可见其作用是保护、遮蔽自身。古代编织工具简陋，布的幅面很狭，故而下裳实际上是以几块狭幅布横并起来的，形如一幅腰围，正如郑玄《仪礼·丧服》注中所说：“凡裳，前三幅后四幅也。”[⑦]古女子穿裙，男子亦然。《诗·魏风·葛屦》：“可以缝裳。”笺：“男子之下服。”[⑧]后来这种穿着习俗发生了很大的变化，女子以裙为裳服，而男子则多穿袍靴，或穿裤子。但在正式朝贺或祭祀大典时，仍旧是上衣下裳，作为朝服。直到清朝，朝服还是有裙子的。

“裤”，古写作“袴”“绔”。《说文》：“绔，胫衣也。”[⑨]段玉裁云：“绔，今

① （清）段玉裁：《说文解字段注》，成都古籍书店1981年版，第421页。

② （清）朱骏声：《说文通训定声》，中华书局1984年版，第629页。

③ 程树德：《说文稽古篇》，商务印书馆1957年版，第57页。

④ （清）钱绎：《方言疏证》卷三，上海古籍出版社1984年版，第176页。

⑤ （汉）许慎：《说文解字》，中华书局1963年版，第159页。

⑥ （清）王先谦：《释名疏证补》卷五，上海古籍出版社1984年版，第245页。

⑦ （清）阮元校刻：《十三经注疏·仪礼注疏》，中华书局1982年版，第1125页。

⑧ （清）阮元校刻：《十三经注疏·毛诗正义》，中华书局1982年版，第357页。

⑨ （汉）许慎：《说文解字》，中华书局1963年版，第275页。

所谓套裤也。”[①]可见，古代的裤没有前后裆，只有两个裤筒，套在腿上，上端以绳带系于腰间。从字形言，其形旁或从“糸”，或从“衣”，显然一指制料，一取衣之属；从字音者，“袴”“绔”“胯”“跨”乃鱼部叠韵，属同源字，则“袴”又显然是指“胯”之服。“袴”，主要是起御寒作用的。《太平御览》卷六九五《服章部》第十二引《列士传》：“冯援（按：即冯谖）经冬无袴，面有饥色。”又引《高士传》：“孙略冬日见贫士，脱袴遗之。”古有裆的裤子叫“裈”，亦写作“㡓”，或叫作“幒”。《释名·释衣服》：“裈，贯也，贯两脚，上系要（腰）中也。”[②]《说文》：“㡓，幒也……裈，㡓或从衣。”[③]段玉裁注：“自其浑合近身言曰㡓，自其两袒（按：裤管）孔穴言曰幒。”[④]

古下衣除“绔、裤”之外，还有“蔽膝”，顾名思义，这是一种遮蔽大腿至膝的服饰。《说文》：“巿，韠也。上古衣蔽前而已，巿以象之……从巾，象连带之形。”[⑤]“巿”又作“芾”。《诗·小雅·采菽》：“赤芾在股，邪幅在下。”笺：“芾，太古蔽膝之象也。”《正义》引《乾凿度》注云：“古者田（畋）渔而食，因衣其皮，先知蔽前，后知蔽后。后王易之以布帛，而犹存其蔽前者，重古道，不忘本也。”字又作“韨”。《释名·释衣服》：“韨，韠也。”[⑥]又作“帗”。《说文》：“帗，一幅巾也。”[⑦]又作“黻”。《论语·泰伯》：“恶衣服而致美乎黻冕。”朱熹注：“黻，蔽膝也，以韦为之。”又作“绂”“绋”。《易·困》：“朱绂方来。”《白虎通·绋冕》：“绋者何谓也？绋者蔽也，行以蔽前者尔。”又音转为“韠”。《释名·释衣服》：“韠，蔽膝也，所以蔽膝前也。”[⑧]而“韠”亦即“蔽膝”的合音字。由此可知，“巿”“芾”“韨”“帗”“黻”“绋”“绂”“韠”诸字，本由一音一义衍生。训“一幅巾”者言其体也，训“蔽膝”者言

① （清）段玉裁：《说文解字段注》，成都古籍书店1981年版，第416页。
② （清）王先谦：《释名疏证补》卷五，上海古籍出版社1984年版，第260页。
③ （汉）许慎：《说文解字》，中华书局1963年版，第159页。
④ （清）段玉裁：《说文解字段注》，成都古籍书店1981年版，第380页。
⑤ （汉）许慎：《说文解字》，中华书局1963年版，第160页。
⑥ （清）王先谦：《释名疏证补》卷五，上海古籍出版社1984年版，第250页。
⑦ （汉）许慎：《说文解字》，中华书局1963年版，第158页。
⑧ （清）王先谦：《释名疏证补》卷五，上海古籍出版社1984年版，第260页。

其用也，作“市”者状其形貌也，从“韦”者言其质地也，从“黹”者知其乃“致美”的结果，而言“蔽前”者则明其由来之久远。因此，所谓“蔽膝”实际上是上古遮羞物的遗制，其形制正类似于今天的围裙。差别仅在于：蔽膝稍窄，且要长到能“蔽膝”；并不似围裙那样直接系在腰上，而是拴在大带上。于此又不难看出，汉字其形其音其义的交流互映，确实大益于民俗文化的考察。

足衣，即指鞋、袜之类。先看鞋类。段玉裁《说文解字段注》：“古曰屦，今曰履；古曰履，今曰鞵（鞋），名之随时不同者也。”[①]朱骏声《说文通训定声》亦云：“汉以前，复底曰舄，襌底曰屦；汉以后曰履，今曰鞵。”[②]可见，“屦”是先秦鞋子的通称，“履”是汉代鞋类的统称，“鞵”是后代鞋子的诨称。在此通称下，又有各种性质的鞋，如屦是单底鞋，舄是复底鞋，蹝、屩是草鞋，鞮是皮鞋，屐是木履等。其中屦有草、麻、皮制三种。《说文》：“屦，履也，一曰鞮也。”[③]葛屦是夏天所穿，皮屦则是冬天所着。用麻织屦时，要边编边砸，使之坚实耐用。《孟子·滕文公上》：“捆屦织席以为食。”赵岐注：“捆，犹叩椓也，织屦欲使坚，故叩之也。”[④]后世做鞋则用“楥”。《说文》：“楥，履法也。”徐锴释曰：“织履中模范也。”[⑤]《说文义证》引赵宧光曰：“《方言》谓鞵工木胎为楥，今俗谓之鞋楦。”[⑥]段玉裁也说：“楥，今鞋店之楦也。楥、楦正俗字。”[⑦]此二字从木，取其以木为之。又《广雅·释诂》：“楥，法也。”王念孙《疏证补正》：“楥犹宪也。《管子·宙合篇》云：‘迹，求履之宪。’宪、楥语之转耳。”然尹知章注云：“宪，法也。拟迹而求履法，履法可得。”“宪”为履法，正“楥”之假借。借“宪”为“楥”可窥中国人具象、类比的思维心理，其意义自非服饰文化所能涵括。据此又可看出，汉字形音义的多重指涉，

① （清）段玉裁：《说文解字段注》，成都古籍书店1981年版，第426页。

② （清）朱骏声：《说文通训定声》，中华书局1984年版，第352页。

③ （汉）许慎：《说文解字》，中华书局1963年版，第175页。

④ （清）阮元校刻：《十三经注疏·孟子注疏》，中华书局1982年版，第2705页。

⑤ （汉）许慎：《说文解字》，中华书局1963年版，第123页。

⑥ （清）桂馥：《说文解字义证》，上海古籍出版社1987年版，第504页。

⑦ （清）段玉裁：《说文解字段注》，成都古籍书店1981年版，第278页。

对多角度地探测民俗文化是不无助益的。

准此，我们再来考察“履”。“履”，本是个会意字，从“尸”者，人之象也；从“舟”者，履之形也；从“彳”“夂”者，谓行也。合起来的意象是人着鞋而行，其本义即是行。徐灏《说文解字注笺》：“履，践也，行也，此古义也。”后由动词引申为名词，指“所以践之具”（朱骏声），亦即鞋子。履又有有跟、无跟之别。《说文》：“靸，小儿履也。……读若沓。”[①]桂馥《说文义证》云：“小儿履，履之无跟者也。”又引《辍耕录》：“西浙之人，以草为履而无跟，名曰靸鞵。”[②]靸鞋，今人写作拖鞋。显然“拖”是“沓”之音转，“靸”亦当读为“撒”。古又有“屟”，亦作“屧”。《说文》：“屟，履中荐也。”[③]段注：“即今妇女鞋下所施高底。”[④]

从字音上看，“履”“礼”同属来母脂部，意义亦相关涉，显系同一语源。《尔雅·释言》：“履，礼也。”郭璞注：“礼可以履行。”郝懿行疏：“履训礼者，《祭义》云：‘礼者，履此者也。’《仲尼燕居》云：‘言而履之，礼也。’《坊记》云：‘履无咎言。’皆以履为礼也。”《说文解字注笺》亦云：“履、礼古同声，故履通作礼。履之言礼也，礼之亦言履也。”这种“履”“礼”同源现象表明，礼自其本来意义而言，是极富世俗色彩的，它不务高深，就在“足下”。也许恰因“履”与“礼”通，才会出现“椴”与“宪”（法）通，其间的“秘响旁通”，又何尝不是民俗文化的“伏采潜发”?!

我们再从“袜”字中寻找新的启示，“袜”，本写作“韈”“韤”。《说文》：“韈，足衣也。从韦，蔑声。”[⑤]《释名·释衣服》：“韈，末也，在脚末也。”[⑥]字从“韦”，与“韤”之从“革”，其义一也，表明它是皮做成的，正如顾炎武所说，古人之“韤”，大抵以皮为之。正因如此，“韈”在古代又可写作“妺”。从声音上说，“韈”以“蔑”为声符，但声中有义。杨树达说：“末蔑古音同，

① （汉）许慎：《说文解字》，中华书局1963年版，第61页。

② （清）桂馥：《说文解字义证》，上海古籍出版社1987年版，第233页。

③ （汉）许慎：《说文解字》，中华书局1963年版，第174页。

④ （清）段玉裁：《说文解字段注》，成都古籍书店1981年版，第425页。

⑤ （汉）许慎：《说文解字》，中华书局1963年版，第113页。

⑥ （清）王先谦：《释名疏证补》卷五，上海古籍出版社1984年版，第260页。

足谓之末，故衣足之韈谓之韈，非谓脚末也。”[1]正因“韈”受义于末（足），故其异体字多以“末”为声，如“絉”“妺”“袜”等，它们均表受名之义。嗣后，袜的制料发生了变化，由原先的皮制改为帛制，因此，“韈”又作“絉”。《淮南子·说林训》：“钩之缟也，一端以为冠，一端以为絉。”[2]《汉书·礼仪志》亦有“绛袴絉”，可知汉朝时，“韈”已有以丝为之者。这些文献资料和“絉”之从“糸”恰有互见之妙。

装饰不仅可用以美化自身外形，还可借以标志身份地位。因此，古人十分重视自身的装饰，并逐渐形成丰富多彩的装饰文化。装饰有头饰、衣饰、鞋饰三类，现取其前二者，从文字上略加考辨。

古人对头发极其看重，故“发”有“根”之释（《说文》），亦有“肾之华在发”“血之荣以发”[3]的说法。既如此看重，自然就不剪不剃而留全发。在此基础上，自然就形成了相当完备的饰首之制。《淮南子·齐俗训》：“三苗髽首，羌人括领，中国冠笄，越人劗发。”此正所谓“华戎所分，莫不于发取辨焉。”[4]冠、冕之制已揭之于前，这里谈笄。《说文》：“笄，簪也。”[5]《释名》：“笄，系也，所以系冠使不坠也。”[6]它实际上有两种，一是冠、冕、弁之笄，惟男子有之，如《仪礼·士冠礼》中的“皮弁笄”“爵弁笄”即属此类。另一类为安发之用，如朱骏声所说：“髻内安发之笄，男女皆有之。《礼记·内则》：‘栉縰笄总。’……《晋语》：‘折委笄。’此男子安发之笄也。……《郑语》：‘既笄而孕’……此皆女子安发之笄也。”[7]从构形上说，“笄”从“竹”，表明它本以竹为之。后来讲究的，亦有用象牙为之者。《谷梁传·僖公九年》范注：“吉笄，以象为之，刻镂其首以为饰，成人著之。”[8]正因它是“成人著之”，故

① 杨树达：《积微居小学述林》，中华书局1983年版，第12页。

② 何宁：《淮南子集释》，中华书局1998年版，第1182页。

③《康熙字典》亥集上“发”字条引，成都古籍书店1980年版。

④（明）张煌言：《张苍水集·送冯生归天台序》，中华书局1959年版，第39页。

⑤（汉）许慎：《说文解字》，中华书局1963年版，第96页。

⑥（清）王先谦：《释名疏证补》卷五，上海古籍出版社1984年版，第231页。

⑦（清）朱骏声：《说文通训定声》，中华书局1984年版，第574页。

⑧（清）阮元校刻：《十三经注疏·春秋谷梁传注疏》，中华书局1982年版，第2395页。

可用以表示成人的一种象征物。“夫”，小篆像端然正立的人形，其上之“一”，乃象笄之形。其本义就表示成年男子。笄，又是女子成年之礼。《仪礼·士昏礼》：“女子许嫁，笄而醴之称字。”注：“笄，女之礼，犹冠男也。”[①]从字音上看，“笄”与“髻”“结”脂质对转，属同源字。《太平御览》引《说文》：“髻，结发也。”《楚辞·招魂》：“激楚之结。”注：“结，头髻也。”结发须用笄，故“笄”“髻”同源。“笄”是古代的称谓，汉时则曰“兂”“簪”。《说文》：“兂，首笄也。从人，匸象簪形……簪，俗兂，从竹从朁。”[②]《释名》：“簪，兓也，以兓连冠于发也。”[③]据此可知，兂是象形字，象人首戴簪之形。簪是形声字，从竹，朁声；亦是兂的俗字。因簪末尖锐，故合二兂为兓，表锐之意。段玉裁说：“凡俗用铁尖字，即兓字之俗。”[④]《释名》以“兓”训“簪”，亦取锐意。簪，后又演变成钗。段玉裁说：“兂必有岐，故又曰叉，俗作钗。《释名》曰：‘叉，枝也，因形名之也。’”[⑤]《玉篇·金部》：“钗，妇人岐笄也。”[⑥]据此又可知，钗实际上是两个细尖的簪（很像叉子）。簪、钗多以竹为之，故簪字从竹；亦有以骨为之者，故钗又可写作叙。更讲究的，则以玉为之。南朝宋谢惠连《捣衣》诗：“簪玉出北房，鸣金步南阶。”李善注引《魏台访议》云：“以玉为笄也。”

古人既留全发，则又有梳栉的必要。《说文》：“栉，梳比之总名也。”“笸，取虮比也。从竹，叵声。”[⑦]《史记·匈奴传》索隐引《苍颉篇》：“靡者为比，粗者为疏。”[⑧]《急就篇》颜师古注：“栉之大而粗所以理鬓者谓之疏，言其齿稀疏也；小而细所以去虮虱者谓之比，言其齿密比也。梳从木，以木为之，笸

① （清）阮元校刻：《十三经注疏·仪礼注疏》，中华书局1982年版，第970页。
② （汉）许慎：《说文解字》，中华书局1963年版，第177页。
③ （清）王先谦：《释名疏证补》卷五，上海古籍出版社1984年版，第236页。
④ （清）段玉裁：《说文解字段注》，成都古籍书店1981年版，第430页。
⑤ （清）段玉裁：《说文解字段注》，成都古籍书店1981年版，第430页。
⑥ 《汉语大字典》，湖北辞书出版社、四川辞书出版社1993年版，第4492页。
⑦ （汉）许慎：《说文解字》，中华书局1963年版，第121，96页。
⑧ （汉）司马迁撰，（宋）裴骃集解：《史记》，中华书局1982年版，第2898页。

从竹，以竹为之。”[①]王筠《说文句读》“笸”下云：“笸者古名，比者汉名；比者汉字，篦者六朝字也。”[②]综此可见，“栉”是“梳”“比”的统称，齿疏的叫“梳”，密的叫“比”“篦”。“栉”之言“节”也，言其齿相节次也；“梳”之言“疏”也、“粗”也，言其齿疏而粗也；“篦”之言“比”也、“密”也，言其齿密而细也。而“笸”则是密齿可用来梳除虮虱的篦子。今人于省吾根据罗振玉《殷墟古器物图录》著录的一件骨制梳篦，形制与商代“笸”字相仿，再辅以相关的文字、训诂资料，又得出新的论断：“要之，以古文字古器物证之，知‘叵’本象梳比之形。古文字有‘叵’无‘梳’，则梳乃后起分别之名。后世之‘叵’，以竹为之，故《说文》作‘笸’。”[③]据此则可知，笸乃古名，其初形为叵。

古人重留全发，故以发之黑、稠、长为美。《说文》：“㐱，稠发也。从彡，从人。”[④]从“彡”者，正取发多之义。“㐱”又作“鬒”，与“稹、缜、槙”同源，均有稠密义。“鬒”，《左传·昭公二十八年》作“黰”，杜预注：“美发为黰。”[⑤]字从“黑”者，即取黑发为美。古人既重留全发，并以发黑、发稠、发长为美，倘有生就的秃顶或发脱落者，为了要跟受髡刑的犯人相区别，同时也为了美观，自然就需要假发。《说文》：“鬄，髲也。从髟，易声。髢，鬄或从也声。”“髲，鬄也。从髟，皮声。”[⑥]“益发”者，言人发少，聚他人之发以益之，亦即假发。“鬄”从“易”者，杨树达以为实“假易为益”[⑦]，故“鬄”也是益发之义。古有剔贱者、刑者之发而为假发的习俗。这一习俗体现于文字，就出现了“剔”“鬄”“髢”语出同源（透定旁纽，锡部叠韵）而义涵二面（一为剔发，一为益发）的现象。《诗·鄘风·君子偕老》：“鬒发如云，不屑髢也。”不屑髢也，意谓自己发稠如云，不屑益发为髻。可见当时用髢者已很普

① （汉）史游著，（唐）颜师古注：《急就篇》，四部丛刊续编景明钞本。

② （清）王筠：《说文句读》第2册，中国书店1983年版，第5页。

③ 于省吾：《甲骨文字释林》，中华书局1979年版，第67页。

④ （汉）许慎：《说文解字》，中华书局1963年版，第185页。

⑤ （清）阮元校刻：《十三经注疏·春秋左传正义》，中华书局1982年版，第2118页。

⑥ （汉）许慎：《说文解字》，中华书局1963年版，第185页。

⑦ 杨树达：《积微居小学金石论丛》，中华书局1955年版，第4页。

遍。史载陶侃母截发卖以治馔款客，就是生动的一例。

颈饰也属头饰之一，求诸有关的汉字，我们亦可欣然有得。《说文》：“贲，饰也。从贝，卉声。”“賏，颈饰也。从二贝。”[①]段玉裁注：“骈贝为饰也。”[②]朱骏声以为婴实与賏同。《说文》：“婴，颈饰也。从女、賏。”[③]可见，古代女子有骈贝于颈以为饰的习俗。这一习俗，后世犹存，但多见于四鄙“蛮夷”。《说文义证》“賏”下注：“蛮夷连贝为缨络是也。”[④]《后汉书·东夷传》亦云：“（马韩人）不贵金宝锦罽……唯重璎珠，以缀衣为饰，及县颈垂耳。”[⑤]而中原女子一般以珠玉珍宝为颈饰。《荀子·富国》：“辟之是犹使处女婴宝珠，佩宝玉，负戴黄金而遇中山之盗也。”杨倞注：“婴，系于颈也。”又“賏”“婴”的同源字是“璎”。《广韵》：“璎，璎珞。”璎珞是串珠玉而成的装饰物，多用为颈饰。因其是串珠玉、系于颈，故而又可写作“缨络”。

贝既是饰颈之物，自然也就成了财富的象征。“寶”（宝）中有“玉”有“贝”，表明二者地位相当，同为“宝”物；“得”甲金文从“贝”从“手”，表示得到财富。进此，贝又用作货币。《说文》：“贝，海介虫也……古者货贝而宝龟，周而有泉，至秦废贝行钱。”[⑥]汉字中从贝之字甚多，大多与财富有关。然而，贝作为货币的历史毕竟是短暂的。随着这段历史的消逝，它留给人仅仅是一段往日的回念，在实际生活中，它以往的显赫已消失殆尽，这，或许正是中原女子不再以贝为颈饰的深刻的缘由吧！

当我们再来审视“宝”字的时候，我们一面感到的是贝的消失，一面则感到玉的长存。玉确实是“中国古代人美感的最佳代表”[⑦]。“我们只要把《说文

① （汉）许慎：《说文解字》，中华书局1963年版，第130—131页。

② （清）段玉裁：《说文解字段注》，成都古籍书店1981年版，第300页。

③ （汉）许慎：《说文解字》，中华书局1963年版，第262页。

④ （清）桂馥：《说文解字义证》卷十八，上海古籍出版社1987年版，第544页。

⑤ （南朝宋）范晔撰，（唐）李贤等注：《后汉书》，中华书局1965年版，第2819页。

⑥ （汉）许慎：《说文解字》，中华书局1963年版，第129页。

⑦ 李长之：《释美育并论及中国美育之今昔及其未来》，《苦雾集》，商务印书馆1944年版，第55页。

解字》玉部字检查一下，就知道在那个社会里，就是玉的世界了。”[①]让我们稍稍凝聚目力，去探视一下古人身上的“玉”的世界。

《礼记·玉藻》：“古之君子必佩玉”，“君子无故，玉不去身。”孔颖达正义：“玉谓佩也。”[②]《说文》：“佩，大带佩也。从人从凡从巾。”[③]段玉裁注：“大带佩者，谓佩必系于大带也……从人者，人所以利用也。从凡者，所谓无所不佩也。从巾者，其一耑（古端字）也……俗作珮。”[④]可见，“佩”作动词，指系物于衣带；作名词，则指系于衣带上的饰物。常见的饰物有珠、玉、容刀、帨巾等，其中以玉最为重要，因此佩可写作“珮”。佩玉又叫德佩，因“君子于玉比德焉。”[⑤]佩玉，还可称杂佩，此是缘于所佩之玉非一也。《诗·郑风·女曰鸡鸣》：“知子之来之，杂佩以赠之。”毛传：“杂佩者，珩、璜、琚、瑀、冲牙之类。”[⑥]朱熹亦云：“杂佩者，左右佩玉也。”[⑦]每套佩玉都用丝绳系联着。上端是一枚弧形的玉，叫“珩”（朱骏声云：“珩，佩首横玉，所以系组。”“珩”与“横”同源）；珩的两端各悬一枚半圆形的玉，叫“璜”（“璜”与“珩”、“横”亦同源，故《白虎通·瑞贽》云：“璜者，横也。”）；中间两缀有片玉，长博而方者曰“琚”，石之似玉者曰“瑀”；两璜之间悬一枚两端皆锐的玉，叫“冲牙”。走路时，冲牙与两璜相触，发出铿锵悦耳的声音。所谓“佩玉将将”（《诗·郑风·有女同车》，孔颖达疏作“锵锵”）正是对这种悦耳之声的拟词。古君子行则鸣佩玉，下车以佩玉为度，故“珩”从“玉”从“行”，正表示以玉节行止之义。《说文》：“珩，佩上玉也。所以节行止也。”[⑧]段玉裁注：“（珩）从玉行者，会意。所以节行止也者，谓珩所以节行止。故字从玉行，发明会意之恉也。《周语》：‘改玉改行。’注：‘玉，佩玉，所以节

① 徐中舒：《论巴蜀文化》，四川人民出版社1982年版，第122—123页。

② （清）阮元校刻：《十三经注疏·礼记正义》，中华书局1982年版，第1482页。

③ （汉）许慎：《说文解字》，中华书局1963年版，第161页。

④ （清）段玉裁：《说文解字段注》，成都古籍书店1981年版，第388页。

⑤ （清）阮元校刻：《十三经注疏·礼记正义》，中华书局1982年版，第1482页。

⑥ （清）阮元校刻：《十三经注疏·毛诗正义》，中华书局1982年版，第340页。

⑦ （宋）朱熹：《诗集传》，上海古籍出版社1980年版，第51页。

⑧ （汉）许慎：《说文解字》，中华书局1963年版，第11页。

行步也。'此字行亦声。"[①]

古人佩玉之属，还有“环”“玦”。《说文》：“環（环），璧也，肉好若一谓之环。从玉，瞏声。”[②]可知环乃环形玉，中心有孔，其当中空心（好）的直径与四周玉（肉）的宽度相等。它本是贵族身上的一种佩玉。《礼记·经解》：“行步则有环佩之声。”[③]《汉书·隽不疑传》：“不疑冠进贤冠，带櫑具剑，佩环玦，褒衣博带，盛服至门上谒。”[④]但后代多指妇女的佩饰。阮籍《咏怀》：“交甫怀环佩，婉娈有芬芳。”杜甫《咏怀古迹》：“画图省识春风面，环佩空归月夜魂。”从语音上看，“环”与“还”同音，“回”与“环”微元旁转，显然是同源字。因此，古人常以“环”寓“还”义，如段玉裁所说：“古者还人以环。”这与“玦”的寓意恰好相映成趣。《说文》：“玦，玉佩也。从玉，夬声。”[⑤]《广韵》：“玦，佩如环而有缺。”古水缺为“决”，器缺为“缺”，门缺为“阙”，均与“玦”同源，故“玦”即是玉缺，也就是“如环而有缺”。正因玦形制有“缺”，音又同“决”，故而古时常用以赠人表示决断、决绝。《左传·闵公二年》：“（卫懿）公与石祁子玦。”注：“玦，玉玦，示以当决断。”[⑥]此俗相沿甚久，且不以君臣为限。《孔丛子·杂训》：“子产死，郑人丈夫舍玦珮，妇女舍珠瑱，巷哭三月，竽瑟不作。”这是以玦示诀别。《史记·项羽本纪》：“范增数目项王，举所佩玉玦以示之者三。”这是以玦示决断。又《三国志·魏志·袁绍传》注引《汉晋春秋》审配与袁谭书：“若必不悛，有以国毙……愿将军详度事宜，锡以环玦。”[⑦]此又以环玦示取舍、去就之义。

① （清）段玉裁：《说文解字段注》，成都古籍书店1981年版，第14页。

② （汉）许慎：《说文解字》，中华书局1963年版，第11页。

③ （清）阮元校刻：《十三经注疏·礼记正义》，中华书局1982年版，第1610页。

④ （汉）班固撰，（唐）颜师古注：《汉书》，中华书局1962年版，第3035页。

⑤ （汉）许慎：《说文解字》，中华书局1963年版，第11页。

⑥ （清）阮元校刻：《十三经注疏·春秋左传正义》，中华书局1982年版，第1787页。

⑦ （晋）陈寿，（宋）裴松之注：《三国志》，中华书局1959年版，第204—205页。

第二节　汉字与饮食

饮食，包括食物和饮料两部分。但有关它们的加工、制作及食用的民俗却是丰富多彩的。中国素以饮食文化驰名于世，因而，饮食民俗更是美不胜收。汉字中储藏了大量这方面的信息。这里谈几点。

一、主　食

我国以农立国，由来尚矣。早在殷商时，粮食作物就成了先民的主食，并相沿传承至今。检索甲骨文字，我们可以清晰见出当时农作物的栽培、收获、储存、加工的完整过程。如“艺”，像人奉农作物而植之[①]；“年”，像谷物收成之状；“廪”，像谷物储存之形；“秦”，则摹写奋力舂禾的情形。这一幅幅生动的图景，似乎昭示我们，这个时期已然步入了农业社会，人们的食物以粮食为主。粮食作物，古代有五谷、六谷和百谷之称。一般认为五谷包括黍、稷、

① 姜亮夫：《古文字学》，浙江人民出版社1984年版，第75页。

麦、菽、麻，五谷加上稻便是六谷。百谷无非是粮食的统称。

黍，今称黍子，又叫黄米，籽粒黄色，富于黏性。《说文》上说："黍，禾属而黏者也。以大暑而种，故谓之黍。从禾，雨省声。孔子曰：黍可为酒，禾入水也。"[①]甲骨文中，黍字最为习见（其构形有加"水"和不加"水"两种写法，均能扣住它散穗的特点），其他谷类多则数十见，少则数见或一见。据此可知，它是商代的主要谷类作物，当为平民的主要食粮[②]。嗣后，其地位一直很高，仅次于稷。《论语·微子》中，载荷蓧丈人"杀鸡为黍"款待子路，可见黍是用以待客的上等食粮。

稷是谷子，脱壳后称小米。《说文》："稷，齋也，五谷之长。从禾，畟声。"[③]"齋，稷也。从禾，亝（齊）声。粢，齋或从次。"[④]据文字学家考证，"齋"乃"稷"之初文，"稷""粢"都是它的后起的异体字。在甲骨卜辞中，有大量的以馨香之齋为祭品的记录，而且登齋的次数大大超过登黍，足见它在祭品中占有比黍更为重要的地位。后来，"稷"被用来指称田官[⑤]，被尊为"五谷之长"，又被视为"谷神"，与社（土神）一起合称"社稷"，作为国家的代称，足见其地位之隆盛。

麦是大麦、小麦的统称。大麦叫"麰"，从"麦"表其义，从"牟"标其音。小麦叫"来"，甲骨文是个象形字，文字学家张哲认为，其构形活脱脱一小麦之形。从声音上看，"来"与"麦"来明旁纽，之职旁转，显然是同源字。《诗·周颂·臣工》："於皇来牟。"《诗·周颂·思文》："贻我来牟，帝命率育。"其意是说，天帝赐我大麦与小麦，命武王循始祖、育万民、承功业。"来""麰"进入神话传说，并与周之延续、扩大联系起来，足见它和人们的生活关系极为密切。

---

① （汉）许慎：《说文解字》，中华书局1963年版，第146页。

② 于省吾：《甲骨文字释林》，中华书局1979年版，第249页。

③ （汉）许慎：《说文解字》，中华书局1963年版，第144页。

④ （汉）许慎：《说文解字》，中华书局1963年版，第144页。

⑤ 《左传·昭公二十九年》："稷，田正也。"孔颖达疏："正，长也，稷是田官之长。"《国语·周语上》："昔我先王世后稷，以服事虞夏。"韦昭注："稷，官也。"又云："民之大事在农，是故稷为大官。"

菽，本指大豆，引申为豆类的总称。《说文》：“尗，豆也。象尗豆生之形也。”[①]段玉裁注：“尗、豆古今语。”[②]王筠《文字蒙求》：“尗，菽之古文。初生曲项，故上曲；一，地也；下，其根也，则所谓土豆也。”[③]“叔”从“又”（手），从“尗”，“尗”亦声，谓以手拾豆[④]。《诗·小雅·小宛》：“中原有菽，庶民采之。”可见食菽的习俗由来已久。

麻，古专指大麻，因其籽可食，故列为五谷之一。麻籽或叫“苴”，《诗·豳风·七月》：“九月叔苴。”“苴”即麻籽。麻籽煮粥，比较难吃，因此多为穷人所食，《七月》中的统治者即以“苴”来“食我农夫”。可见它能果腹充饥，甚至成了农民们的主要食物之一。

稻，一般指水稻。《说文》：“稻，稌也。从禾，舀声。”[⑤]近人杨树达认为，“稻之为言卣也。”[⑥]《说文》：“卣，草木实垂卣卣然。象形……读若调。”[⑦]“卣”“舀”古音同，故借“舀”为“卣”；稻从“禾”，禾穗下垂，与“卣”之“草木实垂”义正相吻合。考古资料表明，我国长江流域及其以南的原始居民，已掌握了水稻的种植技术，稻也逐渐成为我国的主要粮食作物之一。《诗·周颂·丰年》：“丰年多黍多稌，亦有高廪，万亿及秭。”“多黍多稌（稻）”乃至“万亿及秭”，这便是古人心目中的“丰年”。

上述粮食作物制成的食品很多，汉字对此也多有揭明，此举两例。“糗”，古代指干粮。《左传·哀公十一年》“进稻醴粱糗”句杜注：“糗，干饭也。”[⑧]《仪礼·燕礼记》“有内羞”郑注“糗饵粉餈”陆德明《释文》：“糗，干食屑也。”[⑨]可见，“糗”是炒熟的米、麦等谷物，炒熟后再舂或碾成粉也叫“糗”。

① （汉）许慎：《说文解字》，中华书局1963年版，第149页。

② （清）段玉裁：《说文解字段注》，成都古籍书店1981年版，第356页。

③ （清）王筠：《文字蒙求》，中华书局1983年版，第20页。

④ 杨树达：《积微居小学述林》，中华书局1983年版，第156页。

⑤ （汉）许慎：《说文解字》，中华书局1963年版，第144页。

⑥ 杨树达：《积微居小学述林》，中华书局1983年版，第12页。

⑦ （汉）许慎：《说文解字》，中华书局1963年版，第143页。

⑧ 宗福邦、陈世铙、萧海波主编：《故训汇纂》，商务印书馆2003年版，第1706页。

⑨ 宗福邦、陈世铙、萧海波主编：《故训汇纂》，商务印书馆2003年版，第1706页。

“糗”亦作“麵”“麨”。《玉篇·麦部》：“麵，糗也。”[1]王念孙云：“麵、糗声相近，犹今人言炒也。”[2]《本草纲目·谷四·麨》更就形、音以言义：“麨以炒成，其臭（味）香，故糗从臭，麨从炒省也。”古焙与炒方式相近，因此，“糗”也可称作“糒”。《公羊传·昭公二十五年》：“敢致糗于从者。”何休注：“糗，糒也。”[3]《后汉书·隗嚣传》：“嚣病且饿，出城餐糗糒，悲愤而死。”“糗”“糒”同义连文。故王念孙云：“糗、糒，皆干也。糗之言炒，糒之言㷶也。”[4]可知，“糗”与“糒”正类似于后来的炒米、炒玉米等。

我们再来看饼。《墨子·耕柱》：“见人之作饼，则还然窃之。”[5]可见战国时已有吃饼的习俗。但何谓饼？饼的制作与现在有何差异？求之于汉字的考索，我们就不难明白。《说文》：“饼，面餈也。”[6]段玉裁注：“面餈者，饼之本义也。”[7]《说文》：“餈，稻饼也。”[8]又：“䰞，粉饼也。”重文作“饵”。段玉裁注：“盖谓餈者，不粉之稻米为饼；饵者，稻米粉之为饼。”[9]孙诒让《天官·笾人》“糗饵粉餈”句下疏云：“依许书，则米屑所为曰饵，麦屑所为曰饼，不屑之米所为曰餈。”综合起来看，可知“饼”乃面制食品的总称。“饼”从“食”者，取其为食品之属；从“并”者，声兼义。《释名·释饮食》：“饼，并也，溲麦使合并也……蒸饼、汤饼、蝎饼、髓饼、金饼、索饼之属，皆随形而名之也。”[10]可见，“饼”之从“并”，正取其使面粉和水成团之义。其种类则不以上所列举为限。明周祈《名义考》卷十二：“凡以面为食具者，皆谓之饼。以火炕曰炉饼；有巨胜曰胡饼，汉灵帝所嗜者，即今烧饼；以水瀹曰汤饼，亦曰煮饼，束皙云‘玄冬为最’者，即今切面；蒸而食者曰蒸饼，又

① 宗福邦、陈世铙、萧海波主编：《故训汇纂》，商务印书馆2003年版，第2621页。
② 宗福邦、陈世铙、萧海波主编：《故训汇纂》，商务印书馆2003年版，第2621页。
③ 宗福邦、陈世铙、萧海波主编：《故训汇纂》，商务印书馆2003年版，第1706页。
④ 宗福邦、陈世铙、萧海波主编：《故训汇纂》，商务印书馆2003年版，第1706页。
⑤（清）孙诒让：《墨子间诂》，中华书局2001年版，第436页。
⑥（汉）许慎：《说文解字》，中华书局1963年版，第107页。
⑦（清）段玉裁：《说文解字段注》，成都古籍书店1981年版，第230页。
⑧（汉）许慎：《说文解字》，中华书局1963年版，第107页。
⑨（清）段玉裁：《说文解字段注》，成都古籍书店1981年版，第230页。
⑩（清）王先谦：《释名疏证补》卷四，上海古籍出版社1984年版，第203—205页。

曰笼饼，侯思正令缩葱加肉者，即今馒头；绳而食者曰环饼，又曰寒具，桓玄恐污书画，乃不复设，即今馓子。”其中“环饼”实即《释名》中所说的“索饼”。“环”，取其形圆似环，“索”言其粗细如索（绳），后世所谓煠油条等均其遗制，“馓子”乃此类中最纤细者。此外，《集韵》“帖”韵中有“䴴”字，意为“饼属”。桂馥《札朴·乡言正字》：“干煎曰䴴饼。”今天津、河北方言谓干煎玉米面为贴饼子、贴饽饽，南北方食品中有状如饺子、馅而煎食者亦谓锅贴，它们实为“䴴”之传承。至于“餈”，既训为“稻饼”，“不屑之米所为”，可知它的后起字就是“糍”，今南方许多地方还保留着吃糯米做成的糍粑的习俗。

二、菜　肴

菜肴指饮食结构中的素菜和荤菜。先秦两汉时，蔬菜的品种比较少，而肉食（包括水产）则是人们副食的主体。究其原委，这不仅是由于游牧生活的习惯在进入农业社会之后难以很快消失，而且也由于蔬菜的栽培尚处初级阶段，故而野生者多而家种者少。“菜”字的意构就颇能说明这一点。《说文》：“菜，草之可食者。从艸，采声。”[①]段玉裁注：“（菜）形声包会意，古多以采为菜。”[②]杨树达亦云：“采，捋取也。从木，从爪。孳乳为菜，艸之可食者，从艸，采声。树达按菜谓艸之可采食者。”[③]“菜”的构形与“若”恰可互观共明。《说文》：“若，择菜也。从艸右，右，手也。”[④]金文正宛似手择菜。可见“菜”之从“艸”从“采”，犹“若”之从“艸”从“右”。它表明：我们的祖先在未知种菜之前，只有采掘野果、野菜而食。这种习俗沿袭了相当长的一段时期。殷墟卜辞中尚无菜蔬之名，而《诗经》中所载的菜蔬也仅葵、韭、瓜、

① （汉）许慎：《说文解字》，中华书局1963年版，第23页。

② 《周礼·太胥》：“春入学，舍采合舞。”注：“郑康成曰：舍即释也；采读为菜。”此以采为菜之证。

③ 杨树达：《积微居小学述林》，中华书局1983年版，第164页。

④ （汉）许慎：《说文解字》，中华书局1963年版，第24页。

壶（瓠）等数种。《诗·豳风·七月》：“六月食郁及薁，七月亨葵及菽。”其中“郁”“薁”指野果野菜，它们均属“菜”类而进入了庶民百姓的饮食结构中。据载，孔子被困陈蔡时，“藜菜不糁”，吃的也是野菜，连米粒都没有。《汉书·鲍宣传》：“今贫民菜食不厌，衣又穿空，父子夫妇不能相保，诚可为酸鼻。”可见，菜食在特定时期、特定阶段的饮食结构中甚至占有很重要的位置。

随着人们栽培技术的提高，蔬菜的品种趋于增多，它在副食中所占的比例也随之增大。“韭”，即是其中值得注意的一种。《说文》：“韭，菜名，一种而久者，故谓之韭。”[①]王筠《文字蒙求》：“韭，族生而上平，字之上半象之。一则地也。”[②]可见，先人对它的生长习性（“久长”“一种而久者”）、状貌特点（“族生而上平”）已十分了解，并把它寄于声（“久”“韭”之幽旁转，同出一源）、显于形（“韭”是象形字，其楷书构形仍仿佛似之）。正是基于这种了解，先人很早就创造出了冬季将韭菜移植于温室或地窖中的栽培方法。

古人肉食中以牛、羊、猪最为重要。此三牲齐全用于祭祀或享宴，称为太牢，只用牛羊则称少牢。既如此重要，汉字“镜像”中就不能不有所体现。试以从“羊”之字观之，近人杨树达指出：

> 吾先民之食物，以羊为主要之品，此不必广求之于传记也，即文字之构造大可见之，（《说文》）三篇下鬻部云：“鬻，五味和鬻也。从鬲，从羔。”或作羹。按：羔者，小羊也。五篇下亯部云：“䇅，孰也，从亯羊。”按亯为今之烹字，字形为烹羊，故义为孰也；孰即今之熟字也。十四篇下丑部云：“羞，进献也，从羊丑。羊，所进也；丑亦声。”按丑者，手也。八篇下㳄部云：“羡，贪欲也，从㳄，从羑省。”按字从羊，非从羑省。㳄者，慕欲口液也，羊为美食，人见之而生慕欲口液，故为羡也。此皆从羊为形而取其义者也。三篇下鬲部云：“鬺，煮也，从鬲，羊声。”此兼受羊之声义者也。先民甘羊之食，故凡美善之字皆从羊。四篇上羊部云：“美，甘也，从羊大。”三篇上誩部云：“譱，吉也，从誩，从羊。”或从善，今作

① （汉）许慎：《说文解字》，中华书局1963年版，第149页。

② （清）王筠：《文字蒙求》，中华书局1983年版，第21页。

善。羊部又云："羑，进善也，从羊，久声。"此亦但从羊之形而取其义者也。一篇上示部云："祥，福也，从示，羊声。"此又兼受羊之声义者也。养字从食，事涉饮食，字从羊声，实兼受羊之义，与羞字正同也。盖用羊供养，故依羊字之音造养字，此固最自然之孳乳法也。[①]

通过这段论述，我们不仅可以真切地看出羊是先人食物的"主要之品"，而且也可以深切地感受到汉字之于文化习俗确实"大可见之"。顺着这样的思路，我们还可进而看出，古人不仅喜爱吃羊肉，而且对羊胎乃至羊血也颇有兴趣。《说文》："殰，杀羊出其胎也。"[②]桂馥《说文义证》："昔人以胎为美食。"[③]又《说文》："䘑，羊凝血也。"[④]此可见古人有吃羊血之习。

除牛、羊、猪之外，狗肉、野味、水产也是古代副食的重要来源。《说文》："献，宗庙犬名羹献，犬肥者以献之。"[⑤]段玉裁说，献从犬，"本祭祀奉犬牲之称"[⑥]。犬不仅可用于祭祀，而且也可用以奉亲、请客，足见它是古人的常食品。"肰"，犬肉也，从"月"（肉）从"犬"会意。此古人以狗肉为常食品之一证也。"然"，从"火"，"肰"声，此会意兼形声字，用火烧犬肉表示燃（然即燃的本字），亦可窥古人有吃狗肉的食俗。狗肉在古人看来，还是一种难得的美味佳肴。"猒"正有以明之。《说文》："猒，饱也，从甘肰。"[⑦]"甘"是美味，"肰"是狗肉，抟合以观，岂不是狗肉好吃?！狗肉既是常食，又是美味佳肴，屠狗自然也就成了一种专门的职业，聂政、高渐离、樊哙等不少历史名人都是屠狗出身。如汉刘邦的大将樊哙即"以屠狗为事"者。

古人颇重口腹之欲，于是又有了吃蛇、食牡蛎等习俗。《说文》："蚦，

① 杨树达：《积微居小学述林》，中华书局1983年版，第31—32页。
② （汉）许慎：《说文解字》，中华书局1963年版，第85页。
③ （清）桂馥：《说文解字义证》，上海古籍出版社1987年版，第335页。
④ （汉）许慎：《说文解字》，中华书局1963年版，第105页。
⑤ （汉）许慎：《说文解字》，中华书局1963年版，第205页。
⑥ （清）段玉裁：《说文解字段注》，成都古籍书店1981年版，第504页。
⑦ （汉）许慎：《说文解字》，中华书局1963年版，第100页。

大蛇，可食。从虫，冄声。”[①]此为食蛇之例。《说文》：“蠊，海虫也，长寸而白，可食。”[②]与“蠊”相近的，则有“蛎”。《说文》：“蛎，蚌属，似蠊，微大，出海中，今民食之。”[③]此为食介虫之例。

最后还得说说“鱼，我所欲也”的“鱼”。鱼是最早被人类食用的动物之一。证之以汉字，新鲜的“鲜”，本作三尾“鱼”；“腥”和“臊”现代都从“肉”，古代均从“鱼”。鱼不仅是主食之一，而且也是上等的美味。战国时著名的冯谖客孟尝君的故事中，冯谖弹铗唱呼 “食无鱼”，就是要求孟尝君以嘉宾之礼来对待他。这就难怪古人要临渊而羡“鱼”了。为了吃鱼，则须捕鱼，于是有了“渔”。“渔”的古文字或像张网捕鱼，或似徒手捉鱼，或如垂竿钓鱼，这充分展示出先民捕鱼之术的丰富多样，也暗含鱼在古代的充沛的供求。《周礼·天官》中有“䲣（渔）人”一职，负责供给王室膳食、祭祀、宴客所需的各种干鲜鱼类，并掌管渔政、收取鱼税。可见“渔”在古代关乎国计民生。

三、饮　料

饮料作为饮食结构的补充，在人们的日常生活中也是不可或缺的。它主要包括茶酒和瓜果。其中茶酒最富特色，值得我们加以考索。《说文》无“茶”字，仅有“荼”，释云：“苦荼也，从艸，余声。”可知它本指苦菜，但也是“茶”字的古体字。《说文系传》：“此（指荼）即今之茶。”《尔雅·释木》：“槚，苦荼。”郭璞注：“今呼早采者为荼，晚取者为茗，一名荈也，蜀人名之苦荼。”郝懿行义疏：“今茶字古作荼……至唐陆羽著《茶经》，始减一画作茶，今则知茶不复知荼矣。”[④]朱骏声则从字义上指出荼与茶的关系，认为茶味亦苦，故荼可转注（指引申）为茶，并判定茗饮之俗始于汉代。王褒《僮约》：

① （汉）许慎：《说文解字》，中华书局1963年版，第278页。

② （汉）许慎：《说文解字》，中华书局1963年版，第281页。

③ （汉）许慎：《说文解字》，中华书局1963年版，第282页。

④ （清）郝懿行：《尔雅义疏》，上海古籍出版社1983年版，第1107页。

“武都买茶。”注：“以为茗。”《三国志·吴志·韦曜传》：“皓每享宴，无不竟日，坐席无能否，率以七斤为限。……曜素饮酒不过二升，……或密赐荼荈以当酒。”[①]此可知汉朝、三国时，茗饮之俗已逐步形成。至唐代，茗饮之风已大为盛行。

再看酒。“酒”，甲、金文都像酒从酒器中溢出，从“水”者，表示它是一种液体。酒是我国最早发明的饮料之一，迄今已有数千年的历史。它种类繁多，风味各别，仅见于《说文》的就有“醴”（酒一宿孰也）、“醪”（汁滓酒也）、“醠”（浊酒也）、“醇”（不浇酒也）、“酤”（一宿酒也）、“酷”（酒厚味也）、“酏”（黍酒也）、“醰”（酒味苦也）、“醨”（薄酒也）、“醹”（厚酒也）等多种。区分如此之细，表明古人好之也深。或因酒而乐：“酣，酒乐也。”或所乐在酒：“酖，乐酒也。”于是少饮者有之：“酌，少少饮也。”纵饮者有之：“醉，卒也，卒其度量不至乱也。”“醺，醉也。”病酒者有之：“酲，病酒也。”沉迷者有之：“湎，湛于酒也。”发酒疯呈凶虐者有之：“以酒为凶谓之酗。”[②]也许正因酒既可助乐畅性，又可酿成凶兆，故而《说文》上才出现了这样的注释：“酒，就也，所以就人性之善恶……一曰造也，吉凶所造也。”[③]段玉裁也说：“宾主百拜者，酒也；淫酗者，亦酒也。”[④]酒之于人性善恶、民俗兴衰，确实所系极重。

既然是所系极重，就有许多与酒有关的文化习俗的出现。从《说文》中我们不难看出：古人不仅祭祀时要用酒：“莤，礼祭，束茅加于裸圭而灌鬯酒，是为莤”[⑤]，而且君王布德时也要用酒：“酺，王德布大饮酒也”；不仅行冠礼、婚礼时要用酒：“醮，冠娶礼祭”，而且宾主宴享时也要劝酒：“醻（酬），主人进客也”“酌，盛酒行觞”，甚至人们还要聚钱凑份子来饮酒：“醵，会饮酒

① （晋）陈寿撰，（宋）裴松之注：《三国志》，中华书局1959年版，第1462页。

② 《尚书·无逸》孔传，宗福邦、陈世铙、萧海波主编：《故训汇纂》，商务印书馆2003年版，第2343页。

③ （汉）许慎：《说文解字》，中华书局1963年版，第311页。

④ （清）段玉裁：《说文解字段注》，成都古籍书店1981年版，第791页。

⑤ （清）段玉裁注：“以酒灌草，会意也。”见其《说文解字段注》，成都古籍书店1981年版，第795页。

也”[1]。这便清楚地表明，酒关乎民俗委实是大矣哉！

四、烹　调

我国在世界上被誉为“烹饪王国”，这确是当之无愧的。据史料载，我国殷周时期就有酱油、醋、酒等主要调料，有炮、熬、炖、扒、烩、烤、烧等主要烹调方法。这些方法大多为后代所承继，只是在炊具与火力的演进、推动下向精细的方面发展。诉诸有关的汉字，我们就不难看出这一点。

烹调是由生食到熟食逐步发展起来的。先人熟食的方法之一，即是用火烧石头来烙烤食物，或以烧热的石头投于盛水之器而煮熟食物。这种方法在汉字中即有体现。“庶”，甲金文已见，于省吾以为它是个从“火”从“石”、“石”亦声的会意兼形声字，本义是以火燃石而煮，亦即“煮”的本字[2]。如果说这个字所透露的熟食方法还较原始，那么后来的“煮”字的构形却向我们展示了这种方法的演进。《说文》：“鬻，孚也，从䰜，者声。……煮，鬻或从火。鬻或从水在其中。”[3]这个字构形较为复杂，从“鬲”者，炊具也；从“水”、从“火”者，水火同制也；从“弜”者，像熟饪五味气上出也。显然，这一构形所体现的煮的方法已非从“火”从“石”、“石”亦声的“庶”所能侔比。

与“煮”的方法迥然有别的是“熬”。《说文》：“熬，干煎也，从火，敖声。𪌉，熬或从麦作。”[4]《广雅·释诂》：“熬，干也。”《方言》：“熬，火干也。凡以火而干五谷之类，自山而东，齐楚以往谓之熬，关西陇冀以往谓之㷅。”可见，“熬”在古代是专用火制而不兼水制的，其义为干煎或火干。字从“火”者，即示火干之意；或从“麦”者，盖取以火而炒干五谷之类的意思。《广雅》中的“熬”字从“黍”，取意亦同。正因熬是干

---

① 《礼记·礼器》：“周礼其犹醵与。”郑注：“合钱饮酒为醵。” 宗福邦、陈世铙、萧海波主编：《故训汇纂》，商务印书馆2003年版，第2350页。

② 于省吾：《甲骨文字释林》，中华书局1979年版，第431—433页。

③ （汉）许慎：《说文解字》，中华书局1963年版，第63页。

④ （汉）许慎：《说文解字》，中华书局1963年版，第208页。

煎、火干，故而用作形容词时，便有了焦干义。《礼记·内则》："淳熬，煎醢加于陆稻之上，沃之以膏，曰淳熬。"孔颖达疏："煎醢使熬，加于饭上，恐其味薄。更沃之以膏，使味相湛渍，曰淳熬。"[①]淳熬系古代"八珍"（八种烹饪法）之一，"煎醢使熬"就是煎肉酱使之焦干的意思。也正因熬是干煎或火干，故又与"煎""㷭"（亦作焙、㸅、𪏮等）的意思相近。《集韵》："赵魏谓熬曰㷭。"可知，至少到了宋代，"熬"与"㷭"仍有相同的意思。准此，《辞源》上释"熬"为"文火慢煮"是欠妥的。

成语中有"脍炙人口"的说法，意思是指如脍、炙那样为人所同嗜，因而被人口头传诵。这里的"脍"与"炙"是两种烹调方法。先看"脍"，《释名》："脍，会也。细切肉，令散，分其赤白，异切之，已，乃会合和之也。"[②]可见其特点是把肉切细，切得越细越好，所谓"脍不厌细"；细切之后再"会合和之"，故"脍"字从"会"。其细致作法，后已失传，但汉字"脍"仍能示其仿佛。再看"炙"，《说文》："炙，炮肉也，从肉在火上。"段玉裁注："有弗貫之加火上也。"[③]朱骏声说："炮当作灼，今俗谓之烧烤，广东人谓之叉烧肉。"[④]《诗经·小雅·瓠叶》："燔之炙之。"毛传："炕火曰炙。"正义："炕，举也，谓以物贯之而举于火上以炙之。"[⑤]由此可见，古代的"炙"正如字形所示，是在火上烧烤肉。它实际上是今天烤羊肉串的先声，差别仅在于炙肉制作时不加佐料，所用的原料也不限于羊肉。《礼记·曲礼》："毋嘬炙。"《孟子·告子上》："耆秦人之炙。"《史记·刺客列传》："置匕首鱼炙之腹中。"是周时已盛行此食俗。其具体做法有很多，仅《释名》所列，就有脯炙、釜炙、貊炙等。如貊炙，乃"全体炙之，各自以刀割，出于胡貊之为也"[⑥]。

① （清）阮元校刻：《十三经注疏·礼记正义》，中华书局1982年版，第1468页。

② （清）王先谦：《释名疏证补》卷五，上海古籍出版社1984年版，第211页。

③ （清）段玉裁：《说文解字段注》，成都古籍书店1981年版，第520页。

④ 转引自程树德：《说文稽古篇》，商务印书馆1957年版，第38页。

⑤ （清）阮元校刻：《十三经注疏·毛诗正义》，中华书局1982年版，第499页。

⑥ （清）王先谦：《释名疏证补》卷五，上海古籍出版社1984年版，第212页。

第三节　汉字与居所

《墨子·节用中》:“古者人之始生，未有宫室之时，因陵丘堀穴而处焉。圣王虑之，以为堀穴，曰冬可以辟风寒，逮夏，下润湿，上熏蒸，恐伤民之气，于是作为宫室。”[①]先民这一居住条件的演变过程，在汉字中正有着形象的体现。《说文》:“厂，山石之厓岩，人可居。象形。”段玉裁注:“谓象嵌空可居之形。”[②]又《说文》“仄”下云:“侧倾也。从人在厂下。”[③]可见，“仄”的构形即像人侧身居于“嵌空”的岩洞之形。《墨子·辞过》:“古之民，未知为宫室时，就陵阜而居，穴而处下。”[④]这种居住条件正涵摄于“厂”“仄”的构形当中。后世有因岩为屋的习俗，实际上就是此俗的孑遗。《说文》“广”下云:“因厂为屋，象对刺高屋之形。”[⑤]段玉裁注:“谓对面高屋森耸上刺也，首

① （清）孙诒让:《墨子间诂》，中华书局2001年版，第168页。

② （清）段玉裁:《说文解字段注》，成都古籍书店1981年版，第475页。

③ （汉）许慎:《说文解字》，中华书局1963年版，第195页。

④ （清）孙诒让:《墨子间诂》，中华书局2001年版，第30页。

⑤ （汉）许慎:《说文解字》，中华书局1963年版，第192页。

画象岩上有屋。”[①]可知，“广”的本义是因岩为屋的意思。“因广为屋”，《佩觿》即引作“因岩为屋”。《魏书·郑修传》：“依岩结宇。”[②]韩愈《陪杜侍御游湘西两寺》诗：“剖竹走泉源，开廊架崖广。”[③]这些记载，均可与“广”之形、义互观。

从“就陵阜而居”发展到掘地为穴，标志着先民居住条件的一大改善。这在造字中也历历可观。如“良”甲骨文像穴居由两个洞口出入之形[④]。“出”甲骨文像以趾离开穴居之形。“各”甲骨文像以趾步入穴居之形，亦即“佫”（至也）的本字。“宫”字的构形更值得玩味。它在甲骨文中作两口相连之形，或为俯视，或为正视之形[⑤]，均与半陷于地下的穴室宛然逼肖。罗振玉《增订殷虚书契考释》谓“宫”字像此室达于彼室之状。此说与考古发掘的材料密合无间。郭宝钧《辉县发掘中的历史参考资料》：“在早殷时期有广大的圆穴及连环穴……（这些建筑）半陷在地平面下的，尚未脱离原始生活穴居野处的习惯。一直到了殷代，才有版筑堂基上栋下宇的建造，才从地面下升到地面上。”[⑥]

升上地面以后，自然又出现了反映这种新型居住条件的文字，如“家”“室”“宋”“安”“定”“宴”“宗”“宅”等。这些字均从“宀”，与表示穴居的“穴”判然有别。“宀”，甲骨文、金文像“悬山式”房屋之形，王筠《说文释例》认为它“乃一极两宇两墙之形也。”今人于省吾又进而认为它实际上也就是“宅”字的初文[⑦]。《玉篇》：“宅，人之居舍曰宅。”有了“宅”，人们便有所讬（《说文》：“宅，人所讬居也。”）、有所安（《说文》：“宁，安也。”），可以于此而休息（《说文》：“寝，卧也。”“寤，觉也。”），可以于此而生息

① （清）段玉裁：《说文解字段注》，成都古籍书店1981年版，第468页。

② （北齐）魏收：《魏书》，中华书局1974年版，第1939页。

③ 陈贻焮主编：《增订注释全唐诗》第2册，文化艺术出版社2001年版，第1353页。

④ 徐中舒：《怎样研究中国古代文字》，载《古文字研究》第15辑，中华书局1986年版，第4页。

⑤ 此采李孝定说，见李孝定：《甲骨文字集释》，“中央研究院历史语言研究所”1965年版，第2499页。

⑥ 郭宝钧：《辉县发掘中的历史参考资料》，《新建设》1954年第3期。

⑦ 于省吾：《甲骨文字释林》，中华书局1979年版，第334页。

（《说文》："字，乳也。从子在宀下，子亦声。"），可以于此而聚财（《说文》："宝，珍也。"），可以于此而敬祖（《说文》："宗，尊祖庙也。"）……真可谓得其"所"哉。这就难怪人们要精心选择它、营建它、守护它，并有终焉之志。于此反观野居穴处时的居住条件，正不啻天壤之别。《说文》："穷，极也。从穴，躳声。"[①]"躳"实兼意，以如"弓"之"身"处土穴，会窘困之意。又《说文》："窘，困也。"[②]传达的也是相同的意思。《易经·系辞下》："上古穴居而野处，后世圣人易之以宫室，上栋下宇，以待风雨，盖取诸大壮。"韩康伯注："室壮大于穴居，故制为宫室，取诸大壮也。"[③]既然是"取诸大壮"，自然也就无"穷""窘"之患了。

进而观之，从"宀"之字还为我们展示了许多居住方面的风俗画卷。如"家"字从"宀"、从"豕"（猪），表示架木为屋，屋下圈养家畜，这种饲养牲畜的方式，现在仍保存在云南等少数民族地区。又如"宿"，甲骨文像人睡在屋里的簟席上，其本义是住宿、过夜。"寒"，像人蜷曲于室内，以草御寒，其本义是寒冷。"宂"，像人在屋下，无田事可做，其本义是闲散。这三个字意义各有不同，但都采用了以形象示抽象的表达方式。因此，从它们所提供的"镜像"中，我们可以直观地领略到许多超越于概念意义以外的文化意义，诸如起居习惯、生活水平、思维方式等。其中前二者恰与居住民俗翕翕相关。这也同时启示我们，从汉字的"镜像"求民俗求文化，往往会具有"直接"乃至"直捷"的效果，会产生一种即此可证、不俟烦言而解的妙趣。这，显然是其他文字所难以具备的。

循着"宀"的构形，我们又可见出，它实际上是一种木构土敷、两面坡顶的构造。这种构造极富适用性和传承性，因此，不仅高台建筑多采用这种形式，而且它还逐渐成为通行于我国南北方的一种居住形式。这在汉字构形上即有显例。以"高"字为证，它在甲金文中像一高大的土台建筑之形，《说文》

① （汉）许慎：《说文解字》，中华书局1963年版，第153页。
② （汉）许慎：《说文解字》，中华书局1963年版，第153页。
③ （清）阮元校刻：《十三经注疏·周易正义》，中华书局1982年版，第87页。

上说："高，崇也，象台观高之形。"[①]其土台上的构造与"宀"的古字形冥然相契。再验之以其他一些反映土木建筑物高大壮观的古文字，如"京""亳""亭"等，也同样可以看出这一点。

下面我们换一视角，去窥视居住民俗的另一些侧面。古代"舍"与"释"音义俱近，都有舍止、舍息的意思。《释名·释宫室》："舍，于中舍息也。"[②]"于中舍息"乃动词义，若诉诸字形，则可见出"舍息于中"的真实图景。"舍"，金文像木柱立于土堆之上支撑屋顶之形，它所呈示的是古代社会原始的住宅形状。后来引申而泛指住宅。《谷梁传·襄公三十年》："伯姬之舍失火。"《战国策·齐策》："舍之上舍。"《正字通》："舍为宅庐通称。""庐"与"舍"浑言不分，析言则有别。《说文》："庐，寄也，秋冬去，春夏居。"[③]《诗·小雅·信南山》："中田有庐。"郑笺："中田，田中也。农人作庐焉，以便其田事。"[④]可见，"庐"是便于田事而筑的住所，字从"广"者即表住所之意。杨慎《升庵经说》卷四："古者一夫五亩之宅，二亩半在邑，城中之奠居；二亩半在田，野外之寄居。""二亩半在田"，谓之"庐"，"二亩半在邑"，则谓之"廛"。《说文》："廛，二亩半一家之居，从广里八土。"段玉裁注云："里者，居也。八土，犹分土也，亦谓八夫同井也。以四字会意。"[⑤]朱骏声亦云："廛字从里八土会意。八，别也，在里曰廛，在野曰庐。"[⑥]由此，我们就不难理解先人春夏居庐、秋冬返里的习俗。《礼记·月令》："孟夏之月，……命农勉作，毋休于都；……季秋之月，……乃命有司曰，寒气继至，民力不堪，其皆入室。""毋休于都"，即居于"庐"；"其皆入室"，即入于"廛"。"廛"从"广"者，即"入室"之谓也。

古居住类型中有一大类，即帐篷型。它是我国许多民族习用的一种居住形式。循着汉字的"镜像"则可看出，我们的先人也曾有过这种居住形式。《说

---

① （汉）许慎：《说文解字》，中华书局1963年版，第110页。

② （清）王先谦：《释名疏证补》卷五，上海古籍出版社1984年版，第267页。

③ （汉）许慎：《说文解字》，中华书局1963年版，第192页。

④ （清）阮元校刻：《十三经注疏·毛诗正义》，中华书局1982年版，第471页。

⑤ （清）段玉裁：《说文解字段注》，成都古籍书店1981年版，第471页。

⑥ （清）朱骏声：《说文通训定声》，中华书局1984年版，第773页。

文》："㡛，行屋也。"[①]段玉裁注云："行屋，所谓幄也……帐有梁柱可移徙，如今之蒙古包之类。"[②]王筠《说文句读》云："行屋者，张之如屋，用之行路也。"[③]《释名·释床帐》："幄，屋也，以帛衣板施之，形如屋也。"王先谦疏证："幄之制，必先立板，而后帛有所傅，自有幄已然。"[④]《说文解字注笺》："古宫室无屋名。古之所谓屋，非今之所谓屋也。《大雅·抑》篇：'上不愧于屋漏'。毛传：'屋，小帐也。'《周礼》：'幕人掌帷、幕、幄、帟、绶之事。'郑注：'帷、幕皆以布为之，四合象宫室曰幄，王所居之帐也。'盖屋即古幄字，相承增巾旁。字又作楃。《说文》：'楃，木帐也。'"可知"屋""幄""楃"乃同一语源而产生的古今字。屋，《说文》古文是一会意字，像帷幕上面加些装饰建筑，犹如蒙古包之类；其下的"至"表示所止。合起来表示人至止居的帐篷。与"屋"的构形相映成趣的则有"次"。次，《说文》所收之古文正酷似帐篷之形。《周礼·天官》中有"掌次"，这种官管郊祀、打猎时临时搭帐篷。"次"像帐篷之形，而帐篷是止息时所搭，因此，"次"用作动词，即指驻扎。于此又可见先人郊祀、打猎时有居于帐篷的习俗。

当然，居住的民俗并不拘限于住宅的建筑形式或居住类型，它同时也表现在诸如住宅的布局、房间的分配、室内的陈设以及独特的供奉、祭祀、信仰、禁忌等方面。例如，古代住宅的布局，通常是前堂后室，室之左右为东房西房。这一布局在汉字中即有体现。《说文》："房，室在旁也，从户，方声。"[⑤]《释名·释宫室》："房，旁也，室之两旁也。"[⑥]段玉裁注云："凡堂之内，中为正室，左右为房，所谓东房西房也。"[⑦]正因房在堂后正室两旁，故"房"即得名于旁侧之"旁"，二者同属并母阳部，是同从"方"声的同源字。又因房室皆有户（单扇门，古文字字形酷似之），故"房"字

① （汉）许慎：《说文解字》，中华书局1963年版，第193页。

② （清）段玉裁：《说文解字段注》，成都古籍书店1981年版，第472页。

③ （清）王筠：《说文句读》第3册，中国书店1983年版，第12页。

④ （清）王先谦：《释名疏证补》卷六，上海古籍出版社1984年版，第293页。

⑤ （汉）许慎：《说文解字》，中华书局1963年版，第247页。

⑥ （清）王先谦：《释名疏证补》卷五，上海古籍出版社1984年版，第277页。

⑦ （清）段玉裁：《说文解字段注》，成都古籍书店1981年版，第621页。

又从“户”。《尚书·顾命》：“在西房……在东房。”《韵会》：“阿房，秦宫名，房犹旁也。”均足以说明房得名之由，而房得名之由又足窥古宫室之制。

又如室内陈设，南北朝以前没有桌椅凳，因而古人便有了席地而坐的习俗。既席地而坐，则地必铺席。《说文》：“席，藉也。”[①]“席”与“藉”从邪旁纽，叠韵，乃同源字。故王筠说：“古席有藉音，故义依声立。”[②]“席”与“筵”是同义词，《说文》：“筵，竹席也。”[③]字从“竹”，明其质料。“筵”与“席”的差别在于：筵比席长，是铺在地上垫席的；席是加在筵上供人坐用的。《周礼·春官·司几筵》疏：“凡敷席之法，初在地者一重即谓之筵，重在上者即谓之席。”[④]又《礼记·祭统》疏：“设之曰筵，坐之曰席。”[⑤]正因“筵”长于“席”，故其字从“延”（长），声中有义。亦因“筵”长于“席”，故而被用作计算较大的宫室建筑面积的单位。据《考工记》记载：“周人明堂，度九尺之筵，东西九筵，南北七筵，堂崇一筵，五室凡二筵。”若以周尺一尺为19.91厘米计算，九尺之筵约为180厘米，可见当时室内高度有限，仅宜于席地而坐。由于筵、席是人们起居所不可缺少的，因此环绕着它又衍生出许多习俗词语来。诸如“出席”“缺席”“离席”“入席”“主席”“末席”以及“避席而请”“越席而对”“侧席而坐”“父子不同席”“男女不同席”等。由这些“席”卷而来的语词，足见“席”在华夏文化中正占有一“席”之地。

古人席地而坐，坐姿如何？观乎古文字，则彰彰明甚。如甲骨文“妇”“宿”“即”“既”等，都可见出古人跪坐之习。现日本、朝鲜还保留着这种坐姿。朱骏声《说文通训定声》“坐”下云：“坐者，居也，处也。古席地而坐，膝着席而下其臀曰坐；耸其体曰跪。”[⑥]可见，“坐”与“跪”，在膝着席这点上，姿势是相同的。两者差别在于：“坐”，身体放松，臀部落在脚后跟上；

① （汉）许慎：《说文解字》，中华书局1963年版，第159页。

② （清）王筠：《说文句读》第1册，中国书店1983年版，第38页。

③ （汉）许慎：《说文解字》，中华书局1963年版，第96页。

④ 宗福邦、陈世铙、萧海波主编：《故训汇纂》，商务印书馆2003年版，第671页。

⑤ 宗福邦、陈世铙、萧海波主编：《故训汇纂》，商务印书馆2003年版，第671页。

⑥ （清）朱骏声：《说文通训定声》，中华书局1984年版，第499页。

“跪”，伸直腰部，臀部离开脚后跟。因此，“跪”又称长跪，因跪的姿势高于坐。由“坐”而“跪”的姿态变化，往往具有对人表示敬意的作用。其实，古人的这种坐姿，在“跪”与“坐”的构形中亦可仿佛见之。“跪”，杨树达认为其初字作危，因跪坐用膝，故“危”字从“卪”（膝的初文，象形）、产声，“跪”乃后起加旁字，从“卪”又从“足”[①]。“坐”，《说文》古文像两侧人之形而略呈跪状（因字势关系跪坐之形已不甚明显），中从“土”者，正取席地而坐的意思。

古人既席地而坐，则所用家具必不高。如食案，形体不大，足很矮，实际上是用以进送食物的托盘。从汉代出土的文物可知，它为木质，“案”字从“木”即取意于此。其形状有长方形，也有圆形；圆形的称作“檈”。《说文》：“檈，圜案也。”[②]段玉裁注：“檈，圜叠韵。”[③]圜者，圆也。“檈”即圆形的案，字从木者，取意与“案”相同。古无桌，故饮食以案承之。若平时，则以巾覆之。《说文》“幕”下云：“覆食案亦曰幕。”[④]可知它正类似于后来的桌布。又如“几”，古有两种：一是置放物件的几，《释名·释床帐》：“几，庋也，所以庋物也。”[⑤]其形制很矮，因唯有如此才能使席地而坐的人够得着。另一种是凭几，其形制也不高，恰如“几”字所示。《说文》：“几，踞几也。象形。”[⑥]它是供人凭倚的。《说文·几部》共收4字，除部首“几”之外，其余3字为“凭”（依几也）、“凥”（处也）、“処”（止也），也莫不与这种几的可供人凭倚的性质有关。从礼俗角度言之，这种几虽可供人凭倚，但古人在一般情况下是不倚几的。平时亲友相见，若对客坐而倚几，则被视为不“礼”。只有对长者、尊者才优礼有加，或授之以几，或命其凭几。到了后来，为了便于伸展身体，人们对所用家具加以更新，其先是坐席升高，随之而来的，是升高放置器物和供人扶凭的家具。升高的坐席叫“凳”，“凳”来源于“登”，特点是升

① 杨树达：《积微居小学述林》，中华书局1983年版，第44页。

② （汉）许慎：《说文解字》，中华书局1963年版，第122页。

③ （清）段玉裁：《说文解字段注》，成都古籍书店1981年版，第276页。

④ （汉）许慎：《说文解字》，中华书局1963年版，第159页。

⑤ （清）王先谦：《释名疏证补》卷五，上海古籍出版社1984年版，第288页。

⑥ （汉）许慎：《说文解字》，中华书局1963年版，第299页。

高；下从“几”者，取其形似。“凳”又写作“櫈”，乃取其为木制。升高的置器家具叫“桌”，“桌”来源于“卓”，“卓”有“高”义，可知“桌”是因高于“几”而得名。“桌”本来就写作“卓”，徐积《谢周裕之》：“两卓合八尺，一炉暖双趾。”后来人们根据“桌”是木制的特点才写作“桌”。与“桌”密切关涉的则有“椅”。“椅”来源于“倚”，特点是有倚靠，后因其为木制而写作“椅”。桌椅广泛使用之后，人们便逐步改变了席地而坐的习俗，同时也引起了许多生活用具的变化。陆游《老学庵笔记》：“徐敦立言：往时士大夫家，妇女坐椅子兀子，则人皆讥笑其无法度。”[①]知北宋时士大夫家内妇女尚不得坐椅子之类的新式家具。另据《隆平记事》载：“平江围急，士诚密以小儿置街上，有顾姓收抱之。……此子每饭必须椅桌方食，若席地与之不食，盖习宫中故事也。”[②]据此又可见，元末虽已盛行桌椅，但民间仍多席地而坐者。

关于居住信仰方面的民俗，我们也可以从汉字中得其一二。古仪有五祀，《礼记·曲礼下》：“（天子）祭五祀。”疏：“祭五祀者，春祭户，夏祭灶，季夏祭中霤，秋祭门，冬祭行也。”[③]何谓“霤”？《说文》上说：“霤，屋水流也。”[④]又：“廇，中庭也。”[⑤]《释名·释宫室》：“中央曰中霤。古者覆穴，后世之霤，当今之栋下，正室之中，古者霤下之处也。”[⑥]朱骏声说：“古者陶复陶穴，皆开其上，以取明。有雨则霤。后制为宫室，其正中当古霤处，谓之中霤，亦谓之廇。”[⑦]据此可知，先民穴居时，在穴居顶上开洞照明，有雨水则从洞口滴下，这就是“霤”。“霤”与“流”音协，又可写作“溜”，从“雨”从“水”，取意相同。后世称房屋中央取明处为“中霤”。《礼记·郊特牲》：“家主中霤而国主社。”孔颖达疏：“中霤谓之

① （宋）陆游：《老学庵笔记》，中华书局1979年版，第47页。

② 吴曾祺编：《旧小说》已集四，上海书店1985年版，第51页。

③ （清）阮元校刻：《十三经注疏·礼记正义》，中华书局1982年版，第1268页。

④ （汉）许慎：《说文解字》，中华书局1963年版，第241页。

⑤ （汉）许慎：《说文解字》，中华书局1963年版，第193页。

⑥ （清）王先谦：《释名疏证补》卷五，上海古籍出版社1984年版，第267页。

⑦ （清）朱骏声：《说文通训定声》，中华书局1984年版，第242页。

神。”[①]中霤与社都属土地信仰。居住的中央处最初应是公共活动（诸如祭祀、议事、仪式等）的场所，因此，先人视为神圣，奉若神明，以为“土中主央而神在室”，于是便形成了季夏祭中霤的习俗。后世用以供奉祖先、神、佛的中堂其实即由中霤演化而来。

除了祭中霤之外，古人还有祭灶之俗。“灶”，本指灶炕，因此，“灶”字古写作“竈”“竃”，均从“穴”。后用土砌制而成，故改从“火”“土”，成为会意字。考古资料表明，原始人的穴居中央或迎门的地方，有一个灶炕，用以炊煮食物，保存火种。祭灶之俗的产生，显然与对火的崇拜以及灶的巨大作用有关。《释名・释宫室》：“灶，造也，创造食物也。”[②]可见灶对于人所系极重，厥功至伟。《论语・八佾》中有“宁媚于灶”的说法，可见祭灶之俗由来已久，后人视灶神为“一家之主”。《淮南子・氾论训》上更有“炎帝于火，死而为灶”的说法，亦足见祭灶之俗备受重视。或许正因如此，在古代的“五祀”中，唯有祭灶之俗流传下来。从汉字的角度上看，祭灶之俗多有体现。《说文》：“䞣，一曰灶上祭。”[③]《玉篇》：“䄖，灶上祭也。”灶如何祭？“釁”有以明之。《说文》：“釁，血祭也，象祭灶也。从爨省，从酉，酉，所以祭也，从分，分亦声。”[④]段玉裁注：“祭灶亦血涂之，故从爨省，爨者灶也。”[⑤]字从“酉”者，取祭时用酒之意；从“分”，乃取血布散之意。于此可知，古祭灶必以血涂之。

① （清）阮元校刻：《十三经注疏・礼记正义》，中华书局1982年版，第1449页。
② （清）王先谦：《释名疏证补》卷五，上海古籍出版社1984年版，第282页。
③ （汉）许慎：《说文解字》，中华书局1963年版，第37页。
④ （汉）许慎：《说文解字》，中华书局1963年版，第60页。
⑤ （清）段玉裁：《说文解字段注》，成都古籍书店1981年版，第112页。

第四节　汉字与交通

交通运输在人类社会发展和文化交流中占有极其重要的地位。有关交通运输的民俗文化，是在生产和生活实践中逐步形成、发展起来的。下面我们就循着汉字所提供的“镜像”，撮要地予以考察。

交通是用来代走的工具。原始社会，人们徒步行走，自然就谈不上有交通。其时的运输，也不离头顶、肩挑、手提等几种方式。从汉字上看，“異”甲骨文像人顶戴之形。王国维说：“此疑戴字，象头上戴甾之形。”余永梁也指出：“戴異古当是一字，音同在之部。”[①]从“異”的构形可知，古人运输时，有头顶负物的习俗。这一习俗在我国朝鲜族和西南一些少数民族那儿还保留着。朱辅《溪蛮丛笑》载古代五溪蛮“负物不以肩，用木为半枷之状，箱其顶，以布带或皮条系之额上，名背笼”。而中原百姓，负物则以肩为常。“尣”，甲骨文像人荷担之形。“儋”在甲骨文中也是一个人负物的形象。《说文》：“儋，何也，从人，詹声。”[②]“儋”，今字作“担”。而“何”，在甲骨文中亦像

① 转引自杨树达：《积微居小学述林》，中华书局1983年版，第185页。

② （汉）许慎：《说文解字》，中华书局1963年版，第163页。

人挑着担子，张口喘气之形，是个会意字。后借为谁何之“何”，而另作“荷”。此肩挑之习见之于文字者。

《列子·汤问》：“遂率子孙荷担者三夫，叩石垦壤，箕畚运于渤海之尾。”[①]这个例子表明：古人运输有肩挑之习，而所用的工具是箕畚。“箕”，本作“其”，甲骨文像簸箕之形；因其多用竹篾编制，故写作“箕”。“箕”之倒置则为“冉”。“冉”，在金文中也像簸箕形，中间的横线和交叉线像其“系”，以便手提，或用绳系扁担上，以便肩挑[②]。循着“箕”“冉”的构形，我们可以进而领略到古人运输时的一些生动的图景。“爯”，甲骨文像手抓簸箕之形。塱，像双手持箕倒土于地上。“冓”，像两个簸箕相撞之形。今天我们挑土时，当土倒出之后，往往将两个土筐相撞击，以除尽筐内的余土。“冓”所体现的就是这一情形。把上述几个字联系起来看，古人“垦壤箕运”的情形便恍然如见了。

《尚书·益稷》：“予乘四载。”[③]《史记·夏本纪》叙此文作：“予陆行乘车，水行乘舟，泥行乘橇，山行乘檋。”[④]类似记载又见于《史记·河渠书》《汉书·沟洫志》等典籍。可见，乘车、乘舟、乘橇、乘檋是古代交通民俗的主要方式，其中以乘车、乘舟更为重要，值得我们细细研之。《淮南子·说山训》：“见窾木浮而知为舟，见飞蓬转而知为车。”[⑤]这一传说具有发生学意义。自车而言，它突出了轮，因轮既是车子的最重要的部件，也是车子的特征所在，“是故察车自轮始”[⑥]。自轮考察车的形成与发展，徐中舒有一段颇为精要的阐述：“在遥远的原始的社会，中国只有独轮车而没有两轮大车。这在中国古文字中，有着明显的例证。如偏旁从各之字：客，是乘独轮车到人家作客。路、络，是独轮车行于路上。略，是乘独轮车经略土田。从各之原义去解释，俱可通。甲骨文车字……是双轮高车的象形字，说明殷商晚期，高车已由西方

① 杨伯峻：《列子集释》，中华书局1985年版，第160页。

② 邹衡：《夏商周考古学论文集》，文物出版社1980年版，第285—286页。

③ （清）阮元校刻：《十三经注疏·尚书正义》，中华书局1982年版，第141页。

④ （汉）司马迁撰，（宋）裴骃集解：《史记》，中华书局1982年版，第79页。

⑤ 何宁：《淮南子集释》，中华书局1998年版，第1133页。

⑥ （清）戴震：《考工记图》，商务印书馆1955年版，第11页。

传入中土。后起的辂字，是高车与独轮车并存的新造字。”[①]

古文字中从“车”之字甚多，据此可知，车的民俗一直传承至今，其基本构造，也未脱离古制。大体说来，整个车体分车轮和车身两大部分。车轮的主要部件有轴、毂、辐、牙等。轴是穿在轮子中间的圆形物件；毂是车轮中心的圆木，中有圆孔，用以穿轴；辐是车轮中凑集于中心毂上的直木，一端与牙相接，一端和毂相连。牙，又称辋，是车轮的连框，与毂成为同心圆。车身则由轼、舆、辕、衡等构成。舆是车厢，是乘的部分；轼，也写作式，是舆的前部供人凭依扶手的横木；辕是驾车用的木杠，后端连在车轴上，前端伸出。后来的大车上，夹在牲畜两旁的两根直而平的木叫辕，由独辕发展为双辕，是车的构造上的一大进步。衡是架在独辕前边的横木，衡的两边各有人字形轭，用以驾马。近人孙诒让著有《籀文车字说》，对此有所揭明。

在古代，车是生产、生活、交通、运输及战争中的主要工具，因此，关于它的习俗也相当多。例如，车马最初是并称的，乘马也就是乘车。用两匹马驾车的叫作“骈”，用三匹马的叫“骖”，用四匹马的叫“驷”。“并”“参”“四”皆声中有义。其中又以驾四马的为常。《诗经》中“四牡业业”“四牡彭彭”“驷介旁旁”均可为证。至于骑马之俗，当为后起之事。《说文》：“骑，跨马也。”[②]段玉裁注：“两髀跨马谓之骑，因之人在马上谓之骑……《曲礼》云：‘前有车骑。’正义曰：‘古人不骑马，故经典无言骑者，今言骑，当是周末时礼。’按《左传》‘左师展将以昭公乘马而归。’此必谓骑也。然则古人非无骑矣。‘赵旃以其良马二济其兄与叔父’，非单骑乎？”[③]据今人考证，骑马之俗始于商末周初。

《周易·系辞下》：“服牛乘马，引重致远。”除此之外，还有人力拉车。《竹书纪年》：“帝癸十三年初作辇。”《通典》：“夏后氏末代制辇。”[④]可见，以

① 徐中舒：《怎样研究中国古代文字》，载《古文字研究》第15辑，中华书局1986年版，第3页。

② （汉）许慎：《说文解字》，中华书局1963年版，第200页。

③ （清）段玉裁：《说文解字段注》，成都古籍书店1981年版，第492页。

④ 转引自程树德：《说文稽古篇》，商务印书馆1957年版，第28—29页。

人挽车始于夏朝。《说文》："辇，輓车也。从车从扶，在车前引之。"又："輓，引车也，从车免声。"[①]俗作挽。可知，"辇"即是人推挽的车。字从"车"从"扶"，似指一车以二人挽之。"其以一人挽之者谓之'连'。《说文》：'连，员连也。'《集韵》《类篇》引作'负连'。按'员连'，段注以为'负车'之误，谓'连'即'辇'。考《周礼》有'连车'，《管子》有'服连轺辇。'朱骏声云：'或曰两人輓者为辇，一人輓者为连。'字从'车'从'走'，知其为车类，段氏之说良是。"[②]以人挽车始于夏，后来则成为卿大夫、皇后、皇帝的专用车。《左传·定公六年》："公叔文子老矣，辇而如公。"《战国策·赵策》："老妇恃辇而行。"《史记·梁孝王世家》："以太后亲故，王入则侍景帝同辇，出则同车游猎，射禽兽上林中。"均可为证。

古人乘车，礼俗很多，诸如立乘、驭马、位次等均有讲究，车甚至还成了等级制度的一个标志。《汉书·董仲舒传》："乘车者，君子之位也；负担者，小人之事也。"车判然划分出了两个不同的阶级。倘是兵车，又出现了许多新的讲究。例如，古代行军打仗，宿营时有以车当垒的习俗，即用车围成圆圈，以防备敌人的侵轶。这种习俗其实正体现于"军"的构形中。《说文》："军，圜围也。四千人为军。从车从包省，车，兵车也。"[③]段玉裁注："于字形得圜义，于字音得围义，凡诨、辉、煇等军声之字，皆兼取其义……包省当作勹，勹，裹也，勹车会意也。"[④]据"军"之形、音、义，可知"军"即是环车为垒，"圜围"当为本义，而用作编制单位的名称，当为后起义。古代兵车，形制颇多，有的已不可考，但求诸文字，则可见其受名之由。《说文》："軘，兵车也。"[⑤]《左传·宣公十二年》："晋人惧二子之怒楚师也，使軘车逆之。"杜注："軘车，兵车名。"[⑥]均泛言不切。按"軘"从"屯"声，当为一种防御性

---

① （汉）许慎：《说文解字》，中华书局1963年版，第303页。

② （汉）许慎：《说文解字》，中华书局1963年版，第41页。

③ （汉）许慎：《说文解字》，中华书局1963年版，第302页。

④ （清）段玉裁：《说文解字段注》，成都古籍书店1981年版，第769页。

⑤ （汉）许慎：《说文解字》，中华书局1963年版，第301页。

⑥ 宗福邦、陈世铙、萧海波主编：《故训汇纂》，商务印书馆2003年版，第2244页。

的兵车。《左传·襄公十一年》服虔注："軘车，屯守之车。"[①]这才是正确的解释。又《说文》："橦，陷阵车也。从车，童声。"[②]经传中多假"衝"字为之。《诗·大雅·皇矣》："与尔临衝。"《左传·定公八年》："主人焚衝。"均其例。"橦"得名于"撞"，指其有撞倒撞突之用。《后汉书·光武帝纪》云："衝輣撞城。"可为明证。

除陆路交通民俗外，还有水路交通民俗。这一民俗也相当古老。过河架桥，涉水用船。桥与船，古老的形式与现在已不尽相同。石桥、木桥，也许是传承至今的最古老的形式。此以木桥为例。木桥的形式很古老，汉字中灼然可见。先言"杠"。《说文》："杠，床前横木也。从木，工声。"[③]其实它的古义还应包括横木可渡之桥。《孟子·离娄下》："岁十一月，徒杠成；十二月，舆梁成，民未病涉也。"[④]所谓"徒杠"，是指横木可供徒步行走的桥。字从"木"，取其木制；从"工"者，取横而长之义。又"杠"与"榷"双声，义亦相通。《说文》："榷，水上横木，所以渡者。从木隺声。"[⑤]段玉裁注："凡直者曰杠，横者亦曰杠。杠与榷双声。《孝武纪》曰：'榷酒酤。'韦曰：'以木渡水曰榷，谓禁民酤酿。独官开置，如道路设木为榷，独取利也。'"[⑥]可见"杠"与"榷"均是制作简单的木桥。和"杠""榷"相比，"桥""梁"则显然要"先进"一些。《说文》："桥，水梁也。从木乔声。"[⑦]段注："水梁者，水中之梁也……凡独木者曰杠，骈木者曰桥，大而为陂陀者曰桥。"[⑧]"桥"与"梁"同义。《说文》："梁，水桥也。"[⑨]段注："梁之字用木跨水，则今之桥也。""梁"古文从"水"从二"木"从"一"，是个会意字，段注曰："水阔者，必木与木

① 宗福邦、陈世饶、萧海波主编：《故训汇纂》，商务印书馆2003年版，第2244页。
② （汉）许慎：《说文解字》，中华书局1963年版，第301页。
③ （汉）许慎：《说文解字》，中华书局1963年版，第121页。
④ （清）阮元校刻：《十三经注疏·孟子注疏》，中华书局1982年版，第2725页。
⑤ （汉）许慎：《说文解字》，中华书局1963年版，第124页。
⑥ （清）段玉裁：《说文解字段注》，成都古籍书店1981年版，第283页。
⑦ （汉）许慎：《说文解字》，中华书局1963年版，第124页。
⑧ （清）段玉裁：《说文解字段注》，成都古籍书店1981年版，第283页。
⑨ （汉）许慎：《说文解字》，中华书局1963年版，第124页。

相接；一，其际也。”[①]可知，“桥”“梁”主要用于“水阔”处，较之“杠”、“榷”既大且高。正因如此，“桥”之从“乔”，乃取高举之义。

涉水用船，自古而然。船的前身是“泭”“筏”。《说文》：“泭，编木以渡也，从水付声。”[②]段玉裁注：“凡竹木芦苇，皆可编为之。今江苏、四川之语曰簰。”[③]“泭”与“筏”古同义，但形制大小有别。《广韵》：“筏，大曰筏，小曰桴，乘之渡水。”[④]“筏”，字又作“艊”“橃”。《希麟音义》卷三：“筏，又作橃，亦作艊。”[⑤]《说文》：“橃，海中大船也。”由“筏”到海中大船的“橃”，正昭揭出水运工具的发展。

又因泭筏具有易浸水、无舱诸缺点，故而先人很早就学会了“刳木为舟”（《周易·系辞下》）。《说文》：“俞，空中木为舟也。”[⑥]段玉裁注：“《淮南·汜论训》：‘古者为窬木方版，以为舟航。’高曰：‘窬，空也，方，并也，舟相连为航也。’按窬同俞，空中木者，舟之始，并板者，航之始，如椎轮为大路之始。其始见本空之木用为舟，其后因刳木以为舟。”[⑦]据此可知，“俞”或从“穴”者，正取中空之义；由“本空之木用为舟”到“因刳木以为舟”，其间尚有一漫长的发展过程。这种独木舟有单舱，可去泭筏之弊，但较之泭筏，又有取材难、费工时、容积小等缺点。如何集二者之长？古人从“并木以渡”[⑧]的“泭”自然会联想到“并舟以渡”，于是方舟应运而生。所谓方舟也就是“方”“舫”。《说文》：“方，并船也，象两舟省总头形。”[⑨]段玉裁注：“（方）下象两舟并为一，上象两船头总于一处也。”[⑩]它显然是双体船的象

① （清）段玉裁：《说文解字段注》，成都古籍书店1981年版，第283页。

② （汉）许慎：《说文解字》，中华书局1963年版，第233页。

③ （清）段玉裁：《说文解字段注》，成都古籍书店1981年版，第588页。

④ （宋）陈彭年等：《广韵》，江苏教育出版社2005年版，第140页。

⑤ 宗福邦、陈世铙、萧海波主编：《故训汇纂》，商务印书馆2003年版，第1671页。

⑥ （汉）许慎：《说文解字》，中华书局1963年版，第176页。

⑦ （清）段玉裁：《说文解字段注》，成都古籍书店1981年版，第427页。

⑧ （清）阮元校刻：《十三经注疏·尔雅注疏》，中华书局1982年版，第2619页。

⑨ （汉）许慎：《说文解字》，中华书局1963年版，第176页。

⑩ （清）段玉裁：《说文解字段注》，成都古籍书店1981年版，第428页。

形。“舫”实即“方舟”的合文。《广韵》：“舫，并两船。”[①]《史记·张仪传》：“舫船载卒。”《索隐》：“舫，谓并两船也。”[②]可见，方舟主要的构造特点在一个“并”字，即所谓“比船于水，加板于上”[③]。它须用坚硬的梁木、连杆将相隔一定宽度的两船固定连接；早期是榫接，后兼用铁钉钉接，在如此牢固的梁杆上再铺架平板。这样，才真正使两船并而不散；中间有连接杆，船面宽广一片，便于运载和设置各种船上建筑，增大了排水量，增强了抗风浪的能力，真正融泭、舟之长于一体，成为一种新的船型。唐代以前，方舟极为盛行，用于网鱼捕鲜、江湖济渡、长途运载、军用攻战、游览观胜，往往起到单船所达不到的作用。但因其速度慢、机动灵活性较差，故而又渐为单体船所取代。“舫”含义也随之而改变，由称双体船转而指称那些方头方尾、平底、甲板宽阔、置有雕屋画廊的单体船，如颐和园的石舫、西湖的画舫。

·思考题·

1.举例说明汉字中蕴含的古代服饰文化。
2.举例说明汉字中蕴含的古代饮食文化。
3.举例说明汉字中蕴含的古代居所文化。
4.举例说明汉字中蕴含的古代交通文化。

---

① （宋）陈彭年等：《广韵》，江苏教育出版社2005年版，第124页。
② （汉）司马迁撰，（宋）裴骃集解：《史记》，中华书局1982年版，第2291页。
③ （清）阮元校刻：《十三经注疏·尔雅注疏》，中华书局1982年版，第2619页。

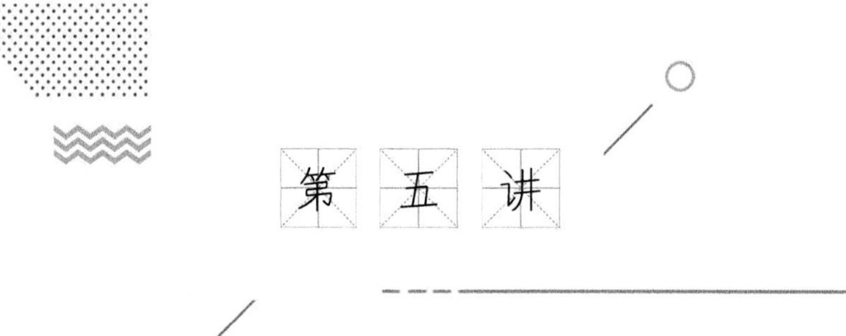

第五讲

汉字与古代的民俗文化

汉字是一套独特的语言符号，它伴随汉民族几千年的时间，不但作为语言交际符号，同时也为人们所喜爱，所赏玩，所敬畏，影响人们日常行为方式的各个方面，从而在历史上形成了许多与汉字有关的民俗形式，如对联、字谜、测字、咬文嚼字的幽默等。同时，从许多民间活动（如节日、婚娶等）中，也能够或明或暗地看到汉字影响的痕迹。

第一节　惜字风俗的文化内涵

陈子展在一篇文章中曾讲过这样一段往事：

> 记得我初入私塾读书的时候，拜了孔子，拜了先生，先生就教我要怎样敬重书本，敬惜字纸。有一次，有一个同学把字纸揩屁股，抛在茅坑里，先生见了，忙忙躬身把字纸取出，用水洗过，放到贴有敬惜字纸的字篚里，候惜字会的人收去，投进惜字炉焚化。当时先生把我们痛骂一顿，说是会要瞎眼睛，或者遭雷打。并且说，“你们想要入学、中学、成进士、点翰林，不敬惜字纸，亵渎圣贤、文昌帝君、魁星菩萨，他们不会给你帮忙的，还要给你帮倒忙。”①

在这里，陈子展提到的便是那由来已久、流传颇广、影响很深的“惜字”风俗。

① 陈子展：《“敬惜字纸”》，《太白》1935年第8期。

“惜字”起源于何时，迄今尚难确考。不过，根据史料记载，至少在李唐时期就有人敬惜字纸，凡废弃的字纸都要一一收聚起来，埋入土中，谓之“文冢”。如《梓州兜率寺文冢铭》就载有：“文冢者，长沙刘蜕复愚为文不忍去其草，聚而封之也。”[①]另外，在敦煌变文中，也有“字与藏经同”，以及将字纸秽用则为大不敬的载录，可知唐时就已有这一习俗。此后，经宋元，至明清，此风相演相嬗，蔚然大盛，以至成了民间一种非常重要的习俗。

亦因如此，明清之时，惜字之法甚多，惜字之途亦广，俨然是一个“系统工程”。从具体措施上看，至少有如下几项内容：其一，是成立惜字活动的组织，举行有关的集会。这种组织一般称为惜字会、惜字局、惜字社。在此统称之下，又有昌文、德文、崇文、广善、拾遗等具体名称。而集会则多半于早春二月里举行，内容不外是“昌文”“德文”“崇文”——歌颂造字者的功德，表达对文字的景仰，赞兴文教的事业，而且人数之多，“动聚千人”[②]。其二，是专门设置字纸篓，以捡拾残弃的字纸；或是设有字冢，以掩埋那些写过字的废纸。倘是读书士子，还有朝拜惜字冢的风习。其三，则是专设“火化”字纸用的惜字炉，并对纸灰做妥善处置。时人有诗可证：

世间字纸藏经同，
见者须当付火中。
或置长流清净处，
自然福禄永无穷。[③]

将“惜字”与“福禄”接轨，确实是明清人的普遍心态。凌濛初《二刻拍案惊奇》载宋人王沂公之父因敬惜字纸而连中三元，官封沂国公。明人朱国祯《涌幢小品》卷二十“仆惜字纸”条记一佣者在道士“点拨”之下，因敬惜字纸而寿至九十七，无疾而终。可知在当时人心中，惜字则为顺天心、合人道之

① （清）董诰等编：《全唐文》卷七八九，中华书局1983年版，第8266页。
② （清）潘荣陛：《帝京岁时纪胜·惜字会》，北京古籍出版社1981年版，第14页。
③ （明）凌濛初：《二刻拍案惊奇》，江苏古籍出版社1990年版，第1页。

善举；而善有善报，自然“福禄永无穷”。反之，污践字纸则是逆天心、悖人道的恶行；而恶有恶报，自然又将受瞽目之冥报。蒲松龄在《聊斋志异·司文郎》中，就叙写了一个文学大家，因生前抛弃字纸过多，死后被罚为盲鬼而漂泊人间的故事。

“惜字”之风大盛，还孳生出许多足让今人“拍案惊奇”的禁忌，如不得剜裁字迹，不得于地上画字，不得以字砖垫路，不得以字扇插靴袜，不得以字纸引火打亮，不得以字纸糊窗壁，不得以字纸褙屏、褙书壳、褙神像，不得以字纸包药、裹书、拭物、拭几，不得以字纸放船舱底或置于马骑坐，不得以字纸漂污水、焚秽地，僧道不得以有字幡帐作囊杂用，妇人不得以字纸书夹鞋样，不得剪字纸做鞋样及为花垫盘盛盒，不得绣字于荷包、香袋、扇插、枕头……因敬惜字纸而禁及“扇”“砖”“碗”“壶”等，确实让人匪夷所思。出于同样的禁忌心理，清政府甚至明文规定不准许“书瓷”（在陶瓷上题写诗文款识）[①]。“惜字”之风，竟一演至此！这就不能不引发我们的深思。

“惜字”显然是个简称，其完整的说法应当是“敬惜字纸”。由此再深究一下，还有个“字”与“纸”的关系问题。这种关系古人认识很明确，那就是“字借纸传纸因字贵”[②]。可见古人所“惜”者在“字”而不在“纸”。故而，“惜字”云云也确乎是这一习俗的最精当的概括。

随着社会的演进、科学的昌明，尤其是文化知识的普及，今人已不复对汉字奉若神明。汉字不过是普普通通的书写符号，充其量也只是很有些看头、颇有点嚼头的精美而独特的文字而已。然而在古人那里，汉字却是充满着神奇和尊严的神秘的符码。《淮南子·本经训》上有：“昔者，仓颉作书而天雨粟，鬼夜哭。”[③]足见汉字神奇之至。为何“仓颉作书”，“鬼”还会“夜哭”呢？古人解释说：“鬼恐为书文所劾，故夜哭也。”[④]可见“书文”之所以能“劾”鬼，就因为“文”的背后有“意”在，“意”的当中有“事”在，“字”因为隐含着

① （清）朱琰：《陶说》，中华书局1991年版，第239页。

② （清）李佐贤：《利津惜字社小引》，古今图书集成本。

③ 何宁：《淮南子集释》，中华书局1998年版，第571页。

④ 何宁：《淮南子集释》，中华书局1998年版，第571页。

"事"才葆有某种神秘的力量。所谓"苍颉作书，与事相连"[①]，字"与事相连"，正是"劾"鬼之关键。

基于这种认识，古人又发明了符。符，最早就是"书文"，亦即写字。"书文"既可"劾鬼"，符当然更是被视为具有辟邪驱鬼的法力。《后汉书·方术列传下》称方士麴圣卿"善为丹书符劾，厌杀鬼神而使命之"[②]。进而古人又相信，书"嚣"字、"魄"字、"正"字、"火"字、"刀"字、"魙"字、"锺进士"三字，均有制鬼逐鬼之效。旧时人们过江，常要佩一朱书的"禹"字，据说如此便能避水患，远恶鬼。因为大禹以治水而著称，故而"禹"字因隐含其"事"而有了神秘的力量。"敬惜字纸"的心态由此也可得到部分的解释："书"于纸上的"字"因有"意"在，而"意"中又涵有"事"，所以才断乎不可亵渎。

西方学者认为，中国人"有一种把名字与其拥有者等同起来的倾向"[③]，这种倾向在道符的制作上就有突出的体现。在道士那里，若书鬼名于纸上，就凛然具有制鬼、驱鬼之法力。纪昀《阅微草堂笔记》中，就载有一例：

> 道书载有二鬼，一曰语忘，一曰敬遗，能使人难产。知其名而书之纸，则去。[④]

"知其名而书之纸"，就是用写有二鬼之名的符，以逐走这使人难产之鬼。符的法力如此之大，如此之神，道士当然会异常珍惜它。"惜字"之风的形成，与道教严禁将道符"抛弃污秽"有着很深的缘分。在朱国祯《涌幢小品》中，冯佣敬惜字纸恰恰是接受了道士的"点拨"。

仓颉造字致使鬼哭，古人另有一说也颇堪玩索：

---

① （汉）王充：《论衡》，上海人民出版社1974年版，第52页。

② （南朝宋）范晔撰，（唐）李贤等注：《后汉书》，中华书局1987年版，第2749页。

③ ［法］列维·布留尔：《原始思维》，商务印书馆1981年版，第44页。

④ （清）纪昀：《阅微草堂笔记》，上海古籍出版社1980年版，第99页。

只这一哭，有好些个来因。假如孔子作《春秋》，把二百四十二年间乱臣贼子心事阐发，凛如斧钺，遂为万古纲常之鉴。那些奸邪的鬼，岂能不哭？又如子产铸刑书，只是禁人犯法；流到后来，奸胥舞文，酷吏锻罪，只这笔尖上边几个字，断送了多多少少人。那些屈陷的鬼，岂能不哭？至于后世以诗文取士，凭着暗中朱衣神，不论好歹，只看点头。他肯点点头的，便差池些，也会发高科，做高官；不肯点头的，遮莫你怎样高才，没处叫撞天的屈。那些呕心抽肠的鬼，更不知哭到几时，才是住手！可见这字的关系，非同小可。况且圣贤传经讲道，齐家、治国、平天下，多用着他不消说，即是道家青牛骑出去，佛家白马驮将来，也只是靠这几个字，致得三教流传，同于三光。那字是何等之物，岂可不贵重他？①

由凌濛初此段妙解“鬼哭”、盛赞文字的高论，我们当不难见出，古人之所以“贵重”文字，虽不乏重视其实用价值和尊崇文化知识的成分，但更多的则是看取它在“齐家治国”“传经讲道”以及功名（“发高科”）、显贵（“做高官”）、治人（“铸刑书”）等方面的巨大功能。因为无论从哪个方面说，都在在离不开文字，也断断离不开它的传讲之功、行使之效和获取之能。

我国素有“官国”之称，热衷仕途乃国人普遍追求的人生理想。然在古代，仕途对于士子来说并非荡荡坦途，倒似乎更像是一条崎岖山道，莘莘学子纷纷拥入“唯有读书”一条“道”上，熬尽“十年寒窗苦”，祈盼“金榜题名时”。在此“国情”下，文字这一“科名之阶”，自然会显得分外“贵重”起来。即是说，“科名”越是得之不易，文字就越显“贵重”，其结果对文字的迷信、崇拜也必然会越发深重。明清时为何惜字之风大兴，而且以读书人为最注重，就分明和当时科举制度的兴盛以及科场弊端百出、功名愈益难得关系至密。

同时，在中国这样一个漫长的封建国度里，君王自来享有至高无上的权力：天下之大，莫非王土；庶民之众，莫非王臣。文字也不例外。秦始皇依权

① （明）凌濛初：《二刻拍案惊奇》，江苏古籍出版社1990年版，第1页。

改字，武则天恃权造字，历代君王也都有“霸占”文字的“圣举”。所谓“霸占”，一是指君王之名不得直呼或直书，二是说某些字只准帝王专用，或只能用之帝王，如“朕”“玺”“御”“诏”等。“霸占”的结果，再辅以遍及朝野、代代相袭的避讳之风，致使文字等级化、神圣化、尊严化了。它一直掌握在少数人手里，成了强化统治者特权的工具。通文识字一般乃官宦人家的事，至于庶民百姓则多半是“目不识丁”，或“斗大的字不识几担”，于是才愈发感到文字的尊贵和神秘。这就正如鲁迅所说：“因为文字是特权者的东西，所以它就有了尊严性，并且有了神秘性。”①古代的庶民百姓就是这样“神”乎其“文”、“尊”乎其“字”的。

“惜字”是古代特有的习俗，文字崇拜也是国人独有的文化心理。为了把这些问题导向深入，我们尚需从传统文化的大背景中予以进一步“解码”。

《周易》上说：“观乎人文，以化成天下。”②这是汉语“文化”一词的出典。从中可知，“文”与“化”息息关涉，“文化”的意涵亦即“以文教化”，于此展示出传统文化的伦理型特征。作为“文”的一端，汉字早在汉代时就被纳入服务于教化的轨道。《说文·叙》称，文字是“经艺之本，王政之始”，乃统治者“宣教明化于王者朝廷”的工具。许慎本人在说“文”解“字”时，也只是为了“解谬误，晓学者，达神旨”，以服务于“宣教明化”的目的③。汉字的这一特点，在后世惜字者那里得到了广泛的认同。

汉字的功用确实大矣，但“神”化汉字乃至于造出个“龙颜侈侈”“四目灵光”的“仓神”来都还不是目的，“圣教”之“衍”方是“正题”。我国有“神道设教”的传统，历代统治者都注重“借鬼神之威以声其教”④。惜字之风流行，就堪称这方面的“范例”。在惜字者那里，不仅奉仓神，祀孔圣，后来又添上个文昌帝君——他还是一个神，据说是主持文运的神，曾创立惜字之说，劝世人修心积德，敬惜字纸。这一“创”一“劝”已很有些施“教”的

① 鲁迅：《且介亭杂文·门外文谈》，人民文学出版社1973年版，第74页。

② （清）阮元校刻：《十三经注疏·周易正义》，中华书局1982年版，第37页。

③ （汉）许慎：《说文解字》，中华书局1963年版，第314—316页。

④ 何宁：《淮南子集释》，中华书局1998年版，第984页。

意味。更有甚者，这些“神”有时还主动现身说“教”。例如，宋人王沂公之父敬惜字纸，孔圣人就托梦吩咐道：“汝家爱惜字纸，阴功甚大。我已奏过上帝，遣弟子曾参来生汝家，使汝家富贵非常。”[①]作为小说，这里固然不乏虚造的成分，但也分明寓涵着“神道设教”的用意。事实上，惜字者也确实把惜字和人道、天心、赏善罚恶、因果报应联系在一起，他们坚信，污践字纸即系污蔑孔圣。这毋宁说正是“神道设教”的结果。同理，人们崇拜仓神，最看重的也还是他创造了文字来为百王作宪，从而衍圣教于无穷。目之为“大圣”“至圣”，可谓当极。

本来，汉字并非没有神秘色彩。它来自茫茫远古，又出自巫术集团之手；不仅是宗教活动的工具，而且本身就是宗教活动的一部分，其神秘性是可以想见的。但随着周代以来人文思潮的勃起和人们理性意识的高扬，汉字的神秘性已大大减弱。也正因如此，汉代人才需要造出个神来把它那残存的些许神秘性（如“名”“号”不分、“字”“事”相连的神秘意味）提升放大，推向极致，所以我们说造字神话不在于造出个仓神，更在于强化汉字的神秘色彩，以彰显其权威力量。古人在崇仰仓颉的时候，不也把一瓣心香奉献给了汉字吗？

① （明）凌濛初：《二刻拍案惊奇》，江苏古籍出版社1990年版，第2页。

第二节　字谜制作的智慧特征

人在世界上生存，有的事情可以直说，有的则不能直说；有的直说无意味，而出之以隐则意味无穷，这便产生了隐语。通过隐语暗示是人际交往中习见的现象。重隐语的心态可能与原始文化有关，在原始人的心态中，万物皆有神秘意旨，在万物的背后是一个被“隐”着的神灵世界，人们尊奉这神灵，乞求这神灵，也吟咏这神灵。到了后来，这种原始心态以新的形式积淀下来，如“万物有道”即是其中的一端。中国人有一种好隐语的风习，在审美趣味上特重含蓄蕴藉，讲究微言大义，优柔含讽；在语言表达上崇尚一种婉曲的方式，习惯于在似与不似、无可无不可的微妙的关捩中把捉趣味。这种心理反映在民俗样式上，便形成了传统文化中的一道特殊风景——谜语。

和人们朝夕厮磨的汉字成为玩隐谜的重要形式，而汉字的资质也足以使爱玩隐谜的人着迷。汉字似乎注定要成为谜的形式、隐的大宗，它可以说是一种“谜的文字”。大量的汉字都是一种复合结构，通过其间的关系组合来表达意念，组合形式本身实际上就构成了一个谜，正如朱光潜所说：“‘止戈为武，人言为信'，就是两个字谜。许多中国字都可以望文生义，就因为在造字时它们就已有令人可以当作谜语猜测的意味。"[①]不但会意字天然含有谜的意味，就是形声字也具有这种"谜"性，形声字中本来就不乏有意可会者，如大量的"亦声字"就是如此，而那些"纯粹"的形声字人们也常常把它当会意字来看待，这种会意的泛化现象也增加了汉字可以构成字谜的潜在能力。加之汉字的三级构置（由笔画到偏旁再到文字），以及同音字多、形似字多等特点，无不给嗜谜者提供了探赜索"隐"的契机，使他们可以尽情吟味，从"谜的文字"中提炼出"文字的谜"。

字谜的机巧变化很多，最为习见的有以下几种。

会意 谜面运用对字词语义望文生义的联想、索解，组合成字，以扣谜底，这种制谜方法，叫会意。用会意法制作的字谜，就称为会意体谜。它或是简单直扣，如"一张弓"（弹）；或是利用字形变化部位，进行隐扣，如"晕头转向"（晖）；或是含蓄地进行侧扣，如"疑是地上霜"（胱）；或是采用对面进行反扣，如"没有宾客"（住）。更为迂曲的则是采用词语省略和歇后语的方法，进行暗扣，如"柳暗花明"（树），"绣花枕头"（苞）等。

离合 谜面中一组主体字（两个或两个以上）的某些笔画部件拆离之后，再重组成新字，以此扣谜底，这种制谜法，叫离合。用离合法制成的字谜，称为离合体谜。它又有两种：一是不完全离合，如"老头子"（孝）、"大河水枯"（奇）、"一千多一半"（歼）等；另一种是完全离合，如"玉皇顶"（百）、"半真半假"（值）、"只采取一半"（揖）等。

合成 谜面利用字、词语的语义双关和歧义现象，把两个以上字形、笔画部件直接拼合，组合成字，以扣谜底，这种制谜方法叫合成，也叫直拼。用这种方法制成的谜，称为合成体谜。如"复习"（羽）、"八月二十三"（期）、"以一当十"（千）、"雨落苗间"（蕾）等。它们或由两个字形笔画部件拼合而成，或由更多字的笔画部件拼拢而成。

包含 谜面采用暗示、示形的方法，将主体字的某个笔画部件的字形，暗

① 朱光潜：《诗论》，《朱光潜美学文集》第二卷，上海文艺出版社1982年版，第35页。

示出来，以扣谜底，这种制谜方法，叫包含。用这种方法制成的谜，称为包含体谜。它又可分为简式和复式两种。简式即以示形的方法，把单个字的字形部件暗示出来，以扣谜底。其主体字只有一个。如“虚心”（七）、“斧头”（父）、“点头”（占）等。而复式则以示形的方法，把两个或更多的主体字共有的笔画部件字形暗示出来，以扣谜底。如“明有一个，暗有两个”（日）。此外，从制作办法上说，包含体谜又有明暗之殊。其明者已如上述，而暗者则利用常用成语成句的省略，或用歇后语的省略法，来暗扣谜底。如“寻根”（究底——九）、“麻袋装钉子”（露头——雨）等。很显然，其暗者较之于明者，更能使人迷惑，也更能让人着迷。

增损 谜面运用会意转折等手法，把单个主体字的某些笔划部件增加或减损，来成为一个新字，以此扣谜底，这种制谜法，叫增损。用这种方法制成的谜，就称为增损体谜。如“一点不狠”（狼）、“一去不复返”（示、丕）等，此为增式谜；又如“斩草除根”（日）、“暗无天日”（立）等，此为损式谜。此外，增损谜中还每每采用歇后语省略法，使谜品更富有“谜味”，如“聋子打铃”（龙）（充耳不闻）、“猴子爬树”（合）（拿手）等。

象形 谜面利用汉字的象形特点，采用图像物品、模拟形体的手法，以扣谜底，这种制谜方法，叫象形法。用象形法所制的谜，就称为象形体谜。如“一字真奇怪，头上用草盖，九粒珍珠米，三根豆芽菜”（蕊）。这种谜若借助于其他表现手法，则成了混杂象形。如“明月半露云脚下，残花双落马蹄前”（熊）。此谜兼用拆字与象形法。“明月半露”为“月”，“云脚下”为“厶”，“残花双落”为“比”，下面四点象征马蹄，合起来即成为“熊”字。

谐音 谜面利用字音相同或近似的词语相互借代，以扣谜底，这种制谜方法，叫谐音法。用谐音法制成的谜，就称为谐音谜。它又可细析为两种形式：一是直接谐音；二是间接谐音。前者是直接会意、合成、包含的谐音谜。如“无言”（误），“盘庚”（皿），用“无言”谐“吴言”，用“盘庚”谐“盘根”，采用的是直接合成、包含的谐音。后者是借助其他谜体，经过一点曲折谐音，间接扣谜底。如“如释重负”（口），“重负”即“千斤重负”，隐含“千金”二字，再以“千斤”谐“千金”，即成“女”字。“如释重负”，就是“如”字释掉千金“女”，剩下的便是谜底“口”字。

以上所列仅其荦荦大者，其精妙之处还有很多。综合起来看，字谜是以文字为骨骼，以贴切为血肉，以文采为衣裳，以巧妙为魂灵，以“隐”味为生命。故而它一般都具有如下几个特点。

一是疑难性。刘勰说：“谜也者，回互其辞，使昏迷也。”[①]《说文解字》言部新附上亦云：“谜，隐语也。从言迷，迷亦声。”[②]可见，字谜的特点就是迷，不隐不迷不成谜。它必须“回互其辞”，拐弯抹角，虚虚实实，“使昏迷也”，让人有“山重水复疑无路”之感。唯其有隐有迷，才会产生疑难，产生疑难，才会使人索其谜底。几经思索，猜出谜底，便产生出“柳暗花明又一村”的愉悦感。例如，“从一到十”这则字谜，人们或猜“干”，或猜“士”，或猜“土”，均未确，因为这里隐含着的“从”没有着落。其实，“从”“一”到“十”组合而成“坐”字。又比如有如下一则字谜：“一月复一月，两月共半边；一山又一山，三山皆倒悬；上有可耕之田，下有长流之川；六口共一字，两口不团圆。”谜底是“用”。一个极其简单的字经过制作者“回互其辞”，变得疑难丛生，变幻莫测，足使猜射者“昏迷”。

二是趣味性。好的字谜既能使人“昏迷”，又能让人着迷，它以精巧的构思、优美的形式，启人遐想，逗人解会。猜射者一番苦思冥想，骤然间云消雾散，其思也悠悠，其乐也陶陶，趣味正缘此而生。如“夜间有，白天没；梦里有，醒来没；死了有，活着没；多则两个，少则全没”（夕），又如“莺莺红娘去上香，香头插在茶几上，远看好像张秀才，近看却是一和尚”（秃）。这两则字谜构思巧妙，内容形式均有趣味，人们猜射起来，自然饶有兴味。而一旦猜出，便获得了精神上的享受和心理上的满足。刘勰曾以“振危释惫”来概括谜的作用，这是颇有见地的。

---

①（南朝梁）刘勰：《文心雕龙·谐隐》，祖保泉：《文心雕龙解说》，安徽教育出版社1993年版，第281页。

②（汉）许慎：《说文解字》，中华书局1963年版，第58页。

三是知识性。字谜中包含着各方面的知识，从文学、历史知识到自然科学知识，从字、词到成语、俗语，它无所不包，无所不涵。真可谓缩龙成寸、吸海入壶。从这个意义上说，制谜和猜谜，实际上是知识的游戏化。如以下一则字谜："无边落木萧萧下"（日）。初看乍视，谜面、谜底了无关涉，细研之则精巧无比。它采用的是杜甫《登高》中的名句，关键处在于"萧萧下"三个字。这里巧用了南北朝的历史知识，南朝宋、齐、梁、陈四代，齐主和梁主都姓"萧"，接齐、梁二萧之后，是陈主陈霸先。所谓"萧萧下"，正隐喻着一个"陈"字，"陳"（陈）字"无边"即为"東"，"東"字"落木"便为"日"。可见这则字谜采用的是会意、增损法，而织入的却是南朝的历史知识。

四是文学性。字谜是谜语的一种，属民间文学的范畴，它具有浓郁的文学色彩。从来源上看，字谜是从古歌谣、古诗、辞赋、隐语中滋生成长起来的。虽说它在嗣后已独成一类，蔚为壮观，但始终与文学保持着鲜活的联系。形象地说，它虽然枝叶扶疏，蓊蓊郁郁，但根柢却深深扎入文学的沃土中。有的字谜制作，离不了比喻、拟人、谐音、双关等修辞手法；也有的字谜词句优美，极富诗情画意。它们无不深受文学的润泽。更为明显的是，不少字谜本身就是诗、词或歌谣，它们都具有形象、生动、押韵等特点。例如：

何人经商出远门，
河水奔流不见影。
千柯木材火烧尽，
百舸争流舟自沉。

此为诗谜，谜底是"可"。

两字同，
四竖又三横。
形状高低恰相反，

低者深下如池井。
高者似嶂屏。

此为词谜，谜底是“凹”和“凸”。

上头去下头，
下头去上头，
两头去中间，
中间去两头。

此为歌谣谜，谜底是“至”。

正由于字谜具有以上诸特点，故而，它自诞生之日起，就显示出活泼泼的生命力，以其易制作耐寻味和很大的普适性立即成了谜语中的“轻便武器”，并构成了中国民俗中别具一格的文化样式。它虽是一种“雕虫小技”，但也足见中国文化“全龙”特质的“鳞爪之而”。制字谜、猜字谜在古代中国已染成风习，它不仅是中国人的一种重要的文化活动，而且这种活动还自然涵化在其他文化活动中。人们茶余饭后，工作之暇，离不了它；在节日联欢、朋友聚会中，也离不开它，我们甚至可以这样说，只要是可以逞巧斗智的场合，就常会出现它的“容颜”。下面让我们从几则著名的传说中去一睹它的丰采。

据传，宋代范仲淹在西溪任盐官时，向泰州知州张纶提议修建捍海堰。张纶接受了这一提议，立即筹备动工，并亲临现场，面对潮水奔涌的江面，不知何时动工下基石为好，生怕躲不过浪潮冲击，毁坏基足，劳民伤财。于是就派人去附近的人群中请教熟悉地理情况的百姓。不久，有一差官回报说对岸有一渔翁提供了下基足的时间，捎来的是张字条。张纶接过字条，见上面只写了一个“醋”字，不知是什么意思。遍问左右，也无人能解释。恰好此时范仲淹来了，他接过字条，稍加思忖，解释说：“渔翁是告诉你在二十一日酉时动土。”张纶便按时下了基足，果然直到建成也未遭潮袭。

又传，以前有兄弟二人，成家后分开来过。哥哥为人勤劳，且能精打细算，日子越过越红火。弟弟虽也起早摸黑，但终因持家无方，日子越过越紧。有天，弟弟上门向哥哥请教，为何同样劳动，生活却不一样？哥哥过日子的诀窍在哪里？哥哥笑了笑，就出了一个字谜让弟弟猜：

一人站来一人卧，
床底两人并排坐；
中间还有人两口，
这个日子怎么过？

弟弟沉思良久，终于悟出谜底是“儉”（俭）。后来，弟弟节俭持家，日子也一天天好了起来。

这两则传说很有意思，一是以字谜献良策，一是以字谜授诀窍，它形象地表明，字谜在古人的文化生活中有着不容忽视的作用。更有意思的是，古人即便是初次相识，互通姓名时，也每每喜欢出之以隐，注之以趣。请看下面一则“姓氏趣对”的传说：

一天，有三位赶考的秀才到一山村客店投宿。客店主妇热情地招呼道：“三位客官贵姓?”这三位秀才自恃才高，其中一个答道：

四个山字山靠山，
四个川字川连川，
四个口字口对口，
四个十字颠倒颠。

另一秀才也脱口答道：

千字不像千，
八字排两边。
有个风流女，
却被鬼来缠。

第三位秀才吟了一首诗：

孔明借箭草人充，
曹操北兵走西东，
一口想吞孙吴地，
却遭周郎用火攻。

只见主妇笑盈盈地说：“田、魏、燕三先生，请进！请进！”三秀才本想难住女主人，不料对方轻易猜中了谜底。于是他们肃然起敬，拱手问道：“请问主人尊姓？”主妇答道：

三千三，
四斗四，
二斗三升共个字。

这究竟是个什么字？三秀才面面相觑，给难住了。后来，经打听，方知女主人姓“石”。

这则传说未必真实，但它至少表明，制字谜并不以满腹经纶者为限，而猜字谜也并不限于人们茶余饭后，或欢聚之时。字谜在中国，既是一种娱乐方式，也是一种表达方式，它实际上是把汉字的媒介作用加以“隐”化，以一种游戏的方式传播出来。正因如此，字谜就不仅具有一定的交际作用，而且有时也具有一定的“广告”效应。请看这样一则“招牌谜”的传说。

从前，有一店铺的招牌上写道：

月挂半边天，
嫦娥伴子眠，
酉时天下雨，
读书不用言。

招牌挂出后，人们争相观看，生意一直兴隆。招牌的谜底是：有好酒卖。

无独有偶，明代徐渭也制出个别具“心”裁的“点心匾谜”。当时绍兴有个开点心铺的商人慕名请他写一牌匾，徐渭挥笔写下“点心店”三个大字，因为出自名家之手，商人并没介意。牌匾挂出后，人们发现“心”中少了一点，但谁也猜不出是什么意思。此事传扬开去，许多人远道赶来看这一奇特的匾额。这样一来，点心店的生意一直很红火。过了一段时间，店主觉得匾上有一错字不太好，便自作主张在“心”上加了一点，真正成为“心”字了。可是从此以后，生意越来越不景气。店主只好去找徐渭。徐渭笑着说：“你这个点‘心’店是专门填肚子的店，人家空肚子好来吃，现在你在人家肚子里装进了东西，人家自然不来吃点心了。”店主听后，追悔莫及。

这两则传说，从正反两个方面表明，字谜在古代还起有奇妙的“广告”效应。招牌、匾额能否出之以隐，饰之以文，能否别具一格，直接关系着生意的兴隆与萧条。

字谜的作用如此之大，它所产生的影响也至为深远。一方面，它作为民间文学的一种样式，已渗入文学艺术创作的各个领域之中。从墓碑题诗到志怪笔记，从唐代传奇到宋人诗词，从元代杂剧到清人小说，无不留有它的足迹。另一方面，它作为一种娱乐方式，不仅丰富了人们的文化生活，而且也丰富了民俗样式的有机构成。正是在它的促发、影响下，中国的谜种才显得那样的精妙绝伦，才变得那样的丰富多彩，美不胜收。下面我们不妨遴选一二，稍加审视。

部首谜 即谜面为汉字部首，用部首的形状、笔画、方位、名称和组字特点来表现谜底，猜射时应从这些方面加以联想，多用增损离合法。如：

四 （成语一） 谜底：侧目而视

匚 （成语一） 谜底：匠心独运

宝盖头 （字一） 谜底：实

单耳旁 （字一） 谜底：郫

破格用人（部首一） 谜底：贝

版 （字一） 谜底：爿

方格谜 即以“格”内加入适当的字制出的谜。为了体现该谜的特点，根据需要附加“方、格、口”等字。如：

[没] （成语一） 谜底：不拘一格

[口] （成语一） 谜底：格外大方

印章谜 即以篆刻印章为谜面，运用象形、会意、对比等手法制作，以扣合谜底。猜射时，要根据印章的文义和图形，字体和刀法并在谜底上常加有“印、刻、雕、镂、金、石、玉、阴、阳、章、鉴”等字，而推出谜底。如：有一印文“咄”，打一成语，谜底是“出口成章”。

连环谜 又称连环扣、谜中谜。即要求连续猜三个谜以上，头一个谜的谜底做第二个谜的谜面，第二个谜的谜底做第三个谜的谜面，如是环环相“扣”，进行猜射。如：

点心（字一） 谜底：口

（医学用语） 谜底：单方

（成语一） 谜底：不拘一格

类似的谜种还有很多，如圆圈谜、书法谜、棋谜、漏字谜、数字谜、对联谜、诗谜、词谜等，可谓应有尽有，无奇不有，其中尤为奇特的要属“神智体”谜。

字谜的作用如此之大，影响如此之广，这就使我们不能不回过头来重新审视这种民俗样式赖以滋生蔓延的汉字了。人们喜欢制谜，乐于解谜，说到底他们都是在汉字的奥府中回环游弋，重重迷障是通过对汉字的离析、增损、别解等设置的，慧心独识的猜谜之功也是通过玩味汉字予以实现的。制字谜、猜字谜把人们的兴趣点逗引到汉字的世界中，从而使他们培养起一种喜欢分解文字、重组汉字的习惯，其中贯串的原则绝不是“六书”那种经典性的解析方法，而是一种通俗的说“文”解“字”途径，古人称为“别解文字”。测字走的是这种途径，谶纬、符箓走的也是这一途径，但都没有字谜在通俗解字上影响深远，触及面大。它与其他诸种民俗一起共同参与培植了中国人的通俗解字的文化心理。这种心理的形成对汉字与中国文化特殊关系的建立具有十分重要的作用，使人们在操习使用这套符码时，总是自觉或不自觉地去玩味其形体，别解其意蕴，不把它当作表示概念的整体符号，而是视之为具有特殊意蕴，可供人们解析的形体空间，这种心理又每每使人们绕过汉字科学符号的栅栏，去追寻其人文的价值内涵，从而将文字引到了自己的心灵深处。

钱穆、金克木诸学者都指出，中国文化是一种“艺术文化”。所谓“艺术文化”，在逻辑上至少蕴涵着这样三种意思，即在文化的各个领域中，一要普遍地体现出艺术化的思维方式，二要普遍地体现出艺术化的表达方式，三要普遍地体现出艺术化的文化“产品”。字谜作为中国民俗中的一种重要的样式，就相当典型地体现出它的母体文化所具有的“艺术文化”的特质。这无论是从别解文字的心态中，还是从“回互其辞”的表达方式上；无论是从它或化为诗，或化为词，或化为印章，或化为书法的表现形式上，还是从人们用它来献计策、授诀窍以及用它来寒暄打趣、逗乐取谐的多面功能上，都可清楚地看出这一点。倘能如是观、如是想，恐怕我们就难以把字谜再简单地视为一种“雕虫小技”了。

第三节　咬文嚼字的民族性格

语言幽默是一个民族智慧的重要体现。它表面上只是一种逗乐方式，实际上却是一种人生态度、一种思维品格、一种独特的个性气质。它的表现形式很多，诸如双关语、俏皮话、警句、漫画、打油诗、趣闻佚事、荒诞故事等。其中有的诉诸人们的听觉，有的诉诸人们的视觉。在这纷然杂然的形式中，一个民族往往又特别擅长于某种方式。如果说西方人富于哲人风度，长于哲理幽默，那么中国人则具有智者气象，而特善于咬文嚼字的幽默。这种幽默堪称中华民族的独特创造，是其奉献给世界文明的一大瑰宝。世界上还没有哪一个民族像华夏民族那样喜欢咬文嚼字，拈弄文字技巧，重视字趣语趣。笼罩于古代中国的“蔓倩之风”中，咬文嚼字无疑是其中极为重要的组成部分。

咬文嚼字的幽默之所以产生，很大程度上应归功于我们独特的汉字。从主体方面说，中国文化是一种“乐感文化”，尽管这种文化中不乏忧患、苦痛、凄清、悲凉的文化因子，但中国人却常以其“弘忍之力”（王夫之语），去畅饮人生的快乐，消解郁结的情愫，达观古今的世界："古今来莫非话也，话莫非笑也……或笑人，或笑于人，笑人者亦复笑于人，笑于人者亦复笑人，人之相笑宁有已时……不话不成人，不笑不成话，不笑不话不成世界。"[①]古今世界俨然成了一大笑府。几千年来，中国人一直在汉字的瀚海中徜徉游弋，甚至迷恋而忘返。在他们看来，汉字是一个广含深蕴的世界，是一座启颜逗乐的宝库，是一份神灵惠赐的厚礼。它既可分而拆之，又可组而合之；既可音谐，亦可意会；既可巧状形物，又可曲尽心态，真正成了中国人的一条最理想的通"幽"之路，并在浚智养性、逗乐取谐上存有巨功。正因如此，历代文人墨客、草野村民才流连于斯，醉心于斯，或打趣逗乐，或优柔含讽，或辩难逞智，或谑浪笑傲，以成就其快乐的人生。这样，环拱于雅俗并陈、谐谑杂发的文字幽默，我们又可看出中国民俗中的另一生动的侧面。

字形离合 汉字在小篆中就逐步凝定成以偏旁部首为基础的文字符号，除了少数独体字外，大多数都是合体字。离析这些复合结构，便可产生新的意义，收到奇妙的幽默效果。据《三国志·薛综传》载，三国时，有次蜀国派张奉出使吴国，在宴会上，张奉当着吴王孙权的面，取笑吴尚书阚泽的姓名，以羞辱吴国。此时薛综在座，见张奉轻狂之举，十分不满，当场予以还击。他拿起酒壶到张奉面前劝酒，说："蜀者何也？有犬为獨，无犬为蜀；横目苟身，虫入其腹。"这里，薛综从字形上离合了"蜀"，即"横目苟身，虫入其腹"，并将"蜀"字同犬联系在一起，以嘲讽蜀国使臣。张奉听后，深感受到奚落，便反问道："那么你们吴国的'吴'又该如何解呢？"薛综应声答道："无口为天，有口为吴。君临万邦，天子之都。"[②]他通过离合"吴"字的笔画，将"吴"字解释得完美而堂皇。吴国大臣听后，莫不喜笑快慰。在这里，字形离合显然收到了很好的效果。

明浮白斋主人撰述的《雅谑》中，有一则来自草野民间的文字幽默：青州东门有个叫王芬的皮匠，人们习惯称他为"东门王皮"，后王芬家境好转，也不再做皮匠了，便想改掉"东门王皮"的外号，另起一个雅号。于是他设宴邀

① （明）冯梦龙：《广笑府·序》，荆楚书社1987年版，第1—2页。

② （晋）陈寿撰，（宋）裴松之注：《三国志》，中华书局1982年版，第1250页。

集乡亲，让大家替他起个雅号。一青年灵机一动，狡黠地说："取号蘭玻，不是很合适吗？"众乡亲问其含意，这位青年说："蘭花芬芳，玻从王字旁，这号很贴合王芬的名字。"王芬听后很高兴，重酬这位青年，从此称自己字号为"蘭玻"。后来有人经过玩味思索，才勘破其中的幽默。原来"蘭玻"离析之后，仍然是"东门王皮"的意思。一经他的点破，闻者无不捧腹大笑。此例离合字形较之于上例，更显婉曲，它似乎更能切近"幽默"的字面意义——"幽而默识"，因而其幽默的效果也更佳。

位置调换　古文字由于形体尚未固定，意符与意符、意符与声符的配置相当自由，故而出现了数量颇丰的异体字。这种情况在小篆之后虽有改观，但位置变易而产生的异体现象并未就此绝迹。这种现象虽无助于文字的传播使用，却有助于游戏人生。据说从前有个姓苏的人邀一同姓的朋友来家做客。他让客人坐在桌子的北边，自己坐在对面。不一会，妻子端来三盘菜：一盘炒韭菜，一盘红烧鱼，一盘红烧羊肉。主人把素炒韭菜放在客人面前，把另两盘荤菜放在自己面前。两人开始饮酒吃菜。桌面很大，筷子很短，客人够不着红烧鱼和烧羊肉，只得吃些老韭菜。他急中生智，对主人说："你我都姓'蘇'，'蘇'字还有一种写法是把'鱼'放在右边。你看，应该放在哪边好？"主人答道："古人制字，不拘一体，放在哪边都可以。"客人又说："'群'字有一写法是把'羊'放在'君'之下，你看放在哪边对？"主人说："这也是异体字，放在哪边都可以。"于是，客人站起来说："既然哪边都可以，那我就把红烧鱼和烧羊肉都挪到我这边。"这里，字形易位极富字趣，语义双关令人解颐，透析出中国人颖慧的思辨格调和活泼的想象力。

笔画增损　此为咬文嚼字幽默中的重要方式。汉字以笔画为基本构件，笔画的增损常构成新字，先人就往往以此来逞巧斗智，创作出了不少谐谑之作。先看增笔。据《遁斋闲览》记载：当时，有位名叫李安义的义士，去拜见一个姓郑的富翁。富翁见其寒酸，借故不见，义士便在郑家门上赫然写了一个大大的"午"字，扬长而去。有人问这是什么意思，他答："牛不出头。"以讥讽姓郑的不肯出头露面。又传唐代有个大官，名叫李蠙。他原名李虬，虬乃小龙，名字寓有吉利之意。一次他到花园游玩，一时雅兴大发，在墙上写下“李虬到此一游”。日后重游时，发现被人改成“李虱到此一游”。他看后很不高兴，便从此易名为李蠙。此二例，虽增一笔两笔，却都有画龙点睛之妙，谐谑效果颇佳。

减笔所产生的幽默也很多，此举一例。据《喷饭录》载，一举人作了京官，在家门上赫然挂起了“文献世家”的大匾。一天夜里，有人用纸糊住了匾额两头的字，匾额遂成“献世”（谐“现世”，意谓丢脸）。举人勃然大怒，令仆人叫骂于市。夜里，有人又糊住了匾额上“文”字的一点，变成“又献世”。举人怒骂如前。到夜里，有人又糊住了“家”字的一点，匾额又成“献世冢”。这里虚去两点，致使字义大乖，讥讽嘲弄之意皎然可见。

谐音双关 这类字趣最为习见，因字形离析、笔画增损毕竟要受形体拘限，而汉字单音孤立、同音字多的特点使谐音远较拆形灵便得多，这就给中国人以更大的创作自由，由谐音启“邪”想，由“邪”想逗谐趣，上到文人雅士，下至俗夫村民，无不可为，也无不乐为，由是形成风习。宋代苏轼就特擅谐音取趣。他和佛印禅师相善，也常相互戏谑。一年春天，他携妻乘船去佛印处，见佛印在河边拾蚌，便随口吟道：“佛印禅师寻蚌（伴）去”，佛印旋即答云：“东坡居士带家（家室）来。”话虽有点损，但颇有机趣。宋代著名诗人杨万里、尤袤也以善于戏谑而声闻于世。罗大经《鹤林玉露》载：

> 尤梁溪延之，博洽工文，与杨诚斋为金石交。淳熙中，诚斋为秘书监，延之为太常卿，又同为青宫寮寀，无日不相从。二公皆善谑。延之尝曰：“有一经句，请秘监对，曰：‘杨氏为我。’”诚斋应曰：“尤物移人。”众皆叹其敏确。诚斋戏呼延之为“蝤蛑”，延之戏呼诚斋为“羊”。一日食羊白肠，延之曰：“秘书锦心绣肠，亦为人所食乎？”诚斋笑吟曰：“有肠可食何须恨，犹胜无肠可食人。”盖蝤蛑无肠也。一坐大笑。[①]

① （宋）罗大经：《鹤林玉露》，明刻本，卷六丙编。

“蛸蜂”与“尤衮”音谐，“杨”与“羊”同音，通过谐音而谐盎然。在俗文化中，人们最习用最喜用的也是谐音。相传古时有个姓周的官到天星阁游玩，他想炫耀一下自己的射技，便拉弓射栖息于阁上的鸽子，没有射中。周大人为掩饰窘态，便说：“我出个对子，你们来对，对上的赏银十两。”说罢出了个上联：“天星阁，阁落鸽，鸽飞阁未飞。”左右的随员都对不出下联。这时，一个侍茶的村童对出了下联：“水陆洲，洲停舟，舟行洲不行。”众人齐声叫好，周大人也叹为妙对，当场赏银十两。但他没有想到，更妙之处是以“洲不行”谐“周不行”，乃讥其射箭不行。这里村童对周大人的讥讽隐而未彰，真够“幽默”的了。类似的谐音幽默，在民间流传很多，不胜枚举。

汉字曲径通“幽”远非上所胪列，其精妙之处还有很多。但仅此也足以见出，汉字对于中国人来说，不但可用可敬，而且可观可玩，它给中国式的幽默洞开了一个广阔的天地。咬文嚼字虽谓雕虫小技，但绝非我们今天所理解的那种迂腐的冬烘气，它实际上是中国人智慧的一个重要表现形式。柏格森以为，幽默是人的一种气质。中国人这种幽默形式正反映了我们民族特有的心理气质。它那种不可规之常解的奇趣，那种特有的瞬间领悟，那种极大的普适面，那种卓异的游戏精神，不仅是对望文生训的习俗的一种发挥，而且也是对中国人“实用理性”精神的一种弘扬，从根本上说，则导源于中国人游戏人生的生活态度。一方面，好的幽默确能谐而不厌，雅而不俗，腾播人口，像东方朔、杨修、王安石、苏东坡、解缙、纪晓岚这样的人之所以在民间享有至高的声誉，一个重要的原因就在于他们创作出了妙不可言的文字幽默。人们递相传诵着他们的趣闻，述说着他们的杰作，也模仿着他们的幽默方式，在夏夜月下、冬夜炉旁度过快乐的时光。另一方面，哲人雅士控笔行文，也每每涉笔成趣，以文为戏。今人钱锺书说：“说者见经、子古籍，便端肃庄敬，鞠躬屏息，浑不省其亦有文字游戏三昧耳。”[①]像“夫唯不厌，是以不厌”“夏竦何曾耸，韩琦未必奇”这样的修辞机趣，在古代真可谓过水采萍，俯拾即是。

① 钱锺书：《管锥编》第2册，中华书局1979年版，第461页。

咬文嚼字的幽默对中国许多民俗样式都有不同程度的渗透，在字谜、联语、酒令、相声及歇后语中均有体现，甚至还产生了新的民俗样式。如中国古代有一种游戏，叫白沙撒字，民间艺人手抓一把白沙，在地上撒出字来，边撒边唱。如撒“容”字时唱道：

小小笔管空又空，
能工巧匠把它造成。
先写一笔不算字，
再写一捺念成“人”。
“人”字添两点念个“火”，
为人最怕火烧身。
“火”字头上添宝盖念个“灾”字，
灾祸临头罪不轻。
“灾”字底下添口念个“容”字，
我劝诸位得容人处且容人。①

白沙撒字是从宋代开始的，至清代趋于隆盛，它是旧中国的一种重要的游戏形式。这方面的名家朱绍文，至今在北方仍家喻户晓。白沙撒字源于宋代的“沙书地谜”，后者主要是一种组字游戏，亦即利用共同的或者可以借用的偏旁，把几个字巧妙地组合在一起，由此产生谐趣。如“黄金万两”“唯吾知足”的组合就为人们所熟知。

中国独特的幽默样式——相声，与汉字有着十分密切的关系。相声的说学逗唱，既要靠演员的动作表情，也要靠语言的表现力。汉字的形音义特点经常成了相声制造“包袱”（笑料）的契机和工具，谋求字趣、语趣一直是相声艺人吸引听众的一种重要方式。著名相声演员马季，在总结相声组织“包袱”时，曾归纳了二十二种方法，分别是：三番四抖，先褒后贬，性格语言，违反常规，阴错阳差，故弄玄虚，词意错觉，荒诞夸张，自相矛盾，机智巧辩，逻

① 薛宝琨：《中国的相声》，人民出版社1985年版，第50页。

辑混乱，颠颠岔说，运用谐音，吹捧奉承，误会曲解，乱用词语，引申发挥，强词夺理，愿讲愿唱，用俏皮话，借助音形，有意自嘲。可见，上述方法中，有许多就借助于汉字的形音义。朱绍文曾作《字象》，这实际上是一种相声集，它通过“一字、一象、一升、一降”来产生谐趣的效果。文字在这里起到了重要的引发作用。请看下面一例：

（甲撒一个“而”字）

乙　象什么？

甲　象个粪叉子。

乙　粪叉子五个齿呀？

甲　锛掉了一个。

乙　做过什么官？

甲　做过典史。

乙　九品典史？

甲　嗯，不！它点粪屎。

乙　因为什么丢官？

甲　因为它贪赃。

这里由字象引出物象，由物的用途生发出官职名称，从而把物的用途和丢官罢职的原因用谐音方法结合起来，收到了很好的幽默效果[①]。有趣的是，这里以字合象、以“典史”谐“点屎”，在其他民俗形式中亦有体现。自前者而言，清石天基《笑得好》中有这样一则笑话：有人问“抿刷”的“抿”怎么写，一人随手写个“皿”字来告诉他。旁有一人说：“这是‘器皿’的‘皿’，恐怕不是吧？”那人便将“皿”的一横拉长，指着说：“这个样子，难道还不像一把抿头发的刷子么？”这里以“皿”合“抿”，与上面以“而”合粪叉子在致思途径上如出一辙，表明以字合象乃先人创造幽默的一种常见的方法。自后者言，相传古代有两位同窗好友，先后中举，一个官拜典史，一个做了翰林。一日，两

① 参见薛宝琨：《中国的相声》，人民出版社1985年版，第51—52页。

人相约饮酒，酒酣兴发，书生技痒，翰林便写一上联，递与典史："三天不吃饭，腹中无点屎。"典史一看，立即投桃报李，吟出下联："六月穿棉袄，胯下有汗淋。"这副对子颇有谐趣，与朱绍文以"典史"谐"点屎"正同一机杼。

康德说："解颐趣语能撮合茫无联系之观念，使千里来相会，得成配偶。"[①]英国喜剧作家赫斯列特亦云，趣语乃"将那乍一看似乎是完全相异的事物混同起来"[②]。在我国民间语言中，歇后语便是这种"撮合""混同"的最典型的例子，谐音乃其"撮合"与"混同"的拨转机关。如："小脚老太太跳井——尖脚（坚决）到底""民航局开业——有机可乘""搅屎棍子——闻（文）不得，舞（武）不得""茶房里摆手——壶（胡）来"……每句话中均有两个或两个以上的意象，而且彼此风马牛不相及；但借助谐音暗转，便使它们"撮合""混同"起来，成为统一的"解颐趣语"。由于汉字单音孤立，同音字特多。故而谐音取趣远非西方文字所能相比。如有关"粪"的歇后语，大都是通过谐音谐出谐趣来："飞机炸茅房——激起民粪（愤）""正宫娘娘的厕所——没有我的粪（份）""拉着胡子过茅房——牵须（谦虚）过粪（分）""大水冲茅房——粪（奋）涌（勇）向前""骑在墙上屙屎——粪（奋）发涂（图）墙（强）"。这类歇后语虽不甚雅驯，但由此可见汉字创造幽默的能产性。

据此，我们不难看出，咬文嚼字的幽默至少具有以下两个特点。

1.含蓄性

《文心雕龙》中专列了《谐隐篇》。其解"谐"云："谐之言皆也，辞浅会俗，皆悦笑也。"谐也就是打趣，幽默。而"隐"是："遁辞以隐意，谲譬以指事也。"[③]隐即是迷，虽然刘勰区别待之，但也承认，隐在曹魏以后已发展成谜。谜就是"回互其辞"，绕弯子，不直说，迂曲而至，"使昏迷也"。隐、谜又是谐的最根本的特性。正如朱光潜在《诗论》中说："谐最忌直率，直率不

① 转引自钱锺书：《管锥编》第1册，中华书局1979年版，第316页。

② 转引自陈瘦竹、沈蔚德：《论悲剧与喜剧》，上海文艺出版社1983年版，第89页。

③ （南朝梁）刘勰：《文心雕龙·谐隐》，祖保泉：《文心雕龙解说》，安徽教育出版社1993年版，第277、281页。

但失去谐趣，而且容易触讳招尤，所以出之以隐，饰之以文字游戏。谐都有几分恶意，隐与文字游戏可以掩盖起这点恶意，同时要叫人发见嵌合的巧妙，发生惊叹，不把注意力专注在所嘲笑的丑陋乖讹上面。”[①]隐与谐的结合才能做到柏格森所说的“谑而不虐”。汉字本身就含有隐的资质，朱光潜就把它称为“隐的文字”。既然如此，人们自然就会从中去索“隐”探“幽”，创造谐趣，并相沿成俗。大量的笑品笑趣表明，幽默在古人看来，实际上是一种“言非若是，说是若非”的极其微妙的运作，似是而非，若是若非，也就是隐。

隐是构成其难以捉摸的谐趣的重要因素之一。从这个意义上说，没有隐就可能没有幽默，明白浅直，一览无余，只能使人乏味、厌倦，隐实际上正如相声一样构成了一个幽默的“包袱”，使人的心理经过从大惑不解到豁然开朗的转换过程，产生一种索解的乐趣和了悟的欣然。隐与谐正密相关涉。由此我们似乎可以说汉字是最富幽默性的符号，只要你加以离析，运以巧思，便可“拨乱”而“反正”，收到一种“陌生化”的效果。为了达到这一效果，人们或是采用谐音暗转，如上所揭举的歇后语；或是巧妙地利用字形，如上所列举的“午”字例和“繭玻”例。它们一个比一个“隐”得深，一个比一个“隐”得巧，更甚者，便是采用字谜诗的形式。据传，古代有一人因事去朋友家，一进门，他双拳一抱，吟了一首字谜诗：

寺庙门前一头牛，
二人抬个哑木头，
未曾进门先开口，
闺房女子紧盖头。

友人稍一思忖，领会了秀才的意思。他也立即用字谜诗作答：

言对青山不是青，

① 朱光潜：《谈美书简》，《朱光潜美学文学论文集》，湖南人民出版社1980年版，第174页。

二人土上在谈心，
三人骑头无角牛，
草木丛中站一人。

秀才一听，与自己说的完全对上了，于是双方都忍不住地大笑起来。原来这两首字谜诗的谜底分别是“特来（來）问安”和“请坐奉茶”两句熟得不能再熟的礼貌语，在这里已完全被“陌生化”了，这便是谐与隐更深一层的融合所产生的独特效果。

2. 敏捷性

幽默，古人常称为滑稽，姚察解云：“滑稽，犹俳谐也。滑，读‘如’字，稽，音计也。言谐语滑利，其知计疾出，故云滑稽。”[①]可知滑稽就是“谐语滑利”，反应便捷，这正是我们民族幽默的另一特点。中国人自来推重瞬间领悟的智慧，灵光一现，辩慧突举往往是人们品评人物智慧的重要标准。在民间，人们认为最有智慧的人并非那些死读书、读死书的“书蠹”，似乎也不是那些学富五车的饱学之士，而是那些反应敏捷，“知计疾出”的颖脱之才。人们特别推重“曹七步”“温八叉”，特别爱重倚马可待的文才、诗才，均体现了这一点。又如汉字中的“快”既指速度快、反应快，亦指愉快、痛快和爽快，所蕴含的也还是这样一种心态。因此，反映在幽默上，中国人便特别推崇那种触机生解、谐语滑利、巧智敏捷、知计疾出的笑品和笑趣。明人谢肇淛把“善戏谑”之趣，比之为“禅机”，道理也就在这里。细细研之，这种敏捷性特点主要表现为两个方面：一是突发性的急智，一是流走性的巧智。前者有如燧石迸火，后者犹如玉石相贯。顾况在看到白居易的名字时，立即打趣说：“长安米贵，居住不易啊！”遇到名字突萌奇想，心有灵犀，一点就通。又传唐官狄仁杰曾与同事卢献打趣道：“足下配马乃作驴”，卢献立即反唇相讥：“中劈明公，乃成二犬。”狄仁杰笑道：“狄字‘犬’傍‘火’也。”卢献顺口答道：“犬

① （汉）司马迁撰，（宋）裴骃集解：《史记》，中华书局1982年版，第3203—3204页。

边有火，乃是煮熟狗。”[①]此虽非雅趣，但足见汉字形符对人们思维的重要导向作用和迅疾引发人们经验的特点，煮狗肉云云实在是汉字形符诱导下的突发性的奇想，这便是急智。而流走性的巧智实际上就是突发性急智的延伸，当急智频频出现，“妙语”而“连珠”时，便成了流走性的巧智。

① （唐）张鷟：《朝野佥载》，中华书局1979年版，第133—134页。

第四节　测字背后的文化心态

测字是我国民间流传的重要方术之一，它导源于汉，大成于宋，至今仍响嗣未绝。它是在汉字基础上产生的迷信活动，其消极意义是显而易见的。但它能长期绵亘不绝，自有其历史必然性。一方面，它确实反映了中华民族曾经具有浓厚的迷信观念；另一方面，通过这种文化活动，也体现了中国人对汉字的崇拜和中国人独特的宗教观。

测字之名，颇多歧说，所谓“测字”“拆字”“相字”“破字”等都是较流行的称谓。拆字，亦作测字，拆则有分拆之意，测则有推测之意，为占法之一种，古亦谓之破字。破字是较早的称呼，《隋书·经籍志》卷三《历数类》即载有《破字要诀》一卷，破字亦即破解文字，与拆字之义相同。宋人又谓测字为相字，孙光宪《北梦琐言》称，测字之术唐末已有之，宋时则谓之相字。相字和测字意义相同，它们在宋以后基本通用。但相字（包括测字）和拆字的意义应有所区别。拆字主要是字形分析，一切字形分拆的行为都可称为拆字，相字则是一种以字占卜凶吉的方术活动。由于它是在拆字基础上形成的，字形离析是其最根本的方法，因而后人又将其混而用之。

测字俗尚的形成经过了一个漫长的过程。首先，中国人喜欢分拆字形的习惯是其产生的直接动力。拆字之风一直可以追溯到先秦，《左传·宣公十二年》就记载了楚庄公以“止戈为武”来论述战争的事。至汉，分拆字形的风习更加流行，许慎就曾指出当时随意肢解字形、任意牵强附会的陋习；董仲舒则利用字形来敷衍自己的思想。至魏晋南北朝，在因循汉习的基础上，还出现了大量的离合诗，如所传孔融著名的一首离合诗：

> 渔父屈节，水潜匿方。与时进止，出行施张。吕公饥钓，阖口渭旁。九域有圣，无土不王。好是正直，女回于匡。海外有截，隼逝鹰扬。六翮不奋，羽仪未彰。龙蛇之蛰，俾也可忘。玟璇隐曜，美玉韬光。无名无誉，放言深藏。按辔安行，谁谓路长。①

合而为“鲁国孔融文举”六字。分拆字形的风习为测字的形成直接奠定了基础。同时，测字是一种方术活动，自汉以来普遍流行的文字谶纬（史称“字谶”）活动可以说是测字形成的诱发契机，实际上字谶已十分接近测字了。所不同的是，测字是一种主动的占卜活动，字谶则被视为一种先兆——某种未来出现事件的证验。

测字之所以能产生，最根本的原因则来自汉字，没有汉字也就不可能有这种方术活动。汉字中具有大量的会意字，它合众体以成文，又融多文以成意。而汉代以后许多人认为，六书之妙，妙在于会意，于是会意被任意扩大，每遇一字，常肢解之，附会之。到了测字者之手，这种风习更得到了极致的发展。只要自己有某种“意”，均可在文字中有所“会”，“会”的过程也就是离析、猜测的过程，“会”之愈奇，就愈显神奇。会意的泛化是中国民俗中的重要现象，测字只不过是将这种方式推向极端而已。另外，汉字是一种表意文字，大多数的字均由不同的偏旁组合而成，各个偏旁又是由不同的笔画组合而成，由

① （唐）欧阳询撰：《艺文类聚》卷五十六《杂文部》二，中华书局1965年版，第1004页。

笔画到偏旁再到文字便形成了汉字的三级构置。由于构置本身可分可拆，故而极富变化的魅力。这种变化再助之以会意的泛化、声训的辐射，就愈显奇妙，不可端倪。测字实际上就利用了汉字的这些特点，而转化为一种方术活动。

当然，测字的产生不仅来自我们独特的文字，而且也导源于中国人对文字的态度。中国人长期以来存在着一种文字崇拜心理，人们总以为汉字中蕴涵某种神秘的东西。清周亮工云："按之六书，不协正义，惟取天机之妙合，兼因时会以变通，庖牺画像，于此可该。"[①]在一定程度上，汉字被视为穷天地、洞鬼神的重要媒体，测字则是"操苍颉之根宗"，借汉字的内在机微来预卜人事之吉凶。

宋代是测字的繁盛期，测字到了宋徽宗时期在社会文化中地位突升，此时的代表人物就是谢石，故后人一般把谢石视为此术的创始人。史载谢石相字，不仅享誉乡里，而且名播朝廷，王公大臣、庶民百姓莫不以得其所相为快事。后人薪传不绝，朱安国、胡宏、郑仰田等更倡其事，测字之术才蔓延开来。从而取得与龟策、星命、风水分庭抗礼的地位，进而又成为民间卜算中最流行的方式之一。

宋代何以测字之风鹊起？这首先受到了宋代普遍存在的文字崇拜之风的影响。当时文人学士常以剖文析字相嬉戏，论义理、卜吉凶，从朝廷到民间都很迷信文字。《石林燕语》卷一载，熙宁末年大旱，诏议改元。执政初拟"天成"，神宗认为不可，理由是"成"字于文，一人负戈；继拟"丰亨"，神宗又认为不可，因为"亨"字为子不成，认为惟"丰"字可用。遂改"元丰"。皇帝对文字如此谨慎，亦可见其对文字的态度。《春渚纪闻》卷二载：谢石测字，号为神机妙算。求相者但随意书一字，即就其字离析而言，无不奇中者，名闻九重。上皇因书一朝字，令中贵人持往试之。由于他测字灵验，被招入宫，赐以珍贵，并加封官爵。《说海》上亦载，宋高宗微行，遇石于市，在众人中，上因举杖于地书一画，令相。皇上尚且如此迷信文字，亦足见其时代风气之一斑了。

① （清）周亮工辑：《字触·凡例》，商务印书馆1936年版，第1页。

另外，宋代测字风行可能受益于王安石的《字说》。王安石晚年退居钟山，穷数年之力，作《字说》一书，自视甚高，并上表皇上，一时学者无敢不传习，主司纯用以取士。可见其影响之大。他剖文析字，尽废六书之五书，而独取会意，如解释字例：人为之谓伪；位者人之所立；歃血自明而为盟；言之于公者曰讼；伶，非能自乐也，非能与众同乐也，为人所令而已，等等。这种释字方法对当时的测字之习起了推波助澜的作用，为许多术士所激赏。《尺牍新钞》三集卷三徐芳《与栎园》谓谢石之字"未必不出于"安石《字说》。

测字的出现，在民间方术活动中增加了一种最简便易行的占卜方法。自宋至清，操此术者愈来愈多，"痴人仰以识趋避，黠者挟以觅衣食"[①]。粗通文墨者即可行此道，写几张字片，支一个小凳，坐于街侧路边，再挂一幡，写上"鬼谷为师，管辂为友"之类的话，就可算起命来。其甚者行于乡村野陌，入于豪门人家，亦在在有数。当然对术者来说，最重要的还在于那卜后的银两，测字者常树以一牌，上写测一字要多少文钱。有时，为了显示其神秘和不为稻粱谋的意思，有许多术士还限制每日测字的数量。《清稗类钞》卷十载，苏州上津桥米某因为家贫，图入山自尽，遇仙，授测字一书。其验如神，唯求之者必预定，日仅测一字，取银一两，悬牌门首，某日测某人家。遇仙之事唯有天知，但他由此觅一谋生之道则是显而易见的。

下面说说求测之方法。

第一，自书字以测。求测者自己随意写一字求测，这是测字中最常见的方式。由于是自己主动有意的选择，求测者为求吉利，多取较吉利的字眼，极力避免那些不吉利或可能引起不好联想的字。《清稗类钞》册十载慕天颜请测之事：吴三桂将谋反，向苏藩库借饷。当时慕天颜为藩司，踌躇莫决，于是请人测字，翻转桌上残柬，指"正"字为枚。测字人说，不可借。正似王字，柬正面合几上，反之兆也。慕天颜于是拒绝借饷。后果应其言。像慕天颜一样，很多求测者都喜以吉字占，而测字者为了炫技显灵，常于吉处说凶，于凶处说吉，这样出人意表，效果也就更佳。有窥出此中门径者，便常反其意而用之，

① 钱锺书：《管锥编》第3册，中华书局1979年版，第978页。

专以凶字求测。周亮工《字触》卷二载一测事：

有以“哭”字问病。曰：“是兄何人?”曰：“父也。”曰：“止生足下一人耳?”曰：“然。”曰：“不妨。”问何故，曰：“上两口双全，下面一人，以时而论，戊日便好。‘哭’为水，戊土制之，不但如此，还应得一子，以‘犬’字傍有一点也。”①

此人以“哭”字问病真够大胆，但术士化凶字为吉解亦可谓神奇。

第二，拈字而测。古代测士常置一口袋，里面装有预先写好字的纸片，求相者从袋中摸字以占。这种方法对相士来说，比上面所说的求相者任写一字的做法要容易得多，相士可以预先对袋中之字进行“演习”，因而断起来头头是道。这对水平不高、识字无多的下层测字先生尤为重要。这种方法由于是在不能看到的情况下亲手摸取的，据说其中就有机遇、命运的作用。而求相者就信这一套。《清稗类钞》载一测例，有两人分别拈得“死”字，一问科名，一问婚姻。测者写“癸卯一人”四字贺前者，谓大吉利，癸卯年当大魁天下；以怨偶无心、昙花一现解后者，谓有悼亡之痛。后两人果如其言，一文场告捷，一娶后妻殁。对于这个“死”字，术者可能早已设想出种种可能，故能随机应变，下断从容。

第三，以物测字。此法也颇流行，求测者以物求占，术士则以表示该物的字或以与该物相关的字为断。周亮工《字触·外部》载有二例曰：

以瓜子问父病，曰：“死期近矣，合‘瓜子’为‘孤’字，固知必不生矣。”②

有一世家子临场出袖中汗巾与卜，曰：“君家三代进士邪?”曰：“然。”“君思中耶？奈肚里没货何？盖‘汗’字似从‘三’从倒‘士’，而‘巾’字

① （清）周亮工辑：《字触·外部》，商务印书馆1936年版，第28页。

② （清）周亮工辑：《字触·外部》，商务印书馆1936年版，第29页。

少‘中’字下一画也。”①

据此可知，以物求占，最终仍化为拆字。由于所占之物与所断之字关系非一，既可指称相同，亦可相关相涉，故而断起来颇为自由灵便。

第四，书字。此法宋代已流行。其方法是：如需卜问，求术士书一字，初不能解，待日后事出则恍然大悟。它介于字谶与测字之间。宋郭彖《睽车志》卷一载有一事：汪国正登第已逾壮室，尚未有子，求字于皇甫坦，坦书一“湧”字。后汪国正授吴江簿，到官而生男，乃悟“湧”字江下男。这种解释很迂曲。术士书字往往设想出种种可能，可以泛应而曲当。如给此士人书一“落”字，其及第可如是说，若落榜也可说通。对于笃信测字的人来说，此法的缺点是不能当下立断，故后渐不传。

以下谈断字之方法。

世界是复杂的，求测者各怀私愿，以一字而囊括如许内容，并非一件易事。即使我们承认测字是一种欺人之术，但要欺到人，使人相信，也绝非人人可为。术者要开动所有的想象“机器”、调动自己的锦心绣肠，联系字内字外，方方面面，而从容为之。自古以来的术士各骋才情，以求通会，积累了许多断字的方法，主要有以下几种情况。

第一，不限拆本字，而考其和其他字的联系，以断吉凶。汉字的一个重要特点是序列化，许慎曾将9353个汉字分为540个部首，这540个部首就是540个类。测字者一般只测一字，但此字多隶属于某个类，如有必要，可联系其同部首同偏旁的其他字来帮助解释。宋何薳《春渚纪闻》卷二载谢石测字事说，有一朝士，其妻怀孕过月，写一“也”字令夫问谢石，谢石从“也”字推出其妻盛年三十一岁、夫力谋迁动而不可得、妻家物产荡尽、妻孕十三个月、所怀为蛇妖等。“也”字由语助词一直联系以“也”为偏旁的字：池、驰、他、地、（蛇），由此生发出大篇奇想；并大卸八块，拆为“三十一”和“十三”。不论谢石预卜是否灵验，其出色的想象力却不能不令人惊叹。

① （清）周亮工辑：《字触·外部》，商务印书馆1936年版，第33页。

汉字同音现象十分普遍，测字中，如有必要，也可联系音同音近的字来断吉凶。如谢石曾为武将王进测字，进以名“進”求测，谢云：“家欲走，若图事必败。”此言即根据“家”“佳”之同音来断吉凶。

汉字字形相近者甚多，拆字时，若能利用这一点巧加系联，也可别出蹊径。《清稗类钞》册十载，乾隆戊子，纪文达以事获遣，尚未判决时，书“董”字问一精通拆字的军官。军官云其必远戍；又书“名”字，军官以日在西为夕，谓其将去西域；又问将来能否遇赦，谓“名”字形类君字，亦类召字，必赐还；又问遇赦何年，回答说不足四年。后果遣戍乌鲁木齐，以辛卯六月赐还，一如军官所言。此例在拆“董”“名”的同时，又利用了“名”与“君”“召”相类似的特点，饶有思致。

第二，有时在拆字的同时，径以字义与相关的内容言之，以断凶吉。据载，从前一人出身行武，一日测字，拈得“棋”字。古“棋”指象棋，“碁”指围棋。测字者说，凡围棋之子，愈著愈多，象棋之子，愈著愈少。今所拈是棋字，而非碁字，是象棋子，非围棋子，恐家人越来越少。但若外出可避此凶，因是兵，卒过河方可纵横。显然，这完全是利用字义及相关的内容来断字。

第三，测字中但得一字，遂引经据典，以断吉凶。此断法也颇为流行。《清稗类钞·方伎类》载，清乾隆年间有一测字先生叫范行时，精擅测字。一日，有人以“風”字问其妻所孕是男是女，范断曰：移中间虫字于右旁，则似虺字。《诗》云：“惟虺惟蛇，女子之祥。”所孕必女矣。此断法灵验与否且不论，但引经据典，振振有词，真使人有“亏你想得出”之感。

第四，若人自书字来求测，则可据其书写特点来断凶吉。目前在西方以书写方式的特点来研究人的性格特征已成为一门热门的学科。古代中国人也认为“书如其人”，书写的特点往往能体现一个人的个性气质，这是具有一定科学性的。测字者常采用此断法，在他们看来，字粗壮稳实，必刚强正直之人；字缩头蹩脚，多猥琐凡庸之辈；字飘而稀疏，其人定率意浮飘；字纵横洒落，其人多俊逸超脱。宋洪迈《夷坚志》载，人书“申”字以问病，相字者见“申”字

“中带燥笔”，遂断为“丹田既燥，其人必死”，果言中。清周亮工也常以书写特点来看相，有人书一“西”字来求测，周见其字迹轩昂而有神采，断定此人必是文人，且值得意之时，当为登榜之人，结果言中[①]。

第五，利用测字时的周围环境来帮助断定吉凶。这种断法在测字中也用得比较普遍。传清时有个叫陈钟年的名测字先生，一日接待一吴姓巨贾，称其近接家书，妻病危，不知凶吉，故来测。恰好此时有一犬窜出。陈氏遂断曰：“死矣。”吴厉声说：“字尚未断，焉知生死?”陈解释道：“刚才我之口与你之口交谈，为两口，一犬在旁，正是‘哭’字，故知。”吴骇而归，果如其言。可见，此断法随机性很大，但随机之中又体现了机遇和命运，而求测者信的便是这一套，故而术士每每爱用此断法。

当然，测字说到底是一种基于汉字的方术，对字形本身的分拆是断吉凶的最根本的方法，术者无不重视字形结构。但在拆字中，他们又无视汉字的原有结构，只是把它视为由若干笔画组成的松散的构架，如“畐”从字形上说不可分，但拆字者能分出“一、口、田”，“也”字也能分出“三十一”或“十三”。其分拆方法大致有以下几种。

离合 此为最常见的拆字方法。如一人以“奋”字测前途命运，测字先生说：“名居第一人，官不过三品。”他由此字拆出“一”“人”“三品”之形。周亮工曾谈到一人丢失儿子，书一“走”字请测，他断曰：“不必找了，恐死于外，因走为土下人。”

歪解 此法往往完全不顾字形结构，抓住一点相似之处，便任意牵扯、移位，如将“飛”字拆为“二九而升”，将“杭”字拆为“兀术”均属此类。吴崧《几神验存》载有一例，可谓歪之极。一人书一“代”字问一人存亡，测字先生说，此人必是至亲，很有德行，但最近遭有灾难，正避而藏也。求测者问其究竟，答曰：字势休戚相关，故知至亲；字形信义兼有，知必盛德；字伏藏之体，所以是隐而避也。其意是说，“休、信、伤、伏”四字均有“亻”旁，故类“代”字之偏旁，“戚，义、残、藏”均可肢解出“弋”之体，故亦与

① （清）周亮工辑：《字触・外部》，商务印书馆1936年版，第40页。

“代”有联系，由此生发出这般奇想。

重组　即通过原有字重新组成另一些字，从而拓展测面。如一人以“七”字相儿子眼病，相士断曰：一已损其半，一将好也。意思是说：“七”是“北”之半，北者败也、坏也，由此推出一只眼坏；“七”又是“皂”之尾，皂白分明，故断出一目将好也。又如一失物之人写一“失”字求相，测字者在下面加一竖，变为“朱”，从而断为朱姓者所偷，并认为是排行二十八。

字貌　即据字形间架结构的特点来推测。如一人以“午”相病，相士云：“必死，上人卧倒也。”又宋高宗时，秦桧专政，大有凌驾皇上之势。高宗以“春”字求相，谢石云：秦头太重，压日无光。以讽秦桧。

测字在古代流传范围很广，求测者有愚夫愚妇、贩夫走卒，亦有达官贵人、文人墨客乃至封建帝王。测字被认为有巨大的功能，它可以卜吉凶、探病根、寻遗物、知前程。上至军国大事，下到孕妇是否生子、生意能否做成、官司可否打赢，均可通过测字而得知。

和谶纬、梦验等一样，测字说到底是一种迷信方术活动，很难说有什么科学依据，只有像笔迹预测这些极少数的内容还能谈得上有一点科学性。汉字是一种记录语言的符号，其中并没有人的命运奥秘，今天我们见到的古代有关测字的记载，多称“果如其言”，极为灵验，这并不可靠。道理很简单，因为这是记录者有意识的选择。即是说“走麦城”的测例被他们“按下不表”，留下来的当然是些“过五关斩六将”的灵异“壮举”了。当然，测字能风行千余年，不排除有断中说准的时候，显然也不能将其视为一派胡言，若问东说西、求三得四，求测者也难以相信，测字自身久而久之也会湮灭。然而，测字中的许多“神机妙算”并不在于汉字中隐藏着什么秘密，而在于字外功夫，见风使舵，察言观色，并将观察结果附会于文字之中，从而通过文字说解表达自己的观察结论。文字在传承过程中积累了大量的文化观念，其中就包括许多神秘意旨。测字者发现这种文化积淀又创造新的神秘。在测字者看来，求测者和术士面对的都不是一般的文字，而是一种神意的符码。故术士才乐于去分拆，求测者也乐于去接受。

有关测字中察言观色的特点在下面这些例子中表现很充分。宋徽宗曾求相于谢石，出一“问”字，谢石说：“右为君，左为君，圣人万岁。”这显系捧扬之语。而另一道士以同样的字去求相，谢却说：“门虽大，只有一口。”这正是针对道士的特点而言的。有一皇帝私访，遇一相士，书一“帛”字求相，相士一看他眉眼甚熟，知是当朝皇帝，就跪在地上，连称死罪，皇上惊问其故，相士答曰：“皇头帝尾，必非常人也。”另一人心情不佳，面露痛苦之色，也以“帛”字求相，相士却答曰：“帛乃白巾，君必孝服也。”同一字针对不同人的不同特点作不同的解释，这与其说是测字，倒不如说是测人。

测字是一种骗人之术，是一种文化糟粕，这一点今人多有此识。然而测字也有一定的文化价值。测字中有时亦能显示人的智慧。高明的测字者不但对汉字构造特点有精深的理解，有时甚至具有一定的艺术想象力。历史上留下的许多测字之例，有的很富有艺术性，其中不乏机趣，并充分展示术者独特的想象力。有的测例本身就是一则谜语、一首动人的诗，这也是测字能长期流行的内在原因之一。

另外，测字有时也能起到一些正面作用，人们通过测字可间接表达自己的主张，达到某种目的。中国士大夫立身处世，均欲有功于世、有功于国，由于严密的等级秩序和严苛的处世环境，要求士大夫通过优柔含讽、微言寄托的方式表达自己的政治关怀。测字就常是士人利用的途径之一。在这里，测字本身并不重要，重要的是借助于测字这种形式表达自己的观点，完成干政的目的。谢肇淛说测字中有“隐讽存焉”“寒奸之胆”，即就此而言。历史上许多著名测字先生如谢石、朱安国、胡宏、周生等均善为此事。当然也有利用测字阿谀权臣、助纣为虐者，但这也从反面看出测字具有干预世事的作用。

第五节　名目繁多的文字禁忌

在文字基础上产生禁忌，西方并不多见，可在中国却极为普遍。较为习见的有谐音禁忌、名称禁忌、因禁改字、避讳、文字狱、文字霸占等。在这里，汉字俨然构成了一套法律。通过禁忌，人们赋予汉字以无上的权威；通过禁忌，又萌生了许多丰富多彩的民俗形式；通过禁忌，甚至也强化了皇权，维护了封建的正统性，在文化传统的绵延中发挥着一定的作用。千百年来，华夏民族虽备受这种文字的荫庇，但有时人们的性情却又受到它的碾压。

禁忌，又称塔布，是一个舶来品，我们古人则称忌讳。古人以为，所畏为忌，所隐为讳。这也就是西方哲人所说的“出于恐惧的敬畏”。《荀子・天论》上说：“星队（坠）木鸣，国人皆恐。”[①]也是同样的心理。人之所以恐惧并产生种种忌讳，往往在于对象的神秘性。在人类早期，人对许多自然现象不可解释，故神而明之，随着神话观念的逐渐淡漠，自然的神圣性和人间的伦理性往往羼杂在一起，因此所忌讳的对象又常与人的社会性联系在一起，忌讳往往变

① 章诗同：《荀子简注》，上海人民出版社1974年版，第181页。

成一种强制性的行为。我国周代以前并无讳事，讳事起于春秋时期，它正是在人伦观念得到强化之后的产物。

文字禁忌是古代中国禁忌的重要表现形式之一，它实际上是汉字地位崇高的一种表现。禁忌的制定者首先明白，汉字在它的使用者心目中具有至高无上的地位，它是神的创造，它的身上蕴含着神的力量，而且冥冥之中还对人的文化行为起到控制作用。拥有了这种文字就拥有了独特的权力，借汉字地位之崇高可反衬出自我地位之崇高。因此，“正名”便成为中国文化史上一以贯之的传统，有时正名又体现在文字上，正名即正字。正字就要刊削邪意的侵入，使文化史上长期流传或新近所造的字合于正体，保持这套符号的纯洁性；正字又要将文字创造传播中的神秘精神挖掘出来，将天地精神的有序性纳入人伦日常的轨道上，摒弃任何游离于这种秩序的外在成分，由此保持文字的有序性。

中国古代有一种重要的禁忌，叫作避讳，今天我们也许很难想象它给我们的先人带来了多么沉重的思想负担。

避讳有家讳、国讳之分。家讳主要是避祖先之名讳，它具有一定的范围。它被视为一种忠孝观念的具体体现。此风源于周，后由松而严，由简而繁。在古代，如果自己不注意说出祖先的名字，轻则招人讥议，重则丢官失禄，名声扫地。自六朝以来，避家讳者史不绝载。如《宋书》上说，范尉宗为太子詹事，以父名为泰，遂不拜。《隋书》上说，孔奂欲以王廓为太子詹事，廓父名泰，亦不拜。另据《唐书》载，源乾曜封太子少师，为避祖名，改封少傅。裴胄为京兆少尹，以父名不到任，改当他官。萧俨拜太仆少卿，以父名不拜，改授太子右尉率。《唐律·职制篇》规定，诸府号官称，犯祖父名，而冒荣居之者，徒一年。假使父名卫，不得任卫中之官；父名卿，不得任卿官。李贺父名晋肃，终身不得考进士。若有他人不慎触犯家讳，那将是一个很不愉快的场面。东晋桓玄初任太子洗马，王大前来祝贺，玄设宴款待。王嫌酒冷，乃频呼使者取温酒来。桓玄为此而泣哭，欢宴为此而不欢。因玄父名桓温。

家讳虽属己事，不关他人，但讳言对象——汉字，却是人们的交际符号，在你交际的范围内，别人说出你的家讳或使用你家讳的文字，往往被视为对你的不恭。尤其那些为官之人，其僚属和下民若冒犯了官大人的家讳，那就更是不堪设想，为此而丢官掉头的人不计其数。周密《齐东野语》载，宋宣和时，有一叫徐申的人知常州，一个下级官僚来禀报情况，说："前有三状申府，未报。"徐申因触家讳怒而斥之。此官窝了一肚子火，再次致言："若申府不报，当申监司，申户部，申台，申省，申来申去直待申报方休。"言毕，长揖而去，把徐申气得七窍生烟，这小官胆大妄为的下场也可想而知了。另据张端义《贵耳集》载，赵文仲在楚州，有赵倡新至，文仲问其何来。答言因求一碗饭方到此。因赵文仲名范，其父名赵方。文仲怒其及己名，又及其父名，立斩之。如此一来，地方上的官僚实际上就成了他所统辖之地的土皇帝，而家讳也几乎上升为国讳了。庞大的官僚机构设下了天罗地网，仅此家讳一项就足使人们不敢轻易操笔，纵情言谈。而且这还是在尊君重祖的伦理观念的前提下确立的，若不慎冒犯，自然也不会得到人们的宽宥与同情。但即便如此，在我们这个超常稳定的封建国家里，官叫民死民不得不死，若上级犯了下级或百姓的家讳，那也只是等闲小事，你的命都操在我的手中，何况家讳？因此家讳既确立了封建道德秩序，同时也加强了封建的合法统治。

如果说家讳是一种自觉的行为，那么国讳在一定程度上则是一种强制性的规定，人们只得遵从，难以越范。国讳涉及范围广，危害也大，一朝坐上金銮殿，他的名字也顿然神圣起来，仅为"余一人"所用，成了"孤家寡人"至高无上地位的一种表现形式，普天之下，自古及今，凡与此名相同相近或形不同意相通的字，包括人名、地名、官名、物名等，均要避之。即是说，至少在其统治之时，这个字不得在除了自己之外的任何地方出现，这个字从那段历史中也就几乎消失了。这是彻头彻尾的"语言霸占"。如唐代李世民登基后，史书中凡言"世"皆曰"代"，凡言"民"皆曰"人"，"民部"从此改为"户部"，一切与"民"有关的都要改。正因如此，中国历史上出现了许多令人啼笑皆非的事。如晋人避司马昭之讳，竟将几百年前的王昭君改为王明君。就连一些神话传说中的人物也在所难免，如月中女神恒娥，亦作"姮娥"，为避汉文帝刘恒之讳，改称常娥，通作嫦娥。唐武则天则更是不同凡响，比一般帝王走得更远，连一般人使用的汉字也不屑一顾，索性自创新字来给自己命名。她所起之名上“明”下“空”（曌），意谓日月当空，洞照一切，满以为“则天”取意，借文字之神威助自己皇权之威势。这虽不要人们避讳，但其实质并无二致，你听谁说过当时人敢仿而用这个名字的吗？

除了避用皇上名字之外，有些字若与皇上有关，亦属避用之列。宋洪迈《容斋随笔》曾提及，政和中，禁中外不许以龙、天、君、王、帝、上、圣、皇等为名字，于是毛友龙但名友，叶天将但名将，乐天作但名作，句龙如渊但名句如渊，卫上达赐名仲达，葛君仲改为师仲，方天任改名大任，方天若改为元若，金圣求改为应求。其甚者，连形容帝王的修饰语也要避忌。吴曾《能改斋漫录》卷十三提到，政和八年七月，迪功郎饶州浮梁县丞陆元佐上书：窃见吏部左选有徐大明者，为曹官；有陈丕显者，为教官。盖大明者，文王之德；丕显者，文王之谟。又况大明者，有犯神明馆御殿。臣故曰：有权王者之实，以寓其名。

国讳还包括圣讳，如孔丘之“丘”改写作“⺁”。北宋大观四年，避孔子讳，改瑕邱县为瑕县，龚邱县为龚县。金代明昌中，诏周公、孔子名，俱令回避。又诏有司，如进士名有犯孔子讳者避之，著为令。子孙读经史，凡云孔丘者，则读作“某”，以丘字朱笔圈之，凡有丘字，读若“区”。而在道教中，老子的名字也在避讳之列。北宋政和八年八月，上德皇帝名耳字伯阳，及谥聃，见士庶多以此为名字，甚为渎侮，凡民庶者，并为禁止。

避讳现象给我们留下满目疮痍的古代典籍，好在有学者去索寻，并形成一门专门的学问。但避讳留下的特定的文化心理实在值得我们重视，这一世界史上极少见的现象在中国延续了两千多年，对人们的心理产生了极深刻的影响。它的产生具有深刻的文化根源。

首先，中国人有一种忠君敬祖的文化传统。在这个高度集权的国度里，君王具有至上的权力，他贵为天子，自以为是天的儿子，是天派往人间的使者，而且带有与生俱来符合民意的特质。普天之下，莫非王土，天下之民，莫非王臣，朕即国家，庶民只是供自己任意驱使的芸芸众生。君王的神圣尊严不容侵犯，而其符号——名字，当然也必然不容冒犯。

国讳加强了封建统治者的神圣性，家讳则在一定程度上强化了封建等级序列关系。传统文化以儒家思想为核心，宗法一体制长期延续，血缘家族纽带乃是社会的重要根基，高度的中央集权特征和牢固的血缘联系是密不可分的，早期儒家典籍就把修身齐家治国平天下视为其天然、必然、当然的逻辑发展结构。在此基础上产生了中国强韧的尊君敬祖的传统文化观念。有人说，美国人重视儿童，印度人重视来生，中国人则重视祖先。天地君亲师构成了中国人的五个“上帝”，而其中之关键即是君亲。君主具有至高的权力，而祖先在一个家族中也享有无上的权力，只不过范围有所不同。避讳现象的产生，正是传统文化为了确证这两种地位而在语言体系中所做的一种持久的努力。

其次，为什么要进行这种“语言霸占”？换言之，为什么人们总是那样看重自己的名字呢？以现代观念言之，名字只是人的符号。这里显然潜藏着更深的文化心态。传教士格鲁特在19世纪到中国来传教，他发现中国人有一个非常特别的地方，就是把名字看得很重，常常对名字和它代表的人或物不能区分，人们像爱护自己性命一样地爱护自己的名字。他的发现值得思索。我国在远古时代就有所谓“名字拜物教”，古代所谓的刘邦斩白蛇，刘秀得赤符就是这种思想的延伸。自古以来，中国人就不把名字当作一种简单的称呼，往往将人名与其命运联系起来。在他们看来，名即命，二者绳穿条贯，并非漫无关涉。因此古人尤重命名，每生儿女，常叫阴阳先生查查八字里的五行有何欠缺，然后命名。在民间人们不轻易弃置写有自己名字的废纸；夜间行走，不让人叫自己的名字，怕魂让鬼勾走。《封神演义》第三十七回记载，姜子牙辞别元始天尊下山，元始天尊告诫他不要答应别人的叫唤，若应，将引来三十六路征伐。子牙行至途中，申公豹在后面叫他，他起先不应，后来应了，结果也应了天尊的话，招来了三十六路征伐。避讳现象的产生，显然与人们对命名的看法有关。如果人们只把名字视为简单的符号，那么借避讳表现一种敬畏感的心态就无从产生了。

其三，这种避讳与汉字有极密切的关系。可以这样说，正是汉字推进了这一现象的延展。由于中国人对汉字具有一种普遍而深沉的崇拜，以为其中深埋着不可探测的神秘意旨。因此，以汉字命名天然就注入了许多神秘的因素。这从避讳所及的范围就不难看出。古人讳法多忌本字，但讳及同音、偏旁及相似形态者亦屡屡可见。讳及声音者也就是避嫌名，汉魏之际嫌名可以不避，六朝之后遂入避讳之列。其中最著名的莫过于点灯放火的典故。宋代田登做官，每到一处，令将“点灯”说成“放火”，所谓“只准官家放火，不许百姓点灯”。又如扬州人不讲蜂蜜，而说蜂糖，因唐末有一杨行密的人入主扬州，受封吴王，时人为避讳而改称如此。孙权立子和为太子，于是改禾兴县为嘉兴县。梁简文帝曰昱，于是改育阳县为云阳。唐宪宗名纯，改淳州为蛮州，改淳风县为从化县。又如隋代有一叫刘臻的人，甚爱食蚬，但因其父名显，遂改呼曰扁螺。字形上的相似亦常在避讳之属。据《唐语林》载，唐人避讳常及偏旁。谢石家不立碑，因碑字从石。有一叫贾山的人，为避讳，举家不言“出”，因“出”可拆为二山。又一李吉的官员，其下属有以“颉”为名者也斥而去之。避嫌名又兼及形近之字，扩大了避讳的范围。避讳已经给人造成了“下笔即妨，是书皆触”的苦状，何以还要人为地扩而大之、宏而广之呢？这不能不诉诸这样的文化心态：名是神圣的，名以具体的文字得以显示，因而命名所及之字也是神圣的，名之神圣性最终落实为字的神圣性，而字的神圣性又化为构成因素的神圣性。声音和形体相关相近能唤起人对所禁之字的联想，干扰人的心理禁忌，于是忌而禁之，纳入了禁忌之列。

避讳改字中有一种方法是文字形体的变异，多利用阙笔的方法。为何在书面中虚去个别笔画就能起到避讳的作用？这是因为：一笔之阙已非原字，这就摆脱了对圣人的亵渎和对君上的不恭，同时也保全了原文字那圆融而神秘的梦。这就反见出汉字的神圣性，神圣在其全，一笔之改，些微之变，既非原字，那也就无须为之忌讳了。故此，我们说避讳实际是一种文字禁忌。

下面说说历史上改字的风习。这里所说的改字不是在文字发展中形体的自然变化，而是在特有的文化观念的支配下，对某些字强行加以变更。它和禁忌有着密切关系。改字实际上体现了一种深刻的文字禁忌观。原有的汉字何以要进行修正？就因为在某些权势者看来，造字者的观念和他自己的观念发生冲突，某些字中所蕴含的观念正是应当禁忌的对象，因而改之。修正者总是拿出这样那样的理由，以为这样才更合乎天道人情。如《汉书・高帝纪下》引应劭说：古“耐”字从“彡”（耏），发肤之意也。杜林则以为“法度之字皆从寸。”因改从“寸”作“耐”。古之“叠”字从三“日”作“曡”，王莽以为三“日”太盛，改从三“田”。古之“對”字下从“口”，据《说文》载，汉文帝以为“口”多非实，改从“土”。古之“罪”字上从“自”下从“辛”（辠），秦始皇以为该字像“皇”字，遂改为从“网”从“非”。古之“劭”字本从“刀”，南朝一宋太子劭，讨厌字有挟“刀”字，遂改“刀”为“力”。汉人“洛”字作“雒”，盖汉火行忌水，故去“水”用“雒”。至魏时，五行属土，土乃水之母，复改“雒”为“洛”。五行观念也成了擅改文字的根据。“罚”字在汉时曾一度从“刀”，“罚”从“刀”，人们解曰持刀骂人，汉纬《春秋元命苞》改从“寸”，“寸”者，法度也，示绳人以法而不诉诸武力之意。南朝宋文帝极重忌讳，文书上有凶败丧亡等字眼，全都回避，曾以“骑”字似“祸”字，遂改作“䯄”。民间流传着这样一个传说，秦始皇统一中国时，对秦这个字曾有一番琢磨，秦本作桒，似一把椅子坐着两个王，遂觉别扭。他想历代功过均载入春秋，而我大秦定会占它半个春秋，于是取春秋各半而成“秦”字。这一传说未必真实，却突出反映了君王可以凭一己之势、依一己之意而擅改文字，将禁忌移入文字的世界中。隋文帝杨坚本封于隋，当上皇帝后，甚感“随”字不妥。“随”从“辵”，即奔走不息，颇能示人以江山游移不定、流转不居之联想，故深为忌讳，于是改“随”为“隋”。隋亡后，许多文人术士，认为隋亡的根子就出在改字上，因“辵”去则是“隋”，“隋”乃“堕”也、毁也，焉得不亡?!另据《唐君臣正论》载，武则天改易新字，如以“山水土”为“地”、“千千万万”为“年”、“永主久王”为“证”、“长正主”为“圣”、“一忠”为“臣”、“一生”为“人”、“一人大吉”为“君”等。这些字的“改易”，政治伦理的色彩更是朗然可鉴：为“君”者是一人大吉，为“臣”者须忠贞不贰；“证”是永久的君王和主人，“圣”则是永远正确的统治者，所以她自命为“圣神皇帝”。

自北朝以来，民间流传着大量的俗字，这些字大多是新造字。它们的创造方法大都沿着这样的途径：根据自己特有的文化观念，借助于会意的方法而草创新字。由于这些字的传播附带着一套比较明显的文化观念，因而易于接受，传播较广。在这种情况下原有的汉字在民间实际上已处于一种准废除的状态中。这虽不能说是道地的文字禁忌，但也可视为它的另一种表现形式。对原有文字的废除，或是由于它反映的观念不明确，或是与其时代的文化观念有所冲突，因而改而换之。《颜氏家训・杂艺》载，北朝丧乱之余，书写鄙陋，加以专辄造字，猥拙甚于江南。乃以百念为忧，言反为变，不用为罢，追来为归，更生为苏，先人为老，如此非一，遍满经传。俗字流行竟达到“遍满经传”的地步，足见其盛行之一般。

有时为求吉利，避免一些引起不好联想的词语，便废除一些所谓不吉之字，而以他字取而代之。最突出的莫过于太平天国。在太平天国时期，废除了许多文字。如其采用天干纪年法，因讳“醜”字，将“丑”改为“好”，讳言“害”字，将“亥”改为“开”，讳言“冇”字，将“卯”改为“荣”。

俗字在今天也时有出现，它与正字争地盘的现象也屡有发生，倘能广讨细究，对民俗、文化的探讨定会有所裨益。

在古人看来，文字中包含着祸福灾变的道理，它可能布满着杀机，呈示着凶兆；也可能预示着吉祥，敞开着幸福光明的大门。因而，在一些庄重场合中，用字不可草率，而应“加意”、需“慎择”，如命名、庙号、年号这样的大事。

年号直接关乎社稷命运，就更是如此。一个朝代的兴衰，常常被视为与年号密切相关。国运亨通时，文人们分拆年号之字来寻找其安宁的依据；国运衰颓时，人们也常怪罪于年号。而敌国之间互为攻伐，年号又常是人们利用的工具。关于年号的分析大都见于皇皇正史，这可见人们对它的重视。除了以上所涉的例子外，我们还可举出一些。

晋康帝名岳，改元建元。有人以郭璞之诗谶攻之云：“立始之际丘山崩。”立者，建也；始者，元也。据说后来果然应了这诗谶。

《隋书·五行志》载：齐后主萧纬，在位二十三年，后降周而死。后人追溯其死因时说，萧纬曾有“隆化”年号，时人离合其字曰“降死”，年号中已伏先兆。除此之外，《隋书·五行志》中还列举了一些不祥的年号，亦多从字形离合中求解。如北周静帝宇文阐，接受其父传位后，改元大象，萧岿离合其字曰：“天子冢”。两年即亡。

唐人也延承此习，据张渭《宣室志》载，唐文宗九年，改元大和，李德析其字为“一人八千口”，以证其合法性。

宋代是文字迷信最严重的时代。宋太宗赵光义登基，改元为“太平兴国”，据《贵耳集》载，当时有人将其析为“一人六十卒”，后太宗五十九岁而死。

宋仁宗当朝，改号“天圣（聖）”，当时萧太后垂帘听政，有人为了取悦太后，拆此为“二人圣”“二人口耳”，言政自二出。后改元“明道”，其时太后仍临政，故有人又拆“明”为“日月”，谓日月同道也，亦是取悦太后之义。

宋神宗赵顼时为改年号，更是极尽权衡，煞费苦心。据洪迈《容斋续笔》、叶梦得《石林燕语》载：熙宁末年大旱，商讨改元，始拟“大成”，神宗反对，因“成”字于文，乃“一人负戈”。继拟“丰亨”，神宗又反对，因“亨”字于文为“子不成”，唯“丰”字可用，遂定“元丰”为年号。遇大旱而商讨改元，说明人们对文字寄予厚望，颇想借重它的神力化凶为吉，神宗两次反对，正是一种文字禁忌观的具体体现。

北宋末年，宋钦宗改元“靖康”，一年而亡。据洪迈《容斋续笔》载，当时人追说靖康之难的原因时，也归咎到了年号，因“靖康”可离析为“立十二月康”，分明就是短命的先兆。

另据《容斋续笔》载，南宋孝宗乾道九年改元“纯熙”，有人认为纯音作“屯”，屯者难也，不宜用。故此号发布天下六日后又改为“淳熙”。

这类例子不胜枚举，剖文析字，忌讳多出；每朝每代均想取一吉利的年号，但每个年号左离右拆，都不免拆出凶兆来。故而在古代中国，文人受命选年号，尽管“加意”“慎择”，但数万汉字，往往难以一选，汉字中似乎处处布满着机关、隐藏着凶兆。明谢肇淛《五杂俎》在谈到明武宗以正德为年号时，曾大发其感慨，以为自古以“正”为号者，多不利。似乎天下大乱就缘于这个“正”字，亦足见中国人文字禁忌之一斑。

下面我们由朝廷说到民间，来探寻一下民间禁忌。民间禁忌有许多与汉字有关，在岁时民俗、婚姻习俗、行业禁忌、社交禁忌、生养禁忌等方面都有体现。它们多以谐音的形式出现，但也不乏字的离析，忌门多出，构造既朴实又复杂，饶有兴味。

先谈谈行业禁忌。船家终日在海上操作，顶风破浪，险情多多，故亦生出诸多忌讳，这些忌讳大都与汉字有关。如旧时造船时有“头不顶桑，脚不踏槐”的习俗。因“桑”与“丧”谐音，槐木则是福气的象征，故不能轻易“顶桑”“踏槐”。坐于船上最忌说“翻”和“沉”，因而“幡布”叫“抹布”；不能将碗倒置，因碗犹船，倒碗即翻船。一切可能与“翻”“沉”相谐的字眼都应避免，如不准说“盛饭”，而要说“添饭”。吴中风俗，船家有诸般忌讳，如船行讳住，讳翻，以箸为快儿，幡布为抹布；讳离散，以梨为圆果，伞为笠；讳狼藉，以榔槌为兴哥；讳恼躁，以谢灶为谢欢喜。也有的地方如安徽寿县则忌讳在船上小便，小便气味“骚”，“骚”与“烧”音同，而船家最忌火烧。

旧时做生意的也有不少禁忌。商人最讲利润，忌说“干”“穷”等字眼。广东一带将“猪肝”说成“猪润”、“鸡肝”说成“鸡润”、“豆腐干”说成“豆腐润”，甚至还造出个“膶”字来取代“肝”。商人又最忌说“支”字，支者支出也，生意不兴隆之谓也，故将“树枝”说成“树杈”，广东人将“长衣”（读音“长支”）说成“长进”。几乎全国的商界都忌说“折”，折本赔钱乃商人所大忌，故将“牛舌”说成“牛招财”、“猪舌”说成“猪招财”，同时又造了个“脷”字来代替“舌”。商人又忌说“塌”，塌即塌台亏本，故在店里最好少说此字，就连“塔”等同音之字也要避忌。

旧时江湖上普遍流行着一种忌说数字的习俗，许多行业都有一套数字的隐语，据任骋《中国民间禁忌》一书搜集，许多数字隐语与汉字有关。上海的商界说一至十数字分别为：旦底、挖工、横川、侧目、缺丑、断大、皂底、公头、未丸、田心。这些用语多据汉字离合拟出，或巧借字象呈示而出。如“旦底”指“旦”字之底，为一；“挖工”乃挖去“工”字之中，即二；“横川”即“川”之横，为三。以下类推。台湾商界将一至十数字分别记成：正、元、斗、罗、吾、立、化、分、旭、士。其方式也大致同上，无非取字的一部分以取代，如“旭”取“九”，“士”取“十”。

生养为人生之大事，故此中禁忌也相当多。旧时孕妇有祭祀胎神的习俗，常于室内置一“胎神在此”的牌位以供之，若无意之中犯了胎神，可用扫帚在“动着”的地方比画一番，口中念些吉语，据说这样就可平安无事了。“据说扫帚是有灵力的，而且家家具备，使用方便。旧时轻贱妇女，说妇女是专司洒扫的人，汉字扫（掃）与妇（婦）的偏旁是一样的，民间又有蔑视妇女为扫帚星的说法，所以用扫帚去安胎神，亦有以孕妇本命去安胎神之意。”[①]产妇食物除了与营养等有关之外，也要图吉利，去不祥。旧时认为产妇吃兔子，生孩子会豁嘴，此俗起源很早，汉时即已出现，由此也生发了一些其他的禁忌。如产妇不能吃鸭，因“鸭”与“哑”音近，恐生下孩子不会说话；又不能吃姜，因“姜”与“僵”音同，恐生子不吉利。民间一般认为，产妇是恶人，血腥未尽，百日之内不能到别人家去，若去了人家，恐有不祥之兆。但若能于人家焚香插柏枝，亦可消灾，因柏者，寓“百无禁忌”之意也。

① 任骋：《中国民间禁忌》，作家出版社1991年版，第177页。

第六节　关涉汉字的年节文化

年节“是一年当中由种种传承线路形成的固定的或不完全固定的活动时间，以开展有特定主题的约定俗成的社会活动日”①。它作为一种特定的文化现象，是一个包括信仰、习俗、道德艺术和仪式等等因素在内的文化复合体。汉字作为中国文化的重要因素，在仪式、习俗、信仰和节日确定等方面，对年节文化产生深刻影响。

中国有些节日的确立与汉字有关。如七月初七乞巧节，俗称七夕，传说是牛郎织女相会之日，牛郎织女一年才相会一次可谓巧矣，偏独在这七月的第七日。七与七相碰，天地之巧与这独特的数字，对充满神秘感的中国人来说，这实在是非同凡常的一夜。本来，任何神秘观念都是人所创造的，是人的文化观念的一种呈现，“感怀私愿”可以说是所有类似的神话传说的根本特性。这一节日的设立也正是人们满足自己意愿的行为。细研之，七月七日之所以称为“乞巧会”，与汉字有密切关系：七与“乞”同音，巧与“七”双声，“七七”

① 乌丙安：《中国民俗学》，辽宁大学出版社1985年版，第311页。

速读即成“乞巧”，南方尤其如此。因而，七月七日借谐音之便就成了一个不同寻常的夜晚。乞巧之俗，全国皆然，并渐渐发展成追求一些行为上的巧举，如穿针线，或将瓜果置于外，如结上蜘蛛网，便被视为上天的符应，这就是所谓巧了。至唐代索性以捉蜘蛛多少为巧了，甚至发展成往一个小孔里丢蚕豆等为巧。由于七乞同音，在南方吃也读成乞，因而至七七又有大吃的习俗，谓为吃星日。总之，七月七日由牛郎织女星相会演化成相沿甚久风行全国并具有复杂的仪式风俗的乞巧节，汉字在其中起着重要的引发作用，由七七到乞巧，由数字之巧合到天象的巧合，由天上的愿望到人间的“私愿”，交织成了这种典型的中国式的年节文化特征。

七月七日是过其夜，而端午则在午时，如深究其理，似也与汉字有关。五月初五又叫端午，又称重午，按夏正建寅的历数，五月属午月，而根据谐音，五日也可称为午日，故而端五称重午。端午还有悬五色桃印于门上的习俗，此制源于汉，与符的功能类似。至宋时，又有悬五色菖蒲之俗。在端午的物品中，有所谓五色水团和五色瘟纸等。正因为“五”的缘故，人们甚至将它和历史人物伍子胥联系起来。

五月五日、午月、午日、重午、重五、端五、五色丝、五色桃印、五色菖蒲、五色水团、五色瘟纸，以至伍子胥……这真是一个“五”（午）的节日。这个节日的确立以及一系列文化习俗的产生，均与这个数字所包括的特殊意义息息相关。端午节的产生和阴阳五行学说始终搅和在一起。《易》上说天数五，地数五，五月五日乃天地相合的日子，阴阳相荡相摩。《史记·律书》：“阴阳交而为午。”[①]“午”与“五”通。此观念后代仍有流传，如关于吃粽子的习俗，东汉应劭《风俗通义》云，吃粽子取阴阳包裹之象也。在古代，人们据音读极力证明“五”“午”相通相串之理，重五被视作重午即是一例。因为“午”从月份上说，夏正建寅制，五月被称为午月，就强调了此月阳光勃发、夏意初生的节令特点。从时间上说，午乃阳光最炽之时，因而也最能象征阳气。由“五”通“午”，使人们很易于咀嚼出阴阳的意味。此外，五月五日还

① （汉）司马迁撰，（宋）裴骃集解：《史记》，中华书局1982年版，第1247页。

集中体现了五行观念。在汉代，经董仲舒等人的阐发，先秦时的五行观变成了一个涵摄极广的“天人宇宙图式”，不仅天有五行，地有五方，而且色、味、脏、气、福、声、帝王、祭祀等也莫不以五贯之；五五重叠，涵盖无穷，以此形成一个庞大而整饬的宇宙系统。而五月五日数合五五，这被视为一个神秘的日子，其实正是五行图式在时令上的体现。明乎此，我们也不难明白，“五五”何以被确立为一个重要的节日，这一节日又何以会形成“尚五”的习俗。

有趣的是，端午本属恶日，战国时已有体现，《史记·孟尝君列传》注引《风俗通》：“俗云五月到官，至免不迁。”“五月盖屋，令人头秃。”又《风俗通义·佚文》：“俗说：五月五日生子，男害父，女害母。”[①]《论衡·四讳》：“讳举正月、五月子。以为正月、五月子杀父与母，不得已举之，父母祸死。”[②]“五”与“午”通，故“午”在汉语中亦有恶意。《说文》：“午，啎也。”[③]其同源之字如“忤”“迕”等均有恶意。

“五”本恶日，为何又“尚五”，这可能源于中国人阴阳相克的原理。以五克五，举五尚五，过“五”的节日，祛“五”的灾异。端午节去妖除邪的诸多习俗几乎均与“五”有关，如上面所举的五色丝、五色桃印、五色菖蒲等莫不如此。

汉字的音义特点还影响着年节中的风俗习惯，很多风俗的流行，其根源则在于汉字的引发。春节古称元旦、元日，乃三元之首，岁之元，时之元，月之元。因而在民间便流传着吃元宵的习俗，元宵或称汤团、圆子。此俗至今犹存。吃圆子，一取三元之意，更重要的则是通过谐音表现合家团圆的意思。民俗一般具有适用功能，过年过节总有个图吉利、去灾害的心理，因而自然会产生诸多禁忌和习尚。如元旦不食米饭，唯用蒸食米糕汤点，谓一年平顺，无口角之忧。“饭”“犯”同音，食饭怕事事有犯，因而禁食。又元日无食梨，以避离字之义。类似这样的习俗实在是难以计数。江南许多地方除夕不能吃鹅，“鹅”与“讹”谐音，怕被人讹骗，又“鹅”“我”同音，吃“我”就不那么吉利了；但喜吃鸭，取一年“压”一年，一年胜一年之意。我国南方大部分地区

① （汉）应劭撰，王利器校注：《风俗通义校注》，中华书局1981年版，第561页。

② （汉）王充：《论衡》卷二三《四讳》，上海人民出版社1974年版，第359页。

③ （汉）许慎：《说文解字》，中华书局1963年版，第311页。

春节都有吃年糕的习惯，“糕”与“高”谐音，以表示生活步步高，一年胜一年。端午节有一重要习俗，那就是插艾，以艾叶贴窗牖，谓之解厄。“艾”与“厄”音谐，表明插艾之俗亦与汉字有关。

民间许多象征物的选择与固定，与汉字相关者甚多，汉字音读往往成为它们强韧生命力的根源。我国春节有贴年画、福字、对联的习俗。在年画中习见的是一个胖娃娃抱着一条大鱼，如清代杨柳青年画中有一幅《钱龙引进》：一个胖娃娃抱着一条大鲤鱼坐在江波之上，象征年年有余。在天津杨柳青、山东杨家埠等年画中，“年年有鱼”可说是最富生命力的。有的年画中则画着鹿，“鹿”与“禄”音同，以示福禄。蝙蝠在现实生活中并不那么受人欢迎，但在年画中却备受青睐，若加究诘，就因其名字有一个很好的读音——蝠。“蝠”与“福”音谐，表现出人们求吉祥的心理。

看来最典型的莫过于民间倒贴“福”字的习俗，它有意让人读出“福倒了”以谐“福到”了。据说这一习俗源于清代恭亲王府，有年春节，一家丁因不识字，将大门上的“福”字贴倒了。为此，恭亲王福晋大为恼火，幸好大管家颇机灵，忙下跪辩解道：“奴才常听人讲，恭王府福到了，如今‘大福’真的到了，乃吉庆之兆。”福晋一听，深觉在理，遂转怒为喜。另外，民俗工作者仲富兰在《当代人与民俗》中曾经谈到他的一个朋友，大病一场之后，竟将病因归咎于几年前倒画过一幅梅花。画倒的梅花，谓之倒霉；故意倒贴福字，却又解释为福到（倒）了，同样一个“倒”，却产生两种迥然不同的心理效果。人们似乎完全不在乎这种区别，而只是迷恋于音读中那近乎谶纬的力量。

·思考题·

1. 如何从汉字文化的角度理解古代敬惜字纸的习俗？
2. 简述汉字字谜的机巧变化及其一般特点。
3. 咬文嚼字的幽默具有哪些特点？
4. 简述测字风俗的形成发展及其文化意蕴。
5. 概述产生文字禁忌的深刻的文化根源。
6. 汉字是如何影响中国传统年节文化的？

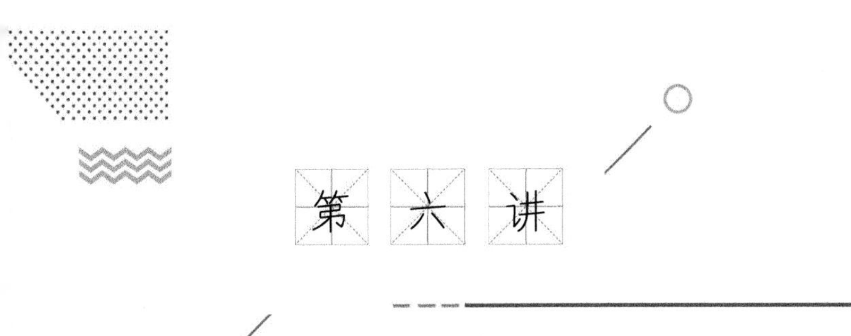

第六讲

汉字与中国人的思维方式

语言是思维的直接现实。一个民族语言观念和形式的形成，受制于民族整体思维模式，而民族整体思维模式的形成，在一定程度上又取决于它特定的语言观念和形式。我们认识的世界是被语言所描绘的世界，但语言绝不是以千篇一律的形式反映世界形象，它常常按照其不断变化的分类系统来组织这些现象，重新发明甚至创造这些现象。因此，语言是认识世界的一种手段，但也影响着认识对象的特征。每一个民族一般都具有自己的语言，有自己对世界的独特理解，也有达到这种理解的独特思维方式。从语言角度探讨民族思维特征是一不可忽视的途径。

汉语主要是一种单音缀孤立语，在一定程度上，字即是词，汉语可以说是以汉字为核心的语言体系。因此从汉字角度把握中国人的思维方式又往往会成为很有意味的角度。汉字是世界上极为独特的言语记录符号，它不是简单的代码，自身就是一个生命的世界，一个表现复杂意念的意象空间；汉字具有无与伦比的连续性，是世界上至今唯一还在使用的象征符号系统；而且其使用区域广泛，具有超方言的特征。这些特征对民族思维的整合和凝结起到了不小的刺激作用。在林林总总的汉字形体背后实际上横亘着一种“汉字思维”，它是民族思维的表现形式，在一定程度上又强化了民族思维特性。从汉字中，能反观出民族思维运演的轨迹，又能帮助我们描画出民族思维的整体特征。

我们以为，在复杂的中国传统思维中，有三个比较突出的思维侧面：（1）直觉思维；（2）辩证思维；（3）具象思维。三者处于三个不同的层面。直觉思维表现为一种具体的致思途径，是思维认知中的一种稳定的心理倾向和程序，是面临世界时的一种特定的主体认知方式。辩证思维是偏重于分析把握对象时采取的一种维持自身与世界动态平衡的基本模式。而具象思维则侧重于表现思维结果的方式，它崇尚从具体感性中的超越，进行一种整体有机的生命显现。三者之间互相联系，彼此决定。本讲拟以这三种思维特征为切点，来剖析汉字与中国人思维方式之间既复杂而饶有兴味的关系。

第一节 汉字与中国人的直观认知方式

在具体的致思途径上，中国人长于直观地把握世界，重体知，轻认知，重了悟，轻逻辑，它一般不强调以科学的目光看待世界，对对象做细致、准确的把握，而常常倾向于以诗意的直觉去看待世界，重视心灵的体验，不大重视逻辑的概括。

李约瑟曾经说过："中国（古代）思想家对于概念模式制作的一般态度，是由他们的语言结构所诱发出来的。"①他的这一说法颇为精辟。当然，我们不能停留在简单猜测的水平上，可以顺着他的思路，来探讨汉字与直观思维模式的深层关系。这里便做一些简要的分析。

一、直观的"造字方略"

在汉字创造的过程中，中国人很注意具体形象的描摹，通过具体形象来表

① ［英］李约瑟：《中国科学技术史　第二卷　科学思想史》，何兆武等译，科学出版社、上海古籍出版社1990年版，第304页。

达意念，即强调通过人的视觉感受来创造表达意念的符号，我们姑且将这种方式称为“直观造字法”。我们可以通过以下两个方面来看。

首先，这是一种观相学的方法。今迈尔在《艺术哲学》中说：“所谓直观，就意味着生命只能靠生命来把握，也就是说，只能用同一个东西去认识，这就如同埃姆裴徒克莱斯的智慧一样。”[①]在早期的汉字创造中显然遵循了这一途径，无论是汉字本身的历史特征，还是《说文》以及后人无数的阐释，都把从物出发作为汉字创造的根本逻辑起点，正如晋人成公绥所说：“皇颉作文，因物构思。”[②]或如清人王筠所说：“古人就事物以造字。”[③]而所谓从物出发，也就是从具体的感性生命出发，其根本要旨不在于用理性去规范世界，而是以生命去发掘生命深层的奥秘。汉字创造经过了由“文”到“字”的发展过程，“文者，物象之本”[④]，它是依类象形、远取近求、仰观俯察的产物，强调物的感性形态的呈现。而“字”者，依照《说文·叙》的解释，就是所谓“孳乳而寖多也”[⑤]，它是对“依类象形”之“文”的进一步扩大。“文”和“字”的根本都在于有形可象，有意可察，表现于“六书”，或是有所“象”（象形），或是有所“指”（指事），或是有所“会”（会意），或是形声相益、取譬相成。同时，一形还有迭用、反用和数用，如反“正”为“乏”，反“可”为“叵”，三“木”为“森”，三“水”为“淼”，“田”既像田地，又像兽掌，“止”既可象立基之形，又可表行进之态，真可谓触遇成形，曲尽其妙。汉字大多产生于三四千年以前，“在原始文明中，对事物具体的或特殊的方面的兴趣必然占优势。人类言语总是符合于并相应于一定的人类生活形式的”[⑥]。世界上几乎所有早期文字都是象形文字就无可辩驳地说明了这一点，正像维柯所断言的那样：“最初各民族都用诗性文字来思想，用寓言故事来说话，用象形文字来书

① 转引自［日］笠原仲二：《古代中国人的美意识》，魏常海译，北京大学出版社1987年版，第160页。

② （晋）成公绥：《隶书体》，《历代书法论文选》上，上海书画出版社1979年版，第9页。

③ （清）王筠：《说文释例·自序》，中国书店1983年版，第1页。

④ （汉）许慎：《说文解字》，中华书局1963年版，第310页。

⑤ （汉）许慎：《说文解字》，中华书局1963年版，第310页。

⑥ ［德］恩斯特·卡西尔：《人论》，甘阳译，上海译文出版社1985年版，第173页。

写。”[①]关于这一点，我们还可以举出黑格尔的人类历史的一般发展历程和人类个体发展的程序具有相对应的观点以及皮亚杰关于儿童喜欢画画的心理分析的实例来证明。

汉字虽是有形可象，但并非直接去模拟物象，许多字虽然是具体感性对象的替代物，如借“山”来表现山的形状，但更多的是许多象征符号具有复杂的意念，它们借与外物相似的符号去反映外物，也通过这一符号来反映人的生命，具有物我互通的生命结构。如人之所以名子女为“孩”，是来自草木根荄之“荄”；名小孩为“伢”，是来自草木萌芽之“芽”；名自己的身躯为“干”，是来自树木之“干”；名自己脚的后部为“跟”，实来自草木之“根”。张世禄在《文字上之古代社会观》中列举了大量例证说明了这一点：“凡禽兽字义，多借以言人事。如笃，本训马行顿迟，而以为人之笃实。特，本为牛父，而以为人之奇特。群，本为羊群，而以为人群。”[②]而更为独特的是，在早期文字如甲骨文、金文中，文字常常和图腾巫术活动交织在一起，人们面临的是一个“万物有灵”的世界，因而建基于万物之上的汉字结构必然带有许多神秘意旨。凡此均表明汉字具有强烈的主体性内涵和人文性特征，以此区别于拼音文字的科学代码特征。

作为一种生命化的文字系统，要求它的创造者必须采取独特的认知途径。造字不在于凭空构置，而在于深入万物之中，执着于具体感相；执着于具体感相不在于去感知自然生命，而在于去发现生命，通过发现对象生命来发现自我生命，从而创造出物我互通的生命结构——汉字符号。造字者采取的正如卡希尔所说的是一种“观相法”，它摒弃对对象的表层性感知和科学性呈现，而具有强烈的物我互观的人文性色彩。《周易》所言“近取诸身，远取诸物”“仰则观象于天，俯则观法于地”[③]，许慎借用来概括中国人造字的方式。这实际上包括两层意思，“取身取物”是一种实际的感性观照，是一种视听知觉活动，它将人事物态置于眼前观照中，并达到二者之间的融合。“仰观俯察”是在对

① ［意］维柯：《新科学》，朱光潜译，人民文学出版社1986年版，第429页。

② 张世禄：《张世禄语言学论文集》，学林出版社1984年版，第2页。

③ （清）阮元校刻：《十三经注疏·周易正义》，中华书局1982年版，第86页。

身与物的具体观照中，不断拓展文字符号的表达空间，将符号世界由外在表相导入深层的生命境域中。主体在俯仰观照中达到超越性的心理活动，这就是一种“诗意的直觉”。

其次，整体性原则。在人类文明初度的日子里，原始天人合一观念于不自觉中存在于人们的思维结构中，在原始宗教氛围的笼罩下，人与神、社会以及天地融为一体，人们无意去区分也不能区分人的生命和自然的生命，实体与属性、必然与偶然、恒定不变与稍纵即逝的东西之间的界限也无法区分，因此人们大多倾向于有机整体地把握世界。

从汉字创造的内在精神看，正如西方传教士格罗特所说的，中国人“没有把图像和标记与它们使人想到的那些实体区分开来的能力”①。这种情况在早期的造字中极为普遍，当时人们还不能理解纯概念的东西，文字及其所指称的实体往往相等同，符号即是存在本身。符号既是表达媒介，又具有本体意义，后代产生的避讳现象就是这种观念的延续。同时，人们所感知的对象并非彼此分离，人们无法区别主客天人之间的差异，因而也就必然走向对其关系的模糊把握。这可从他们对待时空认识的态度中看出。大量与时空有关的文字告诉我们，古人完全不像今天我们这样去感受时空，而往往从单纯的共在关系中直接发现因果。在他们那儿，时空混同，偶然的事实被当作必然，纷纭的世界被人的意识整合为互为因果的实体，具体的差异淹没在生命流荡之中。如“年”，古文字字形像谷穗沉甸甸的样子，通过对空间的经验知觉来表达时间的长度，由播种到谷物成熟也正蕴涵着这种时间性。再如许多方位词也是这样。“西”，古文字像个鸟巢，遂以鸟栖息的特征来表现方位②。上举二例，均有将时空混同的特点，这里体现出典型的整体观照方式。再者，这种认识方式在汉字的传播中得到了延展，仍以时空不分为例，如“往往”在古代既有“处处”义，又有“常常”义；“所”既有时间义，又有处所义；“处”既有处所义，也有时间

① ［法］列维·布留尔：《原始思维》，商务印书馆1981年版，第44页。

② 《说文》：“西，鸟在巢上，象形。日在西方而鸟西，故因以为东西之西。”可见，“西”即“栖”的初文。《敦煌曲子词集·西江月》：“棹歌惊起乱西禽。”“乱西禽”即乱栖之禽，“西”用的正是本义。

义，等等。

从汉字形体上看，汉字具有高度概括性，它通过仰观俯察和充分的想象，将广远时空尽摄于当下直接的观照中，让一切对象从属于人的心灵直觉感悟。同是象形文字，汉字与古埃及文字就截然不同，前者虽也强调感性呈现，但却是一种抽象的反映，往往对事物的突出特征加以简捷率略的勾勒，力求表现超越于一般表相的精神内涵，这一点与追求神似的国画极为相似。而后者只是一种照相式的反映对象，其删汰提取之功远不及中国，它们所需要的是临摹外物而无需汉民族文字创造中的心灵观照。汉字是一种孤立形文字，甲金文中虽时而见到几种文字黏合在一起的表现形态，但并不普遍，且在文字发展中逐步被淘汰，汉字基本上是一形一字。而古埃及铭文和阿兹台克象形文字等基本上是一组画，汉字并没有像它们那样热衷于细部的观察和穷精尽微的表现，这对中国人始终没有导向对事物的精确认识，而是满足于整体直观地把握世界的心态具有一定的关系。

从汉字字义看，汉字一字多义，灵活度大，模糊而不确定。这是由汉字的本质特征所决定的，由于它多是外在生命形态的直接呈现，客观存在意义的多元性也决定了这种文字的多义性特点。语言学家提出的汉语实、德、业浑然一体的特征，即反映了这种语义现象。如“口”，《说文》云“人所以言食也”[①]，这是其“业”；《释名》云“空也”，这是其“德”；它象口之形，这又是其“实”。除了符号意义的多元性之外，由于它的生命化特征，还具有启迪人们深层情思言外之意的力量，使人们可以像欣赏外在生命形态一样玩味它的意蕴空间。这更加突出地显示出汉字是一种整体呈现世界的形式。

汉字创造中所体现的这种观相学的方法和模糊整体的感知方式，闪烁着强烈的主体精神，在主体与客观对象、认知环境所构成的汉字认知结构中，人的主体意识是核心，符号不是简单的编码，而是生命的呈现，它不在经验基础上进行分析和抽象，而以人的直觉去发现生命，创造一种生命化的形式。

---

① （汉）许慎:《说文解字》，中华书局1963年版，第30页。

二、造字者对直观体认方式的不自觉认知

直观是人们在造字过程中不自觉运用的认知方式，虽然他们可能并不很清楚这一思维方式，但却具有一些朦胧的感受，通过一些文字我们还可以寻觅出他们的思想痕迹。

请看一组从“釆”的字：審、悉、释。釆，《说文》：“辨别也，象兽指爪分别也……读若辨。”[①]而观察鸟兽指爪，又恰是造字的起点。《说文·叙》云：“黄帝之史仓颉，见鸟兽蹄迒之迹，知分理之可相别异也，初造书契。”[②]所谓“观彼鸟迹，遂成文字”[③]是也，鸟迹成了文字的代名词[④]。这组字给我们两点重要启示：其一，这组字形象地透析出中国人造字感知方式的过程。首先，它显示出这种感知方式是一种模糊的、整体的、综合的认识方式。“審”，是对具体感性形态的详审和观照（審，从宀从釆，意指包覆万物而详审之），“悉”是对事物完整全面的感知（悉，知也，全也，所谓悉心感悟），而“释”则是对感知对象的阐释（释，解说也）。这三者可以构成一个认识过程，它表明，对物态详审观照就是认识活动的全部，由感而知，由知而释，一体贯融，对事物的辨别、穷尽（悉）以及阐释（释）统统包容在对眼前对象的悉心感悟中，无须再做细部的考察、繁复的推演。因此“观彼鸟迹”的造字认识运动是一种不脱离感性形态的、整体的、非理性的认识活动。其二，这种创造性活动不是主体随意营构，而必须从具体感性出发，无论是详审观照（審）、悉心感悟（悉）还是刻意解说（释），都不脱离“釆”——鸟兽之足这一鲜活的感性形态。这里显然包容着原始文化的特有心态，在那茹毛饮血的时代，渔猎方式是人们维持生存的重要手段，也构成了社会生产活动的中心，“在这严酷的生

① （汉）许慎：《说文解字》，中华书局1963年版，第28页。

② （汉）许慎：《说文解字》，中华书局1963年版，第314页。

③ （晋）成公绥：《隶书体》，《历代书法论文选》上，上海书画出版社1979年版，第9页。

④ （南朝梁）刘勰：《文心雕龙·原道》：“自鸟迹代绳，文字始炳。”祖保泉：《文心雕龙解说》，安徽教育出版社1993年版，第4页。

存斗争中，他们逐步学会辨别鸟兽足印的本领。对他们来说，鸟兽足印就是传达信息的符号：凶兽未到，即已逃避；食兽才过，就去追捕。如能把这鸟兽足迹的特点描画下来，转告他人，那就成了记事的图画。"[①]小小的鸟兽足迹居然成了我皇皇中华文明的脊梁——汉字的代名词，这并非在于二者形态相像，而在于鸟兽之迹具有传递信息的能力，这便成了启迪先民智慧灵光的契机[②]，从而摹而仿之，创造出比鸟兽之迹传播力度更大的文字体系。但这种新的传播媒体仍然不能脱离观物如原始人观鸟迹而窥信息的逻辑起点一样，从自然之象到文字之象，始终未脱离具体的物象，正是这种直接直观的结果，使得汉字形象宛在、形意璧合，从而形成一种像而不像、寓有用性与审美性于一身的文字系统。

三、汉字对中国人直观认知方式的文化渗透

汉字在创造中深受早期朴素直观思维的影响，并把这一方式贮藏于具体的形体中，当它传播文化时，又把这种方式传递给了人们，从而使这种略带原始意味的朴素直观思维形式走入了"现代人"的认知结构中。

当然，从比较文字学角度看，直观造字方法和当时人们对这种方法的朴素认识并不一定会产生后代中国人直观把握世界的根本方式。所有民族在其早期阶段，总是自发地倾向于直观，世界上的文字大都发端于象形即是有力的例证。古希腊人认识世界的方式也是一种朴素直观方式，但它在中世纪之前就被重分析、重科学的认知方式所取代，而我国直至今日仍固守着这种直观认知世界的方式。何以我国没有出现像拼音文字国家那样认识上的嬗替变更？原因当然很多，汉字确是一个不容忽视的原因。众所周知，汉字是目前世界上唯一还在使用的象形文字系统，这种特点无疑对中国人的认识机制发生影响。中国文化具有无数的一以贯之的东西，具有无与伦比的稳定性，中国人强调以古为

① 胡奇光：《中国小学史》，上海人民出版社1987年版，第18页。

② 我国民间有这样的对联："虎行雪地梅花五，鹤立霜田竹叶三。"这是古人认识"兽迹"符号，并把它文学化的例子。

法，以古为优，以古为圣。在这种文化氛围中，古老而庞大的文字系统不但获得超稳定存在，并被经典化、神圣化，为中华文化提供了传播媒体，也为不同时代的人们提供一种心理交融的工具。汉字背后的人在不知不觉中走到了后代人的心理中，它显示给后人一整套认知世界的建构模式，人们在认知世界中这种模式盘踞在思维深层，时时启发激活人们模仿这种方式去把握认识对象。汉字自身所反映的认识水平并不能给人多大启发，但它的思维特性和意象构造方式对后人来说仍然卓具魅力。文字本身并非固定不变，借用阐释学术语来说，它本身就是一种互文，一种供后人不断累积的意象空间，它能发人真知，贮人思维，促使人们去发现汉字背后的盎然世界。

古代中国人对汉字创造中的这种直观思维特性不断加以发掘，从而加强了这种思维形式对人们意识结构的渗入。他们发现古人造字的一系列直观认知特点，其要点大体如下：其一，古人制字，皆从事物上起，明确将观物作为造字的心理母床。其二，汉字是在物的启发下所产生的联类思考中创造的，而不是逻辑推理的结果。唐张怀瓘在《书断》中说："尔其初之微也，盖因象以瞳昽，眇不知其变化，范围无体，应会无方，考冲漠以立形，齐万殊而一贯。"①汉字的这种认知特点还被上升为艺术思维，一种审美直觉体验。其三，汉字是一种包孕丰厚的"象"，不但具有外在的意义，而且具有神秘的意旨和生命意义，等等。

在中国历史上，产生了大量与汉字有关的文化活动，由于这种活动建基于汉字的特征之上，并将其发展衍化，最终影响了人们的文化心理构成，并参与了民族认知方式的塑造。

在中国产生了举世同好、千古一风的书法艺术，把汉字由书写符号上升到书写艺术，也把汉字背后直观认知特点发挥为直观的艺术认识方式。许慎《说文·叙》中说："书者，如也。"这句话既是汉字的创造纲领，也是后代书法艺

① （唐）张怀瓘：《书断》，《历代书法论文选》上，上海书画出版社1979年版，第154页。

术的构思纲领。“如”有二面，一是“如”物之形，一是“如”人之心[①]，也即是刘熙载所说的：“学书者有二观，曰观物，曰观我。观物以类情，观我以通德。”[②]这一书法创造的核心精神与“近取诸身，远取诸物”的造字方略一脉相承，书法创造过程正是对汉字创造过程的艺术重现。书法艺术是中国艺术的魂灵，通过书法的中介作用，我们可以看出汉字中的致思途径和艺术直观体验方式以至整个民族思维的深层勾连。

传统文字学成为显学，既强化了汉字通经致用的功能，也把汉字中抽绎出的一些具体原则推衍到社会文化中。从一个角度言之，传统文字学的研究以及在此基础上产生的文化提升似乎循着这样的途径：从造字者的“以形表义”到小学研究者的“据形求义”再到社会文化中“望文生义”。——“以形表义”是汉字的本质特征，“据形求义”的研究方法是由汉字的自律性特征决定的，是对“以形表义”的回应，是直观把握方式在研究者身上的惯性延续。这种释字方式在乾嘉学派兴起之前一直占主导地位。由于文字的神圣化色彩和小学几乎和经学并驾齐驱的突出地位，因而这种“据形求义”就决不仅仅是一种学术研究的方法，而是一种思维原则的体现。在俗文化层中产生的大量“望文生义”的现象正是在小学推动下，对“以形表义”造字特质的另一种发挥。如在古代，传统的咬文嚼字、随形赋义的风习绵延不绝，产生了大量的与此相关的文化样式，如灯谜、对联、酒令等。上至孔子、董仲舒、杨修、王安石、解缙、纪晓岚，下到民间测字先生、私塾冬烘、村民俗夫莫不长于此道，这正是直观方式在潜文化层的广视角的延展。

在字义的孳乳中，也渗透着这种直观意识。据有的学者研究，汉语字义的引申，既有同形、同态、同用的引申，也有同所、同感的引申；既有因果、时空、动静的引申，也有施受，反正、虚实的引申[③]。它们虽是形态各异，却又

① 《说文解字·叙》：“书者，如也。”段玉裁注：“谓如其事物之状也。”见其《说文解字段注》，成都古籍书店1981年版，第799页。（清）刘熙载《书概》：“书者，如也。如其学，如其才，如其志，总之曰如其人而已。”见其《艺概·书概》，上海古籍出版社1984年版，第170页。

② （清）刘熙载：《艺概·书概》，上海古籍出版社1984年版，第171页。

③ 陆宗达、王宁：《训诂方法论》，中国社会科学出版社1983年版，第155—159页。

莫不受到直观认识方式的制约。例如“从”既有跟随的意思，又有率领的意思，二者意义翩其反而却又相安无碍，这其实也是对其字形直观的结果。因为“从”本像两人相伴之状，自后者言之，他是跟随前者；自前者言之，又是率领后者。再如“参”，始见于金文，按朱芳圃《殷周文字释丛》中的解释，“参”字“象参宿三星在人头上，光芒下射之意”[①]，本与数之“三”并无关系，但由于金文字形上有三颗星，故而被直观出“三”义来。

从一些字义的考察中同样可以看出汉字中的直观致思途径的隐性延伸。如“了”既有观照的意思，也有明了、了了、了然于胸的意思，还可以表示完了，并进而虚化为表示过程结束的助词。这表明，在传统文化心理中，“观”与“感”，“感”与“觉”（明了），“觉”与“了”（完了）是融通一体的，所谓一观即感，一感即觉，一觉即了，瞬间的观照活动就是认识活动的全部，心理的外观、颤动以及知识的捕捉均在瞬间的不自觉的运动中完成的。因此，在中国人的心目中，敏捷成了智慧的一个主要标志，风流才华往往在于独特的体悟力和洞察力。如敏，《说文》：“疾也。”[②]敏从每得声也有意可会，字形像理发饰笄的样子，本表示理发时动作的迅速灵巧，后引申为聪慧。聪慧与敏捷同字，不正可以看出瞬间直观是中国人智慧的标志吗？在中国历史上，人们之所以称道曹七步、温八叉，之所以看重倚马可待的诗才文才，也正是这种心理在社会文化中的体现。

四、汉字识读心理与直观认知方式的内化

汉字作为一种沟通代际人际的最基本的媒体，其形意合璧、形象如画的特点使得人们在运用这种文字时，几乎不要了解它的读音，直接从形体上就可以把握其概念意义，并在一定的程度上了解它所隐含的深层意义。认识汉字的过程也可以说是以象见意的过程，这种方式长期使用，日浸月渍，势必会影响操习这一文字的人的思维，把它自然导向一种直觉把握的认知途径。

---

① 《汉语大字典》，湖北辞书出版社、四川辞书出版社1993年版，第163页。

② （汉）许慎：《说文解字》，中华书局1963年版，第67页。

汉字是一种具象形文字，它的视觉形象鲜明，视频信息丰富，均非字母文字所能侔比。对于字母文字来说，书写形式只是语音的记录符号，它和语音有极密切的关系。而在汉字形音义三者之间，形与义的联系远较形与音的联系密切，在世界现存的文字中，汉字是离语音最远的。在其他文字中，形与义往往不发生直接联系，而通过语音的中介来实现。美国宾夕法尼亚大学曾做过一个试验，结果表明，在语音干扰方面，英文要比汉字严重得多。日本人也做过类似的试验，科学家对患有“失读症”的病人在认识汉字和假名方面的临床研究结果显示，控制说话机能的卜罗卡氏区对认识汉字不起控制作用，而对假名的认写起作用，虽然假名写起来简单，但因它和语音关系近，所以病人不会写；汉字虽然复杂，可是和语音的关系远，容易为失读者辨析。可见汉字的视觉表象在思维认知过程中的重要作用。识读汉字最重要的是把握它的形体而不是其音读。我们的祖先造字时，首先想到的是把语义表现出来，而不是把语音表现出来，虽然随着时代的变化，语音越来越重要，但并未动摇汉字形体结构的大厦，并没有发展成一种拼音文字，语音形式只在孤立的音节内部发生变化。因此，汉字阅读只是一种“视觉阅读”（visual reading），区别于印欧语系的“听觉阅读”。汉字的书写形式给读者很大便利，汉字是一种单体书写形式，呈方形矩阵，图画性和示差性强，因此便于视觉交流，而且有利于贮存信息。故而在阅读时，这些方形矩阵容易凝聚目力，使人们偏重于“聚焦”式的阅读，着重于人们视觉获得文字信息，而不是首先获得语音信息。这不仅因为图像本身可以清晰地呈现，而且汉字音读形式本身存在着多种干扰，如同样的音读会有不同的书写形式和意义。今天许多学习外语的中国人，首先感觉到的是不仅来自听说方面的困难，还有来自阅读的困难，对于一个长期能从文字的书写形式上直接获得意义信息的中国人来说，在以语音为中介才能导入意义的方式面前很不习惯，这反映了两种语文认知心理模式的差异。这对于西方人学习汉语亦复如是。

高本汉曾说：在中国，“一切文书载籍，都是为两目之用，不是为口耳的话语的纪录。文字自己的生命，是一种独立的现象，与口语是分道扬镳的”[①]。重目视，轻耳闻，以及文字与口语的差异，决定了中国人特定的认识习惯，由于文字识读方式在人们心理认识上所占的特殊地位，这也历史地形成了中国人重“目治”轻“耳治”的习尚。我国素有“百闻不如一见”“眼见为实，耳听为虚”的熟语，正可视为它在潜文化层中的生动体现。这种重“目治”的习尚，无疑强化了中国人直观把握世界的认知方式，使他们在“阅读”外在世界的“大书”时，也会移入同样的“阅读方式”，重视当下直接的观照，凝聚目力，由感性对象直接诉诸心灵的把握，而避免复杂的概念的介入。

汉字的视觉表象之所以能给阅读者以强烈的心理刺激，还在于汉字能给人整体印象感，在隶化以前的文字中，大多数文字都能察而可识，在一定意义上是用整体来解释的图画结构，可以迅速启迪人们的感性记忆，获得意义信息。即使隶化以后，这种认识倾向仍未消失。这种文字感知是以个体为单元，而不像拼音文字以一个个组合符号作为元件。汉字在趋于笔画化之后，人们认读汉字仍然无须以笔画作为分析单元。陈振寰在谈到汉字形义之间紧密联系时说：“其实，这种现象的产生并不是因为现代汉字字形有多强的表意功能，而是因为心理知觉的完型机制在起作用的结果，汉字由点、线构成的平面结构在人脑知觉反映中所形成的心理完型，容易转化成一种视觉记忆，而汉字以一个方块结构为一个单位，因而投影到人眼视网膜上造成的整体形象感要比拼音文字强，这一点更促使了这种视觉记忆的优势。”[②]这里运用格式塔心理学来解释汉字的整体印象感，实际上从一个侧面道出了汉字整体感知的内在奥秘。现代脑生理学的研究也表明，拼音文字信号是由较有分析力的左大脑管的，它的词符反映在左大脑里，要经过语言区才能进入思考区；汉字的图案信号主要是由接受整体印象的右大脑管的，它反映在人的大脑里，不经过语言区就直接进入思考区。

汉字的整体识读方式带来的另一个明显特点，就是阅读速度的加快。西方现代语言学家称这种字叫平面字。平面字贮存信息多，人们识读时对它的

① ［瑞典］高本汉：《中国语言学研究》，贺昌群译，商务印书馆1934年版，第37页。

② 陈振寰：《文字结构、文字体系和汉字的性质》，《社会科学战线》1987年第1期。

敏感程度远优于线型的拼音文字。因此它的阅读速度比拼音文字快。美国语言学家P. Rozin曾做过此类试验，他通过小孩阅读英文和汉语相比，结果表明阅读汉语的速度快。中国古代有“一目十行”的说法，这似乎是汉字阅读的一个优势。郭绍虞曾说：“文字改革以后，恐怕做不到古人所谓‘一目十行’的现象。”①

这种迅捷、整体的视觉把握，实际上是一种“直观识读法”，这种方法在具体的语言环境中又得到强化。汉语是一种人文型的语言系统，它重“人治”不重“法治”，以人的内在心理逻辑去结构句子，在心理时间流中展示意义群体，而不以形式上的法则去组合，显示出一种非形态的特征。这种特点主要是由汉字所决定的。

汉字的视觉符号具有很大的可塑性和丰富的信息含量，每一个句子中包含着若干个汉字意象，每一个意象又具有许多不同的信息内涵。因此人们要恰当地译解其中的信息密码，不是靠逻辑推理，而靠一种特有的心理体验。西方普通语言学奠基人洪堡特说：“在一个汉语的句子里，每个词似乎都要求人们对其斟酌一番，考虑到它可能会有的种种关系，然后才能继续看下面的词。由于概念的联系产生自词与词的关系，这一纯思维的劳动便把一部分语法加给了句子。”②这种“纯粹的默想”实际上就是一种心理直觉。任何一个有经验的汉语阅读者都知道，汉字意义复杂，人们阅读时无须去精心选择在句子中应属的义项，只是在瞬间心理运动中就完成了这种意义选择。

无可怀疑，这种“直观识读法”对中国人的认识机制产生了深刻的影响，它是形成中国人把握世界的直观认知特征的最为重要的原因之一。它虽然无影无迹，但却又无时无刻不在刺激着人们的思维境域。

---

① 郭绍虞：《我对文字改革问题的某些看法》，《文字改革》1982年第1期。

② ［德］威廉·冯·洪堡特：《洪堡特语言哲学文集》，姚小平编译，湖南教育出版社2001年版，第162页。

第二节　汉字与中国人的朴素辩证思维

如果说重视直观感知是一种纵向思维，那么它的横向展开则表现为一体二元的辩证思维。“当希腊人和印度人很早就仔细地考虑形式逻辑的时候，中国人则一直倾向于发展辩证逻辑。”[①]中国人强调天人合一的和谐，但这并非在等无差别中追求，而是要“以他平他”，在不同和对立中达到和谐。因此，“和而不同”成了中国人崇高的理想境界，它强调在对立差异中见统一，又强调在统一中见差异，“非一则不能成两，非两则不能致一”[②]。

一、汉字：研究辩证思想的独特途径

中国人的朴素辩证思维，在先秦时期就已经基本形成。目前学界对这种思维形式的由来研究并不多，其实汉字倒是一个重要的途径。中国人的辩证思维

① ［英］李约瑟：《中国科学技术史　第三卷　数学》，《中国科学技术史》翻译小组译，科学出版社1978年版，第337页。

② （宋）蔡沈：《洪范皇极·内篇》，文渊阁四库全书本。

并非划然而至，而有其深厚的民族文化心理基础。汉字这一历史的活化石，作为上古文明的主要标志之一，显然具有一种导夫先路的作用，只是这其中所贮积的信息密码我们已很难译解罢了，但我们仍然可以根据其中一些线索来探寻其蛛丝马迹。

如汉字“文”中就透露出这种思维倾向。正如前文所说，汉字本叫作“文”，所谓“春秋以上，言‘文’不言‘字’”[①]，秦代的泰山刻石中才有“字”的称呼。“文”又是“纹”的本字，其字形是互相交叉纹理的象形符号，像我们在西安半坡等出土文物中所见到的那样。“文”因纹理交叉（这很容易让我们联想到另两个纹理交叉的字符——“交”和“爻”），故而有交叉相对义，《周易》上云：“物相杂，故曰文。”[②]由线相交到物相杂，实际上将“文”所包含的世界扩展到自然人生，并把“文”确立为一种相交相杂的系统，一种关系性的存在，正像宋代哲学家朱熹所说的那样：“两物相对待在这里，故有文，若相离去不相干，便不成文矣。”[③]这至少使我们看到，中国人的整体文化建构观具有相互对待、辗转相生的理论特质，而古代中国人似乎也朦胧认识到，汉字中就天然具有这种特质。

从字形构造中，我们便可看到这种精神的存在。汉字的形体构造体现出对称原则，早期的卜辞中就已注意到对称、避就、映衬等协调原则，这虽然主要是一种形式美的原则，但“形式”的背后却也包含着人们注意对立统一的思维特征。更为重要的是，从字与字的关系看，存在着一种两两相对有序排列的原则，如“即”，像人面对食器而进食，引出当下的意念；“既”，像人吃后面背食器，表示已然的意义。“北”，两人相背；“鄉”，两人相对。“屯”，像草木萌生呈艰难状；“生”，像草木奋然向上之状。“陟”与“降”，甲骨文的形体正好相对。至于反“从”为“比”、反“正”为“乏”，以及“杲”与“杳”、“可”与“叵”、“凹”与“凸”、“上”与“下”等字，更注意到两两相对的原则。

① （清）顾炎武著，黄汝成集释，栾保群、吕宗力校点：《日知录集释》，花山文艺出版社1990年版，第937页。

② （清）阮元校刻：《十三经注疏·周易正义》，中华书局1982年版，第90页。

③ （宋）黎靖德辑：《朱子语类》卷七十六，明成化九年陈炜刻本。

在汉字创造中，还存在着一种通过声音相同或相近来创造一个与其意义相反的字的现象。张世禄指出，在汉语的同源字中，既有同义的，也有大量相反或相对的词，如腹背同源、夫妇同源、消长同源、本末同源、顶底同源。这都是声音相通、义兼正反的现象。这种现象广泛存在于语言中，如益之为“员”，减之为“损”；始为“基”，终为“期”；快乐为“喜”，悲痛为“譆”，等等。在这里，声音相通或相近，说明两个相反意义的字又有相关的地方，既交相对待，又相与为通。这里显然有对立转换的思维机制的作用。

从汉字组联上看，在汉字组联的合成词中，反义合成词是比较独特的一类，它不但数量大，而且涉及面也极广。具体言之，约有以下几种：

（1）两义兼备，如往返、开合、大小、乾坤、天地、日月，等等。

（2）寓于一义，如女儿、忘记、厚薄、人物，汉语中所说的偏义复词也属于这一种。

（3）双义兼备或寓于一义，如兄弟（哥与弟，或专指弟弟）、好歹（好与歹，或偏于好，或偏于歹）等。

（4）含有新义，如行止（引申为品行）、损益（引申为盈亏）、老小（泛指家属）等。

（5）词义转移，死活（表示无论如何）、反正（同上义）等。

这些现象的产生均与汉字有关，单音缀孤立语为这种组联提供了便利。这种现象又是建立在民族思维模式之上的，没有民族心理的承受力，这种反义凝结是根本不可能的，它只能带来混乱。这种思维模式就是注重对立统一的朴素辩证思维，语义对立而统一于一词就很独特了，而其语义的内在转换机制更是妙用无方，堪称奇绝。它或而两面兼顾，或而寓义于一，或而萌甲新旨，或而虚实变换，然而都统一于相反义项组成的语义框架中。

我们还可以从汉语肯定词否定词的运用中看出这一问题。古汉语中常常出现以否定表示肯定、以肯定表示否定、肯定否定互相转化的现象。许多词看起来是否定，其实是肯定，反之亦然。马太·里奇神父曾惊叹道："汉语的思维方式……不用正与负、存在和不存在的概念，而是用相互交替、相互结合又相互补充的对立概念……使用汉语可使另一些思维过程发挥作用，另一种能力得到发展，而它们与西方引以为自豪的那些思维过程和能力却是不同的。"汉语中不重界定的科学性，而重心灵体验的趣味性，肯定否定互相转换正是适应中国人"另一些思维过程和能力"的需要。这种现象极为普遍。《诗·大雅·文王》："有周不显，帝命不时。"传云："不显，显也；不时，时也。"[①]又《生民》："上帝不宁，不康禋祀。"传云："不宁，宁也；不康，康也。"[②]凡此不一而足。肯定与否定，看起来是矛盾的，但又是同一的，每一方都是对对方的扬弃和对自身的扬弃，每一方又反衬了对方，促成了对方意念的更加突出的表达。它所体现的中国人朴素辩证思维特性是很明显的。

二、反训：辩证思维的范例

黑格尔曾在《大逻辑》中申谈语言文字与思维的密切关系，他说："一种语言，假如它具有丰富的逻辑词汇，即对思维规定本身有专门的和独特的词汇，那就是它的优点。"[③]他以为最能体现德国人思辨精神的在于"德语有些字非常奇特，不仅有不同的意义，而且有相反的意义。"[④]而他认为汉语就根本不具有这种特点，因而不利于思辨。看来天才的黑格尔并不了解汉语。像黑格尔所说的以相反两意融于一字的现象在中国不是没有，而是极为普遍。这就是传统语言学所说的反训现象。汉字一字多义，在字义序列中常常出现意义对立相反的特征。自东晋郭璞根据《尔雅》《方言》等辞书，指出汉语训诂中存在着"义相反而兼通"的现象以来，历代小学家列举了不可悉数的反训实例，反训成了传统训诂学的重要组成部分。这种现象绝不是词义在历史发展过程中的巧

① （清）陈奂：《诗毛氏传疏》卷二十三，清道光二十七年陈氏扫叶山庄刻本。

② （清）陈奂：《诗毛氏传疏》卷二十四，清道光二十七年陈氏扫叶山庄刻本。

③ ［德］黑格尔：《逻辑学》（上卷），杨一之译，商务印书馆1996年版，第8页。

④ ［德］黑格尔：《逻辑学》（上卷），杨一之译，商务印书馆1996年版，第8页。

合，像有些研究者所说的“历时的巧合”，而具有共时态的特征，如“谢”，在汉乐府中，既有“问”义又有“告”义，前者如：“使君谢罗敷，宁可共载不？”[①]后者如：“多谢金吾子，私爱徒区区。”[②]又如“祝”，由“示”“人”“口”三部分组成，本指人在神前祷告，祷告的内容可善可恶，如《释名》所云：“祝，属也。以善恶之词相属著也。”[③]故而“祝”既有祝福义，又有诅咒义。在唐诗中，这类反训现象也相当普遍。如“仅”，既极言其多，也甚言其少；“可”既有“可以”“能够”之义，也有“岂”和“不可”之义，等等。[④]也有些反训词义是在人们思维观念向前发展中不断累积而成，然而一旦凝定，就会被人们接受，并未感到冲突难通。如《周易》的“易”，《易纬·乾凿度》就认为，简易即变易，即不易。简易和不易可谓“同训”，然而不易和变易则又是“背出分训”，即所谓反训了。汉代以下，“易”名三义一直被人们所接受，以至被视为中国文化的纲领，可见，词义虽为历史累积而成，但并非出于巧合，而是人们有意认同的结果。

反训现象极为普遍，不烦征引。甚至在人名中都有这种现象。古人命名有名有字，名与字之间意义应该相近，但有时名、字意义却相反而配置。如韩愈，字退之；赵孟頫，字子昂等。张舜徽曾在《左传》中找出几十个名、字意义相反的实例，如郑公子愚，字子皙（《左传·襄公二十九年》）；晋赵襄，字子余（《左传·僖公二十四年》）。在孺名中也有类似现象。人们生了个儿子，都宠之非常，但往往起的孺名却令人纳闷，如见于史传的“黑背”“虮虱”“胡狗”“丑奴”以及见于民间的“狗剩子”“傻蛋”等。据说名字越贱，其命相会越好，坏名字成了保佑平安、令其日后顺达的佳兆，大恶是为了大善，阴阳相配才会协调。这虽不是反训，却有相通之处。

反训现象产生的诱因之一来自汉字。相反义项之所以含包而共融，往往与

---

① 《陌上桑》，逯钦立辑校：《先秦汉魏晋南北朝诗》，中华书局1983年版，第260页。

② （汉）辛延年：《羽林郎诗》，逯钦立辑校：《先秦汉魏晋南北朝诗》，中华书局1983年版，第198页。

③ （清）王先谦：《释名疏证补》卷四，上海古籍出版社1984年版，第199页。

④ 参见郭在贻：《唐诗中的反训词》，载《训诂丛稿》，上海古籍出版社1985年版，第129—138页。

汉字的形音义密相关涉。汉字形体结构具有很强的可塑性，字义引申可以沿着形体向两极展开。如“受”，甲骨文画的是两只手，中间是一物，此形颇虚活，既可理解为一个人正把一物授于另一人，又可理解为一人正在接受此物。因而“受”有接受和授予的相反义项，“施受同词”是由汉字决定的。再如“乱”，战国诅楚文像两只手理乱丝，因而这个会意字既可当纷乱讲，又可释为治理。《论语·泰伯》中就有这样的相反意义，“勇而无礼则乱”①，纷乱也；“予有乱臣十人”②，治乱也。这种两极展开的引申就是叩其两端的思维特性。

其次与汉字的概念内涵有关，词义引申呈辐射性展开，有时生发出相反的意义。如“息”，本指人的喘息，可引申为人的休息和休止意，“天地盈虚，与时休息”③。喘息、呼吸又是一种生命运动，故可引出生长意。《左传·昭公十四年》：“息民五年，而后用师，礼也。”④又如“比”，既可指正当的相互“亲近”，又可指不正当的彼此“勾结”。在同一部《论语》中，“义之与比”⑤取的是前者，而“君子周而不比”⑥则用的是后者。

产生于汉字基础上的反训现象绝不是简单的语文现象，而是一种深刻的文化心理的体现，若没有民族思维惯性的支撑，它可能成为一种真正的“语文病态”⑦，早就会在语言的纯洁化中丧失了它的存在。实际上早在郭璞那里就已注意到反训的心理特质。他给反训下的定义是：“义有反复旁通，美恶不嫌同名。”⑧“反复旁通”正体现出“无往不复”的文化心态；所谓“不嫌”就是说中国人具有承受这种义兼正反语言现象的心理能力，这也就是现代西方语言哲学所强调的“阐释的合理冲突性”。为什么能承受，这便使人要追溯隐藏在这种语义现象背后的思维习惯。这种思维习惯正是中华民族的朴素思维特征。

---

① 杨伯峻：《论语译注》，中华书局1982年版，第78页。

② 杨伯峻：《论语译注》，中华书局1982年版，第84页。

③（清）阮元校刻：《十三经注疏·周易正义》，中华书局1982年版，第67页。

④（清）阮元校刻：《十三经注疏·春秋左传正义》，中华书局1982年版，第2076页。

⑤ 杨伯峻：《论语译注》，中华书局1982年版，第37页。

⑥ 杨伯峻：《论语译注》，中华书局1982年版，第17页。

⑦ 董璠：《反训纂例》，载《燕京学报》1937年第22期。

⑧《尔雅·释诂第一》，四部丛刊景宋本。

细研之，反训中含容着以下三个理论要义：一是相互对待意。反训意义两两相对，互为相反，相反两义并不互相抵触，而共存一语义空间。在相互对待中避免了对事物作孤立的把握，而能叩其两端，达到一体二元的和谐局面。二是循环相通意。词义随着人的心理节奏的变化而发生变化，开始与结束、买与卖、教与学、取与给递相勾连，无始则无终，无卖则无买，等等。正如孔广森所说的："物终乃落而以为始，何也？尝考落之为始，大抵施于终始相嬗之际，如宫室考成谓之落成，言营治之终为居处之始也。"[①]意义相反在于其"相嬗"，这样随心而变，终则有始，始则有终，回环豫如，流转而不居，这颇契合中国人"无往不复""无平不陂"的独特宇宙观。反训中的终始相连、循环往复的心理特征和《易传》上所说的"日往则月来，月往则日来，日月相推而明生焉"[②]的思想一脉相承。三是相反相成意。相反意义非但没有构成语文病态和理解障碍，反而促进其内在意义转换，增加表达效果，表面的矛盾促使了深层的勾连。这里再以"落"为例。《离骚》："朝饮木兰之坠露兮，夕餐秋菊之落英。"[③]"落英"意谓初发之花，言初发之花不用始英、初英，而用落英，正是要从意义的反差中映衬出初花之绚烂。其中不正包含着相反而相成的辩证思维品格吗？

如果说，黑格尔曾视德语中相反两义融于一字的现象是德国人思维水平高的表现，那么汉语中所出现的反训现象，也可以说是高度的东方智慧的显现。这种现象广泛存在于书面文化中，而且在俗文化层中也有表现。它和中国人的辩证思维特性具有互动关系，一方面，它是中国人辩证思维特性在语言中的折射。另一方面，它又散发出自己独特的力量，促进这种思维惯性的延续和凝定。

① （清）孔广森：《经学卮言》卷三，续修四库全书编委会：《续修四库全书》第173册，上海古籍出版社2001年版，第287页。

② （清）阮元校刻：《十三经注疏·周易正义》，中华书局1982年版，第87页。

③ 朱东润主编：《历代文学作品选》第1册，上海古籍出版社1979年版，第230页。

三、俪偶：辩证思维的强化途径

朱光潜说："文字的构造和习惯往往能影响思想。用排偶文既久，心中就于无形中养成一种求排偶的习惯，以至观察事物都处处求对称，说到'青山'便不由你不想到'绿水'，说到'才子'便不由你不想到'佳人'。中国诗文的骈偶起初是自然现象和文字特性所酿成的，到后来加上文人求排偶的心理习惯，于是就'变本加厉'了。"[①]这段论述实际上指出了汉字影响中国人的朴素辩证思维，还有个广视角的文化现象及其心理习惯这一中介环节。

汉字是一种堪与异域竞萌的俪偶文字[②]，在这一特点的刺激下产生了一种"俪偶化心态"。这种心态的根本特点是人们在观察认识表达事物时往往注意到两面，强调一种偶化倾向，成双成对象征着一种幸福，一种和谐，也是一种美的经验。因此在中国偶化意味着吉利。在中国人看来，大千世界，纷纭杂沓，"造化赋形，支体必双"[③]。山峙而成峰，水分而交流，禽飞而并翼，星缀而连珠，因而强调文化建构合于自然规律的中国人，也把对偶平衡作为其重要原则，它不但体现在外在形体上，也体现在深层心理中，因此《易》有阴阳刚柔，六画迭用而成章，"物相杂，故成文"成了中国文化的不朽典则。汉字在这种"俪偶化心态"的形成中产生了至关重要的作用。在书面文化中，文学表现得极为突出。汉诗属于一种包括对仗、押韵、字数等规范的格律诗，这些规范主要是以汉字的特点为基础，以对称化俪偶化的追求为旨归的。对仗是一种极为明晰的俪偶化；平仄是以声音入手，强调文字的有序排列，形成一种对应和谐的声韵效果；而字数则要求在单音孤立的汉字基础上产生的一种整饬排列。故而美国诗人庞德慨叹，用象形构成的汉字永远是诗的。在世界上堪称奇绝的赋和骈文体裁的产生则将这种"俪偶化心态"推向极致。

---

① 朱光潜：《诗论》，《朱光潜美学文集》第二卷，上海文艺出版社1982年版，第188页。

② 刘师培：《中国中古文学史》，人民文学出版社1959年版，第5页。

③（南朝梁）刘勰：《文心雕龙·丽辞》，祖保泉：《文心雕龙解说》，安徽教育出版社1993年版，第678页。

“俪偶化心态”在民间产生的诸多文化样式中有很充分的体现，而汉字又是促进这种种样式产生的内在机制。如“谐”，这是一种文字游戏，刘勰说：“谐之言皆也，辞浅会俗，皆悦笑也。”[①]戏谑的活动称之为“谐”，还有一个缘故就是这种谐趣在早期大都重视对偶化，谐有“偶”和“双”的意义[②]。如《后汉书·刘玄传》所载谐语：“灶下养，中郎将；烂羊胃，骑都尉；烂羊头，兰内侯。”[③]史载东方朔也惯用赋体作“谐”。而民间流传的对联、谚语、隐谜、风谣等无不体现这种俪偶化倾向，以至于形成了中国人特善黏合“语言眷属”（钱锺书语）的能力，对对子成了中国人智慧的一个重要方面。

汉字刺激“俪偶化心态”的产生，除了汉字识读运用之外，传统语文教学的“对课”也是不可忽视的途径。传统的启蒙读本，为了便于记忆，将复杂的文化内容编成一种易读易记的骈文化句式，如《千字文》《三字经》《增广贤文》等大都如此，使孩子们从小就熟诵“天地玄黄、宇宙洪荒”“三才者，天地人；三光者，日月星”之类的骈文句式，使其在不知不觉中形成了一种求偶化的思维定势，“叩其两端”成了他们思维的习惯。这也为其成人后吟诗作赋、对对制谜提供了逞才献技的基础。

---

① （南朝梁）刘勰：《文心雕龙·谐隐》，祖保泉：《文心雕龙解说》，安徽教育出版社1993年版，第277页。

② 《广雅·释诂四》：“谐，耦也。”古代又有“谐偶”一词，本指对偶义，引申有吉利义。

③ （南朝宋）范晔撰，（唐）李贤等注：《后汉书》，中华书局1965年版，第471页。

第三节　汉字与中国人的具象思维模式

汉语“宇宙”二字颇耐玩味。古人云，上下四方曰“宇”，往古来今曰“宙”。在中国人的观念中，宇宙就是无限的时空，而“宇宙”二字均是表示房舍的形声字。无限的时空以有限的居所来表现，其中突出展示了中国人的一种心态，即从具体中发现抽象的道理。这便是中国人心理结构中的具象思维模式。

中国是一个讲究实际的国度，以思维的具体性而著称，对具体感性的兴趣远远超过对概念逻辑的兴趣，它既不像西方那样热衷于抽象的概念思考，也不像印度那样无视个别与特殊，热衷于普遍的东西。然而，对逻辑的漠视并不代表思想的贫乏，中国人往往执着于通过感性来表达精深的理性思考，通过感性的巧妙类比来呈示意念，以模糊整体的生命化语言去复现世界的形象。这种思维的核心是“象”，所以哲学界有人称这种思维为“唯象思维”。这很容易使我们想到汉字，因为汉字的根本特点也在于“象”。为什么中国人重视具象的知觉，因为，“中国人的文字是象形文字，是具象的，而在概念的表达方面，他们也喜欢作具象的表达。即使是理论性的说明，也依赖于知觉表象，喜欢作图例式的说明”[①]。这两种“象”到底有什么联系，或者说，象征文字系统是怎样影响中国人的具象思维的呢？我们拟从以下三个方面来逐层论之。

一、据象驰思的类化倾向

大部分汉字产生于原始文化氛围中，原始民族的思维是一种不大重视概念，而重视具象的“前逻辑思维”。汉字作为思维的符号，就是这种重视具象的“前逻辑思维”的直接外化形式。可以说，这种原始形态的具象思维特征是后来中国人具象思维的直接源头。在前文中，我们已经讨论过汉字创造必从感性出发，由具体的感性导入直观的把握。但在具体的思维过程中，我们的先人往往又不拘限于眼前的感性，因此汉字具有高度类化、高度概括的特征，以一物之象概括一类事物之象，也即许慎所说的“依类象形”，不是对具体个别的对象逐一描摹。马有雌雄大小高低壮弱，又有性烈性憨之分，然而汉字只有一个“马”字，这个字是马这个“类”的集中概括。甲骨文就已具有这种高度类化的倾向。这种被汉字所凝固了的世界在人们的运用理解中又被人们所还原，从高度类化之象走向单一个别之象，这是一种逆向审视，所循绎的正是“象”的脉络。从汉字的序列编排看，汉字的部首设置不啻为一天才的发现，它增加了汉字的序列化，构成内在系联的不是字母符号编码，而是一种感性之象，从而一事物可以推及一类事物之象，因为物以类分，字也以类而分。台湾文化史家谢澄平说：“中国语汇分类较为科学的，如山、水（氵）、木、人（亻）、牛（牜）等确是（物以类分），而欧文则以字母分，物类则不明白。”[②]人们在识读和使用汉字时，会引而申之，推而广之，触“类”而长之，由文字之象走入自然的生命之中，遇到“木”字旁会想到植物，遇到“金”字旁会想到矿藏宝物，所谓“秀才识字识半边”正反映了这种现象。“始一终亥”的540部正像易卦一样，由代码走向自然，由个别之象推及一般事物之象，力求通过有限的

① ［日］中村元：《比较思想论》，吴震译，浙江人民出版社1987年版，第169页。

② 谢澄平：《中国文化史新编》第1册，（台湾）青城出版社1985年版，第106页。

象形符号去通观“万物咸赅”的无限世界。以形系联的文字系统启迪了人们类化思维，它是具象思维的重要表现形式之一。《说文·叙》云：“其建首也，立一为耑。方以类聚，物以群分。同条牵属，共理相贯。杂而不越，据形系联。引而申之，以究万原。毕终于亥，知化穷冥。”①这里实际暗用了《易传》上的“方以类聚，物以群分”“杂而不越”等语，把汉字部首比作八卦，八卦用模拟现象的符号系统去象征现象间的普遍联系，“类”的推衍是其根本原则。许慎正是以“类”的推衍原则去发现汉字深层的奥秘：以序列化的形符去囊括万有、融聚群类，通过“类”的运演去究诘万象深层的生命精神，通过始一终亥的内在联系去契合回环豫如的宇宙运动。诚如明代书家王绂在《论书》中所说：“许叔重……《叙目》五百四十部，自一终亥，有至理存焉。”②而这，也是汉字的创造者们试图通过有限符号去表现无限世界的努力中所依据的根本原则。这种高度类化的生命化符号又把它所遵循的这一原则传播给它的使用者，使人们在使用这些符号时，总是不满足其表层的意义指向，而寻求符号背后的生命世界，汉字的意象成为他们“类”的推衍的重要元素。

二、“具象抽象”的理性精神

汉字是一种具象符号，具象符号如何表现抽象的理性概念，如何进行逻辑思考，这是所有具象文字体系所面临的共同难题。西方近现代许多哲学家否认具象文字的抽象表达能力，并借此贬低中国哲学。毫无疑问，中国人不可能没有自己的理性思考和哲学观念，文字作为这种思考和表达的媒介，使人们注定要从这种具象文字中去寻求思维的依据，在这里没有其他道路可以选择。从语言哲学角度看，西方是通过语言去掌握宇宙，走向科学思考，它注重语言的概念表达能力，力求通过人为的符号系统去规范宇宙。中国是通过宇宙来掌握语言，从而走向整体思考。人们不是通过语言的努力去规范宇宙，而是语言特征

① （汉）许慎：《说文解字》，中华书局1963年版，第319页。

② （明）王绂：《论书》，崔尔平选编、点校：《明清书论集》上，上海辞书出版社2011年版，第2页。

受到宇宙观念的制约，语言只是把握宇宙的一种方式，因此它必须摒弃理性的硬性附加，而以整体的、全息的、有机的生命化语言文字体系去契合宇宙生命，理性只在具体的感性生命中引出，因为道亦器，器亦道，道不离器，器不离道，从具体的感性中可以洞开一个理性的世界。

汉字符号是具体的感性生命的凝结，它反映了人对宇宙关系的多层次多角度的体认。所以汉字在表现独特的理性概念方面并没有成为难题，人们如若想表现自己的观念，就到对象中捕捉它的外在形态、运动形式和内在精神，这种感性的呈现实际上也就是人的心灵运动的本身。在文字创造伊始，人们并未自觉到这种生命依据，还没有多少复杂的概念需要表达，他们关心世界本身，对普遍性的归纳不感兴趣。古文字发展的历史清楚地证明了这一点，由甲骨文到金文再到小篆，不仅表达抽象概念的字愈来愈多，而且许多本不具有抽象意念的字也增加了新的抽象概念，文字作为语言的感性载体，受到不断崛起的理性思维的制约，人们将自己的崭新思考附着于这些感性符号之中，以具象的符号显示抽象的概念，这样，汉字便成了供人思考的理性空间。存在的就是合理的，在理性崛起之后，汉字仍然能保持顽强的生命力，这本身就能说明具象表抽象这一模式的存在价值。

这里必须指出，以具象符号表达抽象概念并非为汉民族所独有。原始民族缺乏抽象概念，有的甚至不能抽象地表达如硬、软、热、冷、方、圆、长、短等，他们用石头表示硬的，用大腿表示长的，用月亮和球表示圆的。列维·布留尔把这种现象称为“心象—概念”系统，这也就是我们所说的以具象表达抽象的思维模式。大多数原始民族都采用过这种表达抽象概念的方式。苏美尔人用图形表示概念，如用星表示天神，用蝗虫表示不和没有，不过数量极有限。埃及人也如此，他们用水从陶器中流出表示凉快，用一手握盾一手持矛表示战斗，但埃及字大多是图谜。这种现象在我国许多少数民族文字中也存在。

汉字在表达抽象概念上也采取了“具象抽象”的方法，但在表达的灵活度、表现意义的深度以及传播的时间维度上远非其他文字所能相比。汉字在表达概念上主要有以下几种方式。

(1) 借象法。这种现象在汉字中极为普遍。即以“高”“大”二字为例，一借耸立的台观之形来表示“高低”之“高”的抽象概念；一则以舒展四肢正面站立的人形来呈示“广大”这一虚涵的意念。前人所说的“有字义不专属一物，而字形则画一物者”[①]，指的就是借象法。

(2) 拟象法。这是一种更为抽象的拟象方法，它所拟之象非现实之实有，而是人心之当有。如“一”“二”“三”“四”“上”“下”“凹”“凸”等。王筠在《说文释例》中所说的“象人意中之形，非象人目中之形”[②]的文字现象，指的正是拟象法，也可称为意象法、虚象法。

(3) 组合会意法。以上两种方法都是一种简单的立象之法，是一种表层的“心象—概念”结构，它远远不能满足人们理性思维的需要。它不能展拓物态的内在运动节奏，不能表达人们复杂的情感体验，尤其不能传达那些模糊的抽象的意旨。汉字最惊人的创造就在于它发现了组合会意这一卓有成效的方法。它以感性形态之间的奇妙组合来动态地显示意念，每一个汉字都是一个具有复杂配置的意象结构，它更能指向接受者的心灵。一方面它通过形体内在的复杂关系传达创造者的观念，另一方面它又给人提供一个研味的符号空间，一个永远填不满的“黑箱”，不断启迪人们去思考。在“六书”中，不仅会意字属于此种方法，而且大多数形声字也具有这种特性。形声字由意符和音符两部分组成，音符如有兼表意的，即《说文》所说的“亦声”现象。即使许多非“亦声”的符号，也会因会意泛化而具有潜在的表意功能，音符都成了象征符号，都有具体的感性可象，它不仅带有它原先的符号意义，还带有它所反映的生命世界的复杂意义，从而启迪人们多向性理解。如古代拆字相字的对象中，以及王安石的《字说》中，就有许多形声字是被“会意化”而“妙”解“妙”释的。一个意符和一个音意双兼的符号实际上构成了一个隐形的会意系统。组合会意自身就是一个自足的世界，一个通过各种关系性存在所呈现的心灵图像。如前举的“寒”，古文字的构形要件有四：房屋、人、草、冰，其自身就是一个人事活动场景，冬天来了，天气寒冷，外面冰天雪地，人们在屋子里躲进草

---

① (清) 陈澧：《东塾读书记·小学》，皇清经解续编本。

② (清) 王筠：《说文释例·指事》，中国书店1983年版，第18页。

内取暖。这种会意字就十分强调它的内在关系，自身就构成一个阐释循环（Hermeneutical Circle）。组合会意法特别强调心灵体验性，它是创造者生活经验和心灵体验的体现。当人们接触这种文字时，往往会不满足组合会意自身的概念，而通过自己的体验去创造，这样符号就能表现包括创造者和使用者在内的大量复杂意念。如“德”，甲骨文分别以“彳”“直”或者“行”“直”构形，其本义就是“行得直”[①]，故“德”与“直”声近义通。“直，正见也”[②]，因而“德”又有目光正的意思，用《礼记·玉藻》中的话来说，亦即“目容端”。金文又进而丰富了“德”的含义，在甲骨文基础上，于眼睛下面增一“心”字，表示行为正、目光正、心术正就是“德”。《说文》有从“直”从“心”的“德”字，与甲金文可谓殊途而同归。“德”之字形又与“循”相近，均表示人直路而行，故“德”又有循顺的意思。总之，“德”这一伦理范畴，虽因随时推移，其意义愈来愈丰富，但却有一个共同的思想，即体现一种人间理想和价值标准。唯德为正为直，德乃天人之大道；德又是人的本性的一种体现，人只有顺德而行，才能得到皇天辅佑。即使在今天，当人们说某人“缺德”时，其含义仍不外乎“不走正道”“心术不正”之类。有趣的是，“德”去掉了“彳”，就是“悳”字，南北朝人便是如此书写的。究其因，就在于“悳”是“德”的反面，所谓“缺德”“没有德行”是也。综此可见，“德”生发出的一系列光谱般的意义，无不与其字形、字音翕翕相关。

汉字在表达抽象意念中，由一般借物喻心比况结构的静态呈现到组合会意的动态呈露，从多种角度拓展了汉字表达抽象概念的能力。从文字的发展来看，早期的象形指事字基本上是一种简单类比结构，而在会意字的不断增加和形声字的大量产生中，组合会意结构则成了表达抽象概念的主要手段。从其表现的概念内涵看，早期的一般比况结构多是一些简单的表层的概念，而后来则表现人们更加深刻的概念，符号所蕴含的理性意义更加丰富。文字内在意义的嬗变反映了人们认识的发展。

由此可见，世界在变，人的认识也在变，人们不断向理性的纵深拓入，作

① 徐中舒主编：《甲骨文字典》，四川辞书出版社1988年版，第168页。

② （汉）许慎：《说文解字》，中华书局1963年版，第267页。

为思维的媒体，汉字并没像印欧语系的文字，不是更换另外一套文字系统来代替象形字，而是随着认识深化，不断创制新名词、新语汇，它无须另造新字，它就在语词的内部伸展、累积，它虽然缺少西方那种清晰的固定的意义，从而不利于严密的逻辑思考，而随着语汇、意念的不断增殖，其意义之间构成一个彼摄互融的网络系统，从而增加了人们在这一意义空间中玩味的可能性。西方语言的刚性定位和汉语言的弹性板块实体的特征迥然各异，从而形成一重逻辑、一重体验的不同思维特征，也决定了两种不同的理论建构之路。

我们可以从哲学的范畴建构中看出这一点。中国哲学范畴演变史可以说是中国哲学史的缩影。这些范畴不是像西方那样通过语言逻辑来创造的普遍性概念，而是在原有字词基础上所进行的“并连思考”（李约瑟语），即在表现具体形态的汉字内在意义转换中实现的，字形虽然是一个制约的框架，但又是一个无限自由的天地。中国哲学范畴反映的是一种自然宇宙中事物的有机联系，为了避免概念的僵化规定，而是到文字自身中去发现，人们可以像面对大千世界一样在文字中发现理性，通过类比联想在文字的生命世界中进行不断的超越活动。如“理”这个古代哲学的重要范畴，本指玉的天然纹理，进而引申为按玉的纹理而理之，《说文》：“理，治玉也。”[①]并再引申为一切客观存在物的条理和规律，《孟子》《易传》又将理和性联系起来，这便使理具有自然和人类精神法则的双重意义，到宋明理学成了中国哲学的最高范畴。这种种引申都与理的自然规律的蕴涵有关，而它又通过玉——“自然之最可珍贵者”的特征加以隐喻，如此渊深的道理均可落在具体感性中，十分清晰地体现了在粘带形象中进行哲学思考的具象思维特征。

在汉字基础上产生的以具象表抽象的思维模式，虽然能够整体凸现宇宙的生命图式，由于它缺少明晰的意义界定，因而不利于进行复杂的概念推理活动；由于组织思维材料的是来自于现实的感性符号，这在一定程度上影响了思维的迅捷组合；虽然具象可以表达抽象，直觉可以达到深层理性，但在

---

① （汉）许慎：《说文解字》，中华书局1963年版，第12页。

运思中，具体的思维程序被省略，缺乏必要的中介环节，剩下的是质实的表象和从这一表象超越的内在机制，这限制了中国人的科学性思维活动。要建立适合时代的现代型思维，看来这是必须认真对待的问题。

三、汉字与真实世界

现代西方哲学的一个重要的革命，即开始了从理性批判走向文化批判的转折。西方不少哲学家在深刻的反思中发现，整个西方传统哲学的大厦是由具有严密逻辑体系的语言构造起来的，而这种语言只是人所创设的概念，并将世界纳入这一概念中，因而语言的界限意味着我们世界的界限。人们的错觉往往是将人对世界的假设看作是世界本身，人们所注目的世界是一个由语言所组成的世界，这一世界是不真实的，而在语言之外存在着一个无法用语言表达的世界，它是未经人的概念分割的世界本身，这才是真实的世界。正是执着于对这一世界的向往，他们提出“语言即牢房”的重要观点。

中国文化洋溢着浓厚的神秘主义色彩，在中国人的心目中，能够被语言规定的具体世界是不真实的，大音希声，大象无形，在外在世界的背后流动着道的生命，道是一种“象罔”，也即是无，它是宇宙意义和个体生命的结晶体。要达到这无限，就要放弃有限的努力——“不立文字”，摒弃语言的核心不是否定语言的外在传播价值，而是摒弃其概念的努力，一旦用语言，那就会“有封”，与道相去日远。但是中国人又认为，语言是道的体现，在其深层隐藏着道的要旨，其中凝固着人对宇宙的体认的精神，所以，要达到对道的把握又不能抛弃语言——“不离文字”。

中国人对语言既是道的障碍又是体认道的媒体的特征把握，不同于西方的“语言牢房”论，语言文字被看作到达真实世界的桥梁。这是一种极为独特的语言哲学观。究其要，在于我们有独特的汉字以及在此基础上产生的语言体系。汉字由于具有具象特征，往往能使人们超越原有概念的滞碍，引入其生命结构中，具有所谓“舍筏登岸”的特点，正如维特根斯坦所言：“在爬上梯子之后把梯子抛掉了。”[①]汉字在一定程度上就是可以抛掉的“楼梯”。

西方现代许多哲学家强调，在语言中失去的还要在语言中找回，他们极力寻找一种真正的“消解方略”（德里达语），去消解语言的逻辑功能，导向生命之外的世界。对于一个在两千多年前就朦胧地发现了语言的束缚性并力图超越的民族来说，她在克服语言的弱点上，充分拓展语言文字内在的张力，以具象的生命形式导入真实世界，给当代西方文化批判和重建提供了有益的启示。

·思考题·

1. 汉字与中国人思维方式之间的互动关系体现在哪些方面？
2. 汉字是如何体现中国人直观认知方式的？
3. 汉字是如何体现中国人朴素辩证思维的？
4. 象形文字系统的汉字是如何影响中国人具象思维模式的？

① ［奥］维特根斯坦：《逻辑哲学论》，郭英译，商务印书馆1962年版，第97页。

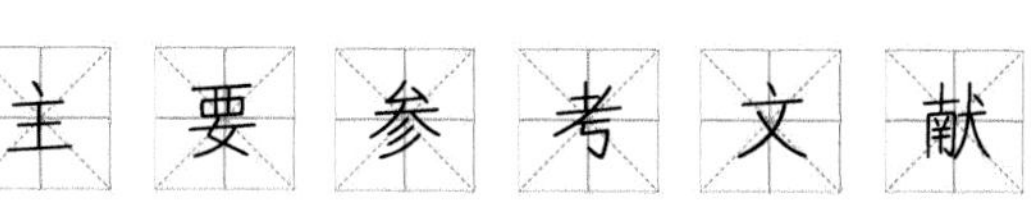

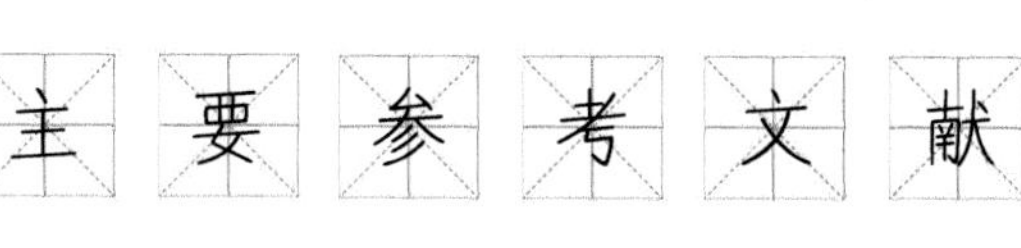

主要参考文献

一、古代典籍

班固,等.白虎通[M].北京:商务印书馆,1936.

班固.汉书[M].北京:中华书局,1962.

陈寿.三国志[M].北京:中华书局,1959.

戴德.大戴礼记[M].北京:商务印书馆,1937.

董仲舒.春秋繁露[M].北京:中华书局,1975.

杜预.春秋左传集解[M].上海:上海人民出版社,1975.

范晔.后汉书[M].北京:中华书局,1965.

桂馥.说文解字义证[M].北京:中华书局,1987.

郝懿行.尔雅义疏[M].上海:上海古籍出版社,1983.

江苏广陵古籍刻印社.笔记小说大观[M].扬州:江苏广陵古籍刻印社,1984.

刘勰,祖保泉.文心雕龙解说[M].合肥:安徽教育出版社,1993.

钱绎.方言笺疏[M].上海:上海古籍出版社,1984.

阮元.十三经注疏[M].北京:中华书局,1980.

司马迁.史记[M].北京:中华书局,1982.

宋濂.文原[M].北京:中华书局,1985.

王充.论衡[M].上海:上海人民出版社,1974.

王念孙.广雅疏证[M].北京:中华书局,1983.

王先谦.释名疏证补[M].上海:上海古籍出版社,1984.

王筠.说文句读[M].北京:中国书店,1983.

王筠.说文释例[M].北京:中国书店,1983.

王筠.文字蒙求[M].北京:中华书局,1983.

徐锴.说文解字系传[M].北京:中华书局,1987.

徐珂.清稗类钞[M].北京:中华书局,1984.

许慎,段玉裁.说文解字段注[M].成都:成都古籍书店,1981.

许慎.说文解字[M].北京:中华书局,1963.

朱骏声.说文通训定声[M].武汉:武汉市古籍书店,1983.

朱熹.诗集传[M].上海:上海古籍出版社,1980.

朱熹.四书集注[M].长沙:岳麓书社,1985.

二、今人著述

L.R.帕默尔.语言学概论[M].李荣,等译.北京:商务印书馆,1983.

阿马萨里.中国古代文明:从商朝甲骨刻辞看中国上古史[M].刘儒庭等,译.北京:社会科学文献出版社,1997.

阿恩海姆.视觉思维[M].滕守尧,译.北京:光明日报出版社,1987.

阿恩海姆.艺术与视知觉:视觉艺术心理学[M].滕守尧,朱疆源,译.北京:中国社会科学出版社,1984.

巴特.神话:大众文化诠释[M].许蔷蔷,许绮玲,译.上海:上海人民出版社,1999.

本尼迪克特.文化模式[M].张燕,傅铿,译.杭州:浙江人民出版社,1987.

陈梦家.殷墟卜辞综述[M].北京:科学出版社,1956.

程树德.说文稽古篇:修订本[M].北京:商务印书馆,1957.

崔尔平.明清书论集[M].上海:上海辞书出版社,2011.

邓启耀.中国神话的思维结构[M].重庆:重庆出版社,1992.

丁福保.说文解字诂林[M].北京:中华书局,1988.

丁山.说文阙义笺[M].南京:国立中央研究院历史语言研究所,1930.

丁山.中国古代宗教与神话考[M].上海:上海文艺出版社,1988.

冯天瑜,何晓明,周积明.中华文化史[M].上海:上海人民出版社,1990.

冯天瑜.中华元典精神[M].上海:上海人民出版社,1994.

高亨.文字形义学概论[M].济南:齐鲁书社,1981.

顾晓鸣.有形与无形:文化寻踪[M].上海:上海人民出版社,1989.

郭沫若.中国古代社会研究[M].北京:人民出版社,1964.

郭绍虞.照隅室语言文字论集[M].上海:上海古籍出版社,1985.

何星亮.中国自然神与自然崇拜[M].上海:生活·读书·新知三联书店上海分店,1992.

胡朴安.中国文字学史[M].北京:商务印书馆,1937.

胡奇光.中国小学史[M].上海:上海人民出版社,1987.

胡山源.幽默笔记[M].北京:中国书店,1986.

胡小石.胡小石论文集三编[M].上海:上海古籍出版社,1995.

户川芳郎.古代中国的思想[M].姜镇庆,译.北京:北京大学出版社,1994.

黄宾虹,邓实.美术丛书[M].南京:江苏古籍出版社,1986.

黄金贵.古代文化词义集类辨考[M].上海:上海教育出版社,1995.

黄侃,黄焯.文字声韵训诂笔记[M].上海:上海古籍出版社,1983.

黄寿祺,张善文.周易研究论文集:第1辑[M].北京:北京师范大学出版社,1987.

霍克斯.结构主义和符号学[M].瞿铁鹏,译.上海:上海译文出版社,1987.

霍克斯.隐喻[M].穆南,译.太原:北岳文艺出版社,1990.

吉罗.符号学概论[M].怀宇,译.成都:四川人民出版社,1988.

姜亮夫.古文字学[M].杭州:浙江人民出版社,1984.

蒋礼鸿.义府续貂[M].北京:中华书局,1981.

蒋善国.汉字学[M].上海:上海教育出版社,1987.

蒋彝.中国书法[M].上海:上海书画出版社,1986.

金克木.无文探隐:试破文化之谜[M].上海:生活·读书·新知三联书店上海分店,1991.

卡勒.论解构:结构主义之后的理论与批评[M].陆扬,译.北京:中国社会科学出版社,1998.

卡西尔.人论[M].甘阳,译.上海:上海译文出版社,1985.

卡西尔.语言与神话[M].于晓等,译.北京:生活·读书·新知三联书店,1988.

卡兹纳.世界的语言[M].黄长著,林书武,译.北京:北京出版社,1980.

克鲁克洪.文化与个人[M].高佳,译.杭州:浙江人民出版社,1986.

李约瑟.中国科学技术史:第2卷[M].何兆武等,译.北京:科学出版社、上海古籍出版社,1990.

李约瑟.中国科学技术史:第3卷[M].《中国科学技术史》翻译小组,译.北京:科学出版社,1978.

笠原仲二.古代中国人的美意识[M].魏常海,译.北京:北京大学出版社,1987.

列维-布留尔.原始思维[M].丁由,译.北京:商务印书馆,1981.

刘长林.中国系统思维[M].北京:中国社会科学出版社,1990.

刘文英.梦的迷信与梦的探索[M].北京:中国社会科学出版社,1989.

刘小枫.中国文化的特质[M].北京:生活·读书·新知三联书店,1990.

刘赜.刘赜小学著作二种[M].上海:上海古籍出版社,1983.

柳诒徵.中国文化史[M].北京:中国大百科全书出版社,1988.

陆宗达.说文解字通论[M].北京:北京出版社,1981.

陆宗达,王宁.训诂方法论[M].北京:中国社会科学出版社,1983.

洛克.人类理解论[M].关文云,译.北京:商务印书馆,1959.

吕振羽.史前期中国社会研究:《中国原始社会史》补订本[M].北京:生活·读书·新知三联书店,1961.

马林诺夫斯基.文化论[M].费孝通,译.中国民间文艺出版社,1987.

庞朴.稂莠集:中国文化与哲学论集[M].上海:上海人民出版社,1988.

启功.汉语现象论丛[M].北京:中华书局,1997.

钱穆.现代中国学术论衡[M].长沙:岳麓书社,1986.

钱穆.中国文学讲演集[M].成都:巴蜀书社,1987.

钱锺书.管锥编[M].北京:中华书局,1979.

裘锡圭.文字学概要[M].北京:商务印书馆,1988.

任骋.中国民间禁忌[M].北京:作家出版社,1991.

容庚.金文编[M].北京:中华书局,1985.

萨丕尔.语言论:言语研究导论[M].北京:商务印书馆,1985.

上海书画出版社,华东师范大学古籍整理研究室.历代书法论文选[M].上海:上海书画出版社,1979.

沈兼士.沈兼士学术论文集[M].北京:中华书局,1986.

司马云杰.文化价值论:关于文化建构价值意识的学说[M].北京:人民出版社,1988.

苏珊·朗格.艺术问题[M].滕守尧,译.北京:中国社会科学出版社,1983.

孙隆基.中国文化的“深层结构”[M].香港:集贤社,1983.

索绪尔.普通语言学教程[M].高名凯,译.北京:商务印书馆,1980.

唐兰.古文字学导论[M].济南:齐鲁书社,1981.

唐兰.殷墟文字记[M].北京:科学出版社,1956.

唐兰.中国文字学[M].上海:上海古籍出版社,1979.

陶立璠.民俗学概论[M].北京:中央民族学院出版社,1987.

藤枝晃.汉字的文化史[M].翟德芳,孙晓林,译.北京:知识出版社,1991.

王力.中国语言学史[M].太原:山西人民出版社,1981.

王利器.历代笑话集[M].上海:上海古籍出版社,1981.

王晓升.走出语言的迷宫:后期维特根斯坦哲学概述[M].北京:社会科学文献出版社,1999.

王友三.中国宗教史[M].济南:齐鲁书社,1991.

王震中.中国文明起源的比较研究[M].西安:陕西人民出版社,1994.

维柯.新科学[M].朱光潜,译.北京:人民文学出版社,1986.

乌丙安.民俗学丛话[M].上海:上海文艺出版社,1983.

萧启宏.从人字说起[M].北京:东方出版社,1999.

萧启宏.汉字通易经[M].北京:东方出版社,1999.

萧启宏.信仰字中寻[M].北京:东方出版社,1999.

萧遥天.中国人名的研究[M].北京:国际文化出版公司,1987.

谢澄平.中国文化史新编[M].台北:青城出版社,1985.

谢和耐.中国和基督教:中国和欧洲文化之比较[M].耿升,译.上海:上海古籍出版社,1991.

徐中舒.甲骨文字典[M].成都:四川辞书出版社,1989.

杨树达.积微居小学金石论丛:增订本[M].北京:中华书局,1983.

杨树达.积微居小学述林[M].北京:中华书局,1983.

姚孝遂.许慎与说文解字[M].北京:中华书局,1983.

叶维廉.比较诗学[M].台北:东大图书公司,1983.

叶秀山.思·史·诗:现象学和存在哲学研究[M].北京:人民出版社,1988.

伊斯特林.文字的产生和发展[M].左少兴,译.北京:北京大学出版社,1987.

尹达.中国新石器时代[M].北京:生活·读书·新知三联书店,1955.

于民.春秋前审美观念的发展[M].北京:中华书局,1984.

于省吾.甲骨文字释林[M].北京:中华书局,1979.

俞剑华.中国绘画史[M].上海:上海书店出版社,1992.

俞建章,叶舒宪.符号:语言与艺术[M].上海:上海人民出版社,1988.

袁珂.中国神话史[M].上海:上海文艺出版社,1988.

张光直.美术、神话与祭祀[M].郭净,译.沈阳:辽宁教育出版社,2002.

张亮采.中国风俗史[M].上海:上海文艺出版社,1988.

张舜徽.说文解字约注[M].郑州:中州书画社,1983.

章太炎.国故论衡[M].上海:上海古籍出版社,2003.

郑敏.结构:解构视角:语言·文化·评论[M].北京:清华大学出版社,1998.

中村元.比较思想论[M].吴震,译.杭州:浙江人民出版社,1987.

中野美代子.中国人的思维模式[M].北雪,译.北京:中国广播电视出版社,1992.

周法高,张日昇.金文诂林[M].香港:香港中文大学出版社,1975.

朱狄.原始文化研究:对审美发生问题的思考[M].北京:生活·读书·新知三联书店,1988.

朱光潜.朱光潜美学文集:第1卷[M].上海:上海文艺出版社,1982.

朱光潜.朱光潜美学文集:第2卷[M].上海:上海文艺出版社,1982.

朱光潜.朱光潜美学文集:第3卷[M].上海:上海文艺出版社,1983.

朱光潜.朱光潜美学文集:第4卷[M].上海:上海文艺出版社,1984.

朱光潜.朱光潜美学文集:第5卷[M].上海:上海文艺出版社,1989.

庄锡昌,顾晓鸣,顾云深,等.多维视野中的文化理论[M].杭州:浙江人民出版社,1987.

庄锡昌,孙志民.文化人类学的理论构架[M].杭州:浙江人民出版社,1988.

后　记

这本《汉字与中国文化教程》是在陕西人民教育出版社2002年出版的《汉字与中国文化》一书的基础上压缩改编而成的。原书为学术专著，也曾用作高校中文类专业高年级学生的专业选修课教材，但原书分量较重，有些学术问题也比较专深，对于非中文专业的高校学生和更多的社会读者而言更是如此。为适应更多读者的阅读需求，结合高校中文专业一般教材的形式特征，我们对原书做了如下修订：一是适当降低学术难度，一部分较为专深的章节做了删节精简，突出了汉字与中国文化的主要问题，正文篇幅由此压缩了一半；二是核查所有引文，纠正舛讹，补苴罅漏，并一一标注出处；三是调整结构安排，保留了绪言部分，将原书上下两编共十五章改为七讲。修订后的教程有三个特点：一是结构完整严谨，既有文化通论，又有字义解析，概括性和具象性交融；二是文化意味浓厚，各讲深入汉字内部剖析其文化蕴涵，探讨传统文化对汉字的渗透，学术信息和文化内涵兼具；三是文字表达明白畅达，易于读者接受。本书从中国文化角度审视汉字意义，将受众定位为21世纪普通高校师生和社会大众，期望能为弘扬民族文化传统、提升读者的文化素质、更好地实现中国梦发挥应有的作用。

詹绪左

二〇一四年八月

修订说明

《汉字与中国文化教程》的修订曾两次申请省级质量工程项目获批：一是2017年省级“规划教材”立项，二是2018年省级“一流教材”立项。本次修订版即是这两次项目建设的成果。修订主要在以下层面进行。

一是进一步修订了内容。作为交叉学科性质的教材，本次教材修订力求在有限的篇幅内，从汉字学、训诂学方面对我国汉字文化等作全面系统的介绍，力求使之更符合高校本科教学需求以及汉字文化的社会普及需要。二是进一步完善了结构。作为“汉字与中国文化”中文专业选修课教材，本次修订着力完善原有结构，对原第六讲做了删减，主要以汉字为着眼点，既有文化的通观，又有字义的解析，概括性和具象性交融。三是更加突出了重点。考虑到实际需求和大学生的知识结构，本次修订的重点在于如何利用汉字来阐释中国文化的意蕴与内涵，不再局限于表面的汉字形义与文化内涵的演绎，而是深入到汉字与中国文化内在关系层面，从而在本质上将汉字与中国文化联系起来。思考题的设置也是为了修订版能更好地体现教材的特点。四是更为注重汉字与文化互动关系的分析。本次修订更加注重利用汉字证文化，援引文化说汉字，注重分析汉字与各文化类别的关系及其内在联系，总结其具体特点，力求揭示出汉字对中国传统文化的广泛联系和深远影响。

修订过程有两点值得一提。其一是内容的取舍方面，主要结合学生的知识程度和学习需要来进行。原书分量较重，有些学术问题也比较专深，这对一些非中文专业和社会读者的阅读难免吃力。鉴此，本次修订立足于教材性质，适当降低了学术难度，对一些专深的章节也做了删节精简，以期能适应更多读者的阅读需求。其二是体例的设定方面，修订后适合学生和社会大众的自学，既有理论的讲解，也有方法的引导，更有大量汉字与中国文化关系的例析。相关思考题的设置，增强了教材与读者之间的互动。

教材初版后，在很多方面都发挥了积极的作用，社会影响力也不断扩大。诸多论著多有引用本书成果，有些专书甚至正讲挪用本教材内容。相信本次修订版面世，一定会产生更大的影响力。

詹绪左

二〇二一年三月